课程思政
普通高等教育“十四五”规划教材·课程思政系列

BASIC ACCOUNTING

基础会计学

（第二版）

杨　滨　李　亮　崔九九／主　编
徐　黎　段　炼　陈　威／副主编

立信会计出版社
LIXIN ACCOUNTING PUBLISHING HOUSE

图书在版编目(CIP)数据

基础会计学 / 杨滨，李亮，崔九九主编. -- 2 版.
上海 ：立信会计出版社，2025. 4. -- ISBN 978-7-5429-7759-5

Ⅰ. F230

中国国家版本馆 CIP 数据核字第 2025B87V22 号

策划编辑　王斯龙
责任编辑　王斯龙
助理编辑　郑文婧
美术编辑　吴博闻

基础会计学(第二版)

JICHU KUAIJIXUE

出版发行	立信会计出版社		
地　　址	上海市中山西路 2230 号	邮政编码	200235
电　　话	(021)64411389	传　　真	(021)64411325
网　　址	www. lixinaph. com	电子邮箱	lixinaph2019@126. com
网上书店	http://lixin. jd. com		http://lxkjcbs. tmall. com
经　　销	各地新华书店		
印　　刷	上海万卷印刷股份有限公司		
开　　本	787 毫米×1092 毫米	1/16	
印　　张	17. 75		
字　　数	420 千字		
版　　次	2025 年 4 月第 2 版		
印　　次	2025 年 4 月第 1 次		
书　　号	ISBN 978-7-5429-7759-5/F		
定　　价	49. 00 元		

第二版前言

“基础会计学”是会计学、财务管理、审计学等专业的核心基础课程，同时也是经济管理类专业的必修课程之一。本教材旨在系统阐述会计的基本知识、方法与技能，帮助学生树立专业职业理念，并为后续专业课程的学习奠定扎实基础。本教材从会计的基本含义切入，逐步展开介绍会计职能、核算对象、目标，以及会计核算的基本前提和信息质量要求；重点内容包括会计科目的设置、复式记账法、会计凭证的填制与审核、账簿登记、财产清查和财务会计报告的编制等核心会计操作方法。本教材具有以下亮点。

亮点一：党建引领与课程思政融合。本教材学习贯彻习近平新时代中国特色社会主义思想，紧密结合思想政治教育与知识体系教育，实现两者的有机统一。为响应教育部提出的“思政课程＋课程思政”建设要求，本教材深刻领会习近平总书记在全国高校思想政治工作会议上的重要讲话精神，将“立德树人”贯穿于教育教学全过程。本教材在各章节中精心设计“思政元素”，与会计知识点相融合，推动“会计课程思政建设”，以期实现全过程育人、全方位育人，将会计课堂打造成思想政治教育的重要阵地。

亮点二：紧跟会计政策与准则的最新发展。近年来，财政部发布了一系列新的会计政策和准则，如增值税税率调整、企业财务报表格式变更、新收入准则的实施、国地税合并及个人所得税改革等。本教材在编写过程中，充分考虑并吸收了截至2024年年底最新的会计政策与准则动态，确保内容的前瞻性与实用性，帮助学生掌握最新规范，提升实践操作能力。

亮点三：目标导向教学与案例驱动教学。为降低学生的入门难度，本教材采用深入浅出的表述方式，力求以严谨而简明的语言准确诠释会计准则，在每一章节中设置了导入案例、学习目标与案例分析，培养学生的会计思维和职业判断能力。针对关键知识点，本教材设计了丰富的案例和微课视频，供学生思考和教师课堂讨论使用。此外，为了加强理论与实践的紧密结合，本教材每章末附有适量习题，帮助学生巩固所学知识，并提升实践应用能力。

亮点四：多维协同创新，深度融合教改成果。本教材充分吸收河南省三大教改项目的研究成果，构建理论与实践深度融合的教学体系。首先，依托《2024SJGLXO151 数智经济背景下工商管理类专业“管工技”复合型人才培养模式创新与实践》项目，将财务数据分析、流程自动化等前沿技术模块有机嵌入会计循环教学，通过模拟实务场景和智能化工具应用，强化学生的“管理＋工程＋技术”复合能力，切实培养适应数智经济需求的会计人才。其次，融合《2024SJGLX0026 数字化转型赋能高等学校教学评价体系创新与实践》项目理念，创新开发动态评价体系，利用大数据和机器学习技术实时追踪教学效果，生成多维可视化教学反馈图，助力教师精准优化教学策略，提升学生知识内化效率。最后，结合《2024SJGLX0190 河南高校学科学院、专业结构布局调整与优化研究》项目的区域化研究成果，立足区域产业特点与人才需求，优化教材内容结构，增设区域案例与行业实践模块，推动专业建设与区域经济发展同频共振。通过系统整合三大项目的核心成果，本教材实现了教学内容、评价方式与区域需求的协同创新，为培养高素质应用型会计人才提供有力支撑。

本教材既可用于会计学、财务管理及审计学等财会类专业的本科生教学，也可作为经济管理类专业的基础课程教材，还可用于职财会人员的继续教育，帮助其更新知识体系，应对财会领域的政策变化与实践挑战。

本教材由黄河交通学院杨滨、新乡市科技局李亮、新乡学院崔九九担任主编，南阳理工学院徐黎、河南科学技术情报中心段炼、甘肃政法大学法学院陈威担任副主编。具体编写分工如下：第三章、第四章、第五章、第六章、第十章、第十一章、第十三章由杨滨编写；第一章、第二章、第八章、第九章由李亮编写；第七章由段炼编写；第十二章由陈威编写，全书由崔九九、徐黎负责统校定稿。

虽然编者对本教材的编写做了大量工作，但由于水平有限，本教材可能存在不妥和疏漏之处，恳请读者批评指正。

编　者

2025 年 4 月

目　　录

第一章 总 论

导入案例

恒大集团债务危机

恒大集团曾是中国规模最大的房地产开发公司之一，但恒大集团的商业模式严重依赖高杠杆融资，以支持其快速开发和扩展项目。随着房地产市场的调控政策趋严，恒大集团的资金链变得愈发紧张。到 2021 年，恒大集团总负债超过 2 万亿元人民币。最终，恒大集团因大量债务到期无法偿还陷入严重的流动性危机。恒大集团的债务危机说明财务信息透明度对维持市场信心的重要性。企业需要通过准确、及时的财务披露来确保投资者和公众的信任，避免因信息不对称而引发市场动荡。这极大地凸显了会计的重要性，那么会计的概念、目标、对象和核算方法是什么？

本章学习目标

1. 了解：会计的产生和发展。
2. 理解：会计的概念、职能和目标；会计对象；会计计量基础；会计核算方法。
3. 掌握：会计基本假设；会计确认基础；会计信息质量要求。

第一节　会计的概念

一、会计的产生和发展

人类社会的生产活动决定着其他一切活动，是人类会计行为产生的根本前提。早在原始社会末期，人类就有了对经济活动进行简单计量和记录的行为。我国原始氏族公社时代出现的“结绳记事”和“刻契记数”以及古巴比伦时代出现的“原始算板”等记录行为，都是会计的萌芽，只不过这种简单的记录和计量在当时还只是生产职能的附带部分。随着社会经济的不断发展和生产力水平的不断提高，社会分工和私有制的出现，文字、数字和计量单位等计量和记录的基本手段的产生，会计才逐渐从生产职能中分离出来，成为一种专职的、独立的管理活动。

会计在我国有着悠久的历史，据史料记载，“会计”一词在我国西周时代就已经出现。当时，“会”与“计”字连用，正如后来许慎在《说文解字》中所讲“会，计也，计，会也”。西周时的“会计”既有日常的零星核算，又有岁终的综合核算。清代学者焦循在《孟子正义》一书中针对西周时的会计讲道“零星算之为计，总合算之为会”，概括了古人对会计概念的基本认识。

从周王朝时期对财务收支的“月计岁会”，到西汉的“计簿”和“簿书”，再到宋朝的“四柱清册”，都说明古代会计在我国已经有了相当的发展水平。但是，由于长期的封建统治，商品经济发展很有限，当时的会计主要是以社会财富相对集中的官府的官厅会计为主，这也使得后来我国会计发展相对缓慢于西方国家。

早在9～10世纪，意大利北方的一些城市便形成了商业中心。11世纪末至12世纪初，十字军东征后，意大利北部和中部的一些城市便控制了东方与西欧的中介贸易，其中比较著名的有威尼斯、热那亚和佛罗伦萨等。这些城市的商人积聚了大量的财富，并将其投入到工业和银行业中，从而刺激了手工业和金融业的发展。当时，银行业最发达的城市要数佛罗伦萨，其银行家最初都是一些高利贷者，后来主要从事货币兑换业务。从12世纪开始，随着海上贸易和中介贸易的发展，原来以经营货币兑换业务为主的银行业开始转变经营方式，他们不仅吸收存款和对外放款，还代客户办理现金结算和转账结算。银行业务活动内容的扩展，要求复式记账法取代单式记账法，以全面地反映借贷资本的来源和去向。13世纪初，佛罗伦萨的银行业簿记开始采用复式记账法，这标志着近代会计的开端。其后，复式记账法经过近3个世纪的发展，经历了佛罗伦萨簿记、热那亚簿记和威尼斯簿记三个发展阶段，基本上奠定了复式记账法的基础。1494年，卢卡·帕乔利在《算术、几何、比及比例概要》一书的“簿记论”中全面系统地介绍了威尼斯的复式记账法，并从理论上给予了论证。“簿记论”的问世宣告了会计学的诞生。

从19世纪以后，特别是进入20世纪以来，随着企业生产规模的扩大和市场竞争的加剧，会计的内容、形式、方法和技术都有了突飞猛进的发展，复式簿记变成了会计的记录部分。除复式簿记之外，会计的一些新的内容和组成部分，如成本计算、财务报表分析、货币计量属性与方法相继出现，并且发展很快。会计从原有的对企业经济活动（即交易或者事项）的结果进行确认、计量、记录和报告发展到对企业生产经营的全过程进行控制和监督，参与企业的预测和决策，逐渐成为一个具有独立管理职能并为其他管理职能服务的信息系统。

从上述会计的发展过程可以看出，经济越发展，会计越重要。随着社会经济的发展，会计的内涵和外延在不断地丰富和拓展，并且这一发展过程并未停止。

二、会计的基本职能

会计的职能是指会计在企业管理中所具有的功能。马克思在《资本论》中指出，过程越是按社会的规模进行，越是失去纯粹的个人性质，作为过程的控制和观念总结的簿记就越是必要。其中，“簿记”就是会计，“过程”就是社会再生产过程。会计的职能就是对社会再生产过程的“控制和观念总结”，“控制”即为监督，“观念总结”则是反映或核算。

会计的职能随着经济的发展和会计内容、作用的不断扩大而发展着。传统的会计职能主要包括记账、算账和报账。随着市场经济的发展和会计核算手段的提高，现代的会计职能有了新的发展，具有新的特点。反映职能和监督职能是会计的两大基本职能。

（一）会计的反映职能

会计的反映职能又称核算职能，是指会计通过确认、计量和报告程序，主要从价值方面反映企业已经发生的交易或者事项，向财务会计报告使用者提供与企业财务状况、经营成果和现金流量等有关的会计信息的功能。

反映职能是会计最基本的职能，具有如下特点：

(1) 会计是以货币为主要计量单位，从价值方面综合反映企业的交易或者事项。以货币为主要计量单位是会计区别于其他核算形式的主要特点。

(2) 会计要反映企业交易或者事项的全过程，不仅要反映过去，还要反映未来。会计不仅要反映企业过去的交易或者事项所形成的财务状况、经营成果以及现金流量，还要对企业未来的交易或者事项进行预测，为企业的发展提供一些有前瞻性的会计信息，并以此作为对企业未来交易或者事项进行规划和控制的依据。

(3) 会计反映具有连续性、完整性和系统性。连续性是指会计反映应当按照各项交易或者事项的时间顺序依次进行，而不应当间断。完整性是指凡属于会计能够反映的内容都必须予以确认、计量和报告，而不应当遗漏。系统性是指会计反映数据必须是在科学分类的基础上形成相互联系的有序整体，使杂乱无章的会计数据成为系统的、有用的会计信息。

（二）会计的监督职能

会计的监督职能又称控制职能，是指会计对企业的交易或者事项的合规性和有效性进行监查和督导，使之达到预期目标的功能。因此，企业经济活动的合规性和有效性是会计监督的重要内容。

会计的监督职能从属于会计的反映职能，具有如下特点：

(1) 会计监督主要是利用反映职能所提供的会计信息和价值指标进行的货币监督。例如，利用资产指标可以了解企业一定日期的资产规模及其结构，考核企业资产的利用情况；利用成本指标可以综合考核各项生产费用消耗水平和成本标准执行情况，以控制各项消耗，提高企业经济效益。

(2) 会计监督是在会计反映交易或者事项的同时进行的,包括事前、事中和事后监督。事前监督是指会计在参与企业预测和决策过程中,依据有关政策、法规、制度、准则和标准对企业未来交易或者事项的合规性和有效性进行审查,是对企业未来经济活动的指导。事中监督是指利用会计核算资料,对已发现的问题提出意见和建议,促使有关部门采取整改措施,及时调整经济活动,使其按照预定的目标和要求进行。事后监督是指会计以企业事先制定的目标、标准为准绳,通过分析已取得的会计核算资料,对企业已经发生的交易或者事项的合法性和有效性进行考核和评价。

会计反映和会计监督是会计的两项基本职能。没有会计反映,会计监督就会失去基础;没有会计监督,会计反映则会失去意义。因此,会计反映和会计监督是一个不可分割的统一体,会计反映居于主导地位,会计监督寓于会计反映之中。

三、会计的概念

通过上述对会计职能的认识,我们可以把会计概括为:以货币为主要计量单位,对一定主体的交易或者事项进行核算和监督,并向有关方面提供反映企业财务状况、经营成果和现金流量等财务信息的信息系统。

第二节 会计的对象

会计的对象是指会计反映和监督的内容。在市场经济条件下,会计的对象是社会再生产过程中主要以货币表现的经济活动,即企事业单位、政府和非营利组织等经济主体的资金运动。

一、会计的一般对象

从表面上看,各经济主体在社会再生产过程中的工作性质和任务有所不同,但是它们的经济活动都不同程度地与产品的生产、交换、分配和消费有关,都是社会再生产过程的组成部分。

会计主要利用货币计量工具,对社会再生产过程中的经济活动进行反映和监督,因此,社会再生产过程中发生的能够用货币表现的经济活动,就是会计的一般对象。

可见,会计的对象不是社会再生产过程中发生的全部经济活动,而是其中能够用货币表现的方面。

二、会计的具体对象

由于不同类型的经济主体在社会再生产过程中所担负的任务和涉及的经济活动内容不同,其资金运动的具体形式和内容也有所不同,即会计的具体对象是不同的。社会再生产过程中以货币表现的总体经济活动体现在宏观经济领域,是社会会计的对象;社会再生产过程中个别的以货币表现的经济活动,发生在各个企业、行政、事业单位以及非营利组织内部,是企业、行政、事业单位以及非营利组织会计的对象。

鉴于工业企业的资金运动相对比较完整，且典型的现代会计是在企业范围内进行的，因此，这里只阐述工业企业会计的具体对象。有必要说明的是，本教材对会计理论相关概念和原理的阐述都是建立在工业企业基础上的。

工业企业的资金运动按其运动的次序可分为资金投入、资金周转和资金退出三个基本环节，与此对应，工业企业的生产经营过程可以划分为供应过程、生产过程和销售过程。随着企业供、产、销过程的不断进行，企业的资金也在周而复始地循环和周转着，由货币资金形态开始，依次转化为储备资金、生产资金、成品资金等形态，最后又回到货币资金形态。工业企业资金运动的具体过程如图 1-1 所示。

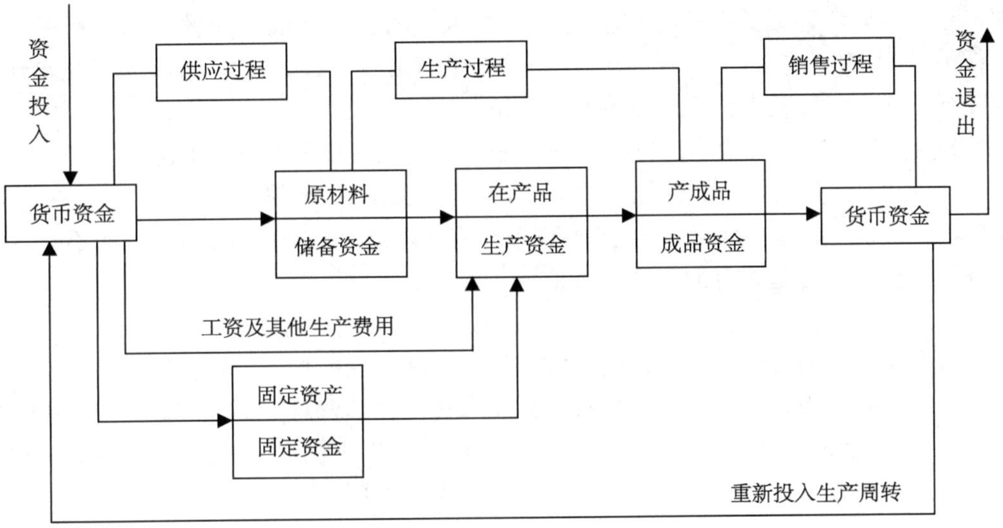

图 1-1 工业企业资金运动的具体过程

工业企业的资金在再生产过程的不同阶段中表现为不同的占用形态，并形成企业不同类型的资产。企业的各类资产就其来源而言，或由投资者出资，或由债权人提供，前者称为所有者权益，后者称为负债。企业销售产品所取得的货币资金称为收入；企业为取得收入而发生的资金耗费称为费用；收入大于费用的差额与企业生产经营活动之外的利得和损失的差额共同构成了企业的利润。

资产、负债、所有者权益、收入、费用和利润统称为六大会计要素。前三个要素反映了企业资金运动的结果，即企业资金的来源渠道和存在状态；后三个要素反映了企业资金运动的过程，即价值增值过程。

通过上述分析可以得出结论，工业企业供、产、销过程即是工业企业会计反映和监督的具体对象。而工业企业会计的具体对象又可以进一步分解为资产、负债、所有者权益、收入、费用和利润，即工业企业会计要素。

第三节　会计的目标

一、会计的一般目标

会计的一般目标在会计目标系统中居支配地位，起导向作用，并制约着具体会计目标。理论界对会计一般目标的认识主要基于两种有代表性的观点：一是受托责任观，二是决策有用观。

(一) 受托责任观

受托责任观产生于公司制企业形成时期，是企业所有权与经营权分离在会计目标上的体现。企业所有者将资源委托给经理人员(受托人)经营，在他们之间就形成了一种委托受托责任关系，客观上要求会计系统应当反映受托经营责任，从而产生了以反映受托责任为目标的受托责任观。受托责任观的基本观点如下：

(1) 会计的目标是以恰当的方式反映受托人的受托责任及其履行情况。

(2) 会计人员是委托人和受托人的中介，应当客观中立、不偏不倚。

(3) 强调编制财务会计报告依据的会计准则和会计系统的整体有效性，而不是单纯强调财务会计报告本身是否有助于决策。

(二) 决策有用观

决策有用观认为会计的目标是向现实的投资者和潜在的投资者提供与其决策有关的会计信息。决策有用观是在资本市场日益扩大化和规范化的背景下形成的。企业为了从资本市场筹集资金，必须向资本市场上现实的和潜在的投资者提供大量有用的会计信息，要求会计系统以提供决策有用的会计信息为目标取向。决策有用观的主要观点如下：

(1) 会计的目标在于向会计信息使用者提供有助于经济决策的数量化信息，会计信息是投资者决策的基础。

(2) 强调会计人员与会计信息使用者之间的关系，而不是会计人员与受托人之间的关系。

(3) 从会计信息使用者的立场出发，强调财务会计报告本身的有用性，而不是编制财务会计报告依据的会计准则和会计系统整体的有用性。

受托责任观与决策有用观分别从不同的侧面提出了会计的目标，两者之间并不矛盾。明确受托人，以及向谁提供信息，是提供决策有用会计信息的基础；提供决策有用信息则为明确受托责任提供了保障。因此，我国《企业会计准则》同时采纳了上述两种观点，指出：财务会计的目标是向企业的投资者、债权人、政府及其有关部门、社会公众、企业管理层等会计信息使用者提供与企业财务状况、经营成果和现金流量等有关的会计信息，反映企业管理层受托责任履行情况，帮助财务会计信息使用者作出经济决策。

二、会计的具体目标

会计的具体目标是会计一般目标的具体化，是在一般目标的约束下，所要达到的具体目的，即为了实现会计的基本目的，会计应当向谁、以什么样的方式、提供什么样的会计信息。

(一) 会计信息应当满足国家宏观经济管理的需要

企业是社会再生产的基本单位和市场经济的主体,企业生产经营情况的好坏、经济效益的高低以及行为是否合法,会直接影响到整个国民经济的运行情况和市场经济秩序。因此,在社会主义市场经济条件下,政府及其有关部门通过一定的宏观经济政策和管理措施对国民经济运行情况进行适度的干预和调节是十分必要的。政府及其有关部门进行宏观经济决策所需要的信息是多种多样的,但这些信息主要是会计信息。通过对企业提供的财务会计信息进行汇总和分析,政府及其有关部门可以了解各行业、各地区和整个国民经济的运行,对国民经济的运行状况作出正确的判断,从而制定出合理有效的管理措施和调控政策,以确保国民经济健康有序地发展。

(二) 会计信息应当满足外部利益相关者的需要

在社会主义市场经济条件下,企业处于错综复杂的经济关系之中,其生产经营活动除了与投资者和债权人具有密切的联系,还与客户、供应商以及社会公众等的利益相关。企业的投资者,包括现实的投资者和潜在的投资者。企业投资者出于对资本保全和增值的考虑,需要利用会计信息了解企业资产的运用情况和经营成果,以便对企业的获利能力和资本保值增值程度作出正确的判断。企业债权人出于自身债权安全的考虑,需要利用会计信息了解企业的财务状况、经营成果和现金流量,以便对企业的偿债能力和财务风险作出正确的判断。企业的客户和供应商出于购销业务和自身经营战略的考虑,需要利用会计信息正确评价企业的产品供应能力和现金支付能力。社会公众也需要利用会计信息正确评价企业对社会责任的履行情况。

(三) 会计信息应当满足企业内部经营管理的需要

在社会主义市场经济条件下,企业是一个自主经营、自负盈亏的经济实体。企业要想在激烈的市场竞争中生存和发展,就必须提高企业内部的经营管理水平,保证企业管理层作出科学的决策。管理的核心是决策,而决策又离不开相关的会计信息,如企业资金来源与运用、费用消耗水平、资产保值增值率等。

第四节 会计核算前提

会计核算前提又称会计假设,是指为了保证会计信息质量,对会计确认、计量和报告的空间和时间范围、内容、程序和方法所作的限定。之所以称为假设,是因为会计核算前提只是对变化不定的会计环境所作的推断和人为限定,当然,这种推断和限定是科学的、和合乎情理的。

一、会计主体

会计主体是指会计所服务的特定单位。会计主体假设要求企业应当对其本身发生的交易或者事项进行会计确认、计量和报告。会计主体假设明确了会计核算的空间范围,其目的是把会计主体的经济活动与其他会计主体的经济活动区别开来。

二、持续经营

持续经营要求企业会计确认、计量和报告应当以持续、正常的生产经营活动为前提，而不考虑其是否将破产清算。持续经营假设明确了会计确认、计量和报告的时间范围。只有以持续经营为前提，才能以权责发生制为会计确认基础，才有可能采用历史成本属性进行会计计量，才有必要提供分期财务会计报告，才能保持会计核算程序的一致性和稳定性。

三、会计分期

会计分期要求企业应当划分会计期间，分期结算账目和编制财务会计报告。会计分期假设是对会计确认、计量和报告的时间范围所作的限定。只有以会计分期为前提，才能及时地确认、计量和报告企业的财务状况和经营成果。会计分期也是权责发生制会计确认基础赖以存在的前提。

会计期间分为年度和中期。中期是指短于一个完整的会计年度的报告期间。

四、货币计量

货币计量要求对企业所有的交易或者事项采用同一种货币作为统一尺度进行计量，并把企业的财务状况、经营成果以及现金流量转化为按统一货币单位反映的会计信息。我国《企业会计准则》规定，企业会计应当以货币计量。企业通常应选择人民币作为记账本位币，业务收支以人民币以外的货币为主的企业，可以选定其中一种货币作为记账本位币，但是编报的会计报表应当折算为人民币。记账本位币是指企业经营所处的主要经济环境中的货币。

会计核算应当先明确其服务的特定单位，然后以货币为统一计量尺度，在持续经营的前提下，运用会计程序和方法确认、计量该单位所发生的交易或者事项，最后在规定的会计期间编制财务会计报告。

第五节　会计确认基础

会计确认是指将企业交易或者事项认定为一项会计要素，并予以计量、记录和列入财务报表的过程。会计确认是对交易或者事项定性描述的程序，是会计反映过程的开端。

一、会计确认基础的含义

会计确认基础是指会计确认、计量和报告的基础。

会计分期假设确定了会计核算的时间范围，并由此产生了具有期间特点的收入、费用和利润三要素，但同时也为会计核算带来另外的问题，如当业务的发生与收入、费用的实际实现不在同一会计期间时，收入、费用的确认时点应如何确定，以及跨期处理等问题。

我国现行会计准则规定，会计确认基础有两种，分别是权责发生制和收付实现制。

(一) 权责发生制

权责发生制是按照权利和责任是否发生来确认收入和费用归属期间的。凡是当期有权取得的收入和当期收益的支出，不论款项是否收付，均应确认为当期的收入和费用；凡是当期无权取得的收入和当期未受益的支出，即使款项已经收付，也不能确认为当期的收入和费用。

由于会计核算是分期进行的，不可避免地会出现前期付费后期受益，或者前期受益后期付费的现象，需要对某些收入和费用在相邻的会计期间进行划分。按照权责发生制的要求，凡是当期实现的收入和已经发生或者应当负担的费用，无论款项是否收付，都应当确认为本期的收入或者费用；凡不属于本期的收入和费用，即使款项已经在当期收付，也不应当确认为本期的收入和费用。

(二) 收付实现制

收付实现制是与权责发生制相对应的一种会计确认基础，它是以实际收到和支付现金作为收入和费用的确认依据的。

收付实现制强调财务状况的切实性，权责发生制强调经营成果的配比性。我国现行会计准则规定，企业应当以权责发生制为基础进行会计确认、计量和报告。

【例 1-1】 阳光公司 20×9 年 1 月发生下列经济业务：

(1) 销售产品一批，售价 50 000 元，货款存入银行。

(2) 预付从本月开始的半年租金 12 000 元。

(3) 短期借款利息按月计提，季末缴纳。计提本月应负担的利息 3 000 元。

(4) 收到上月未收的销货款 6 000 元。

(5) 收到购货单位预付货款 15 000 元，约定下月交货。

(6) 支付上月水电费 4 200 元。

(7) 销售产品一批，售价 100 000 元，货款尚未收到。

(8) 支付本月广告费 8 000 元。

要求：根据权责发生制和收付实现制，分别确认本期的收入和费用，如表 1-1 所示。

表 1-1 权责发生制与收付实现制下收入、费用计算对比表

单位：元

业务号	权责发生制		收付实现制	
	收入	费用	收入	费用
(1)	50 000		50 000	
(2)		2 000		12 000
(3)		3 000		0
(4)	0		6 000	
(5)	0		15 000	
(6)		0		4 200
(7)	100 000		0	
(8)		8 000		8 000

二、会计确认条件

一项交易或者事项能否确认为某一会计要素，必须由相关的会计准则予以规范。会计确认的一般标准如下：

(1) 前提条件：该交易或者事项必须要符合某一会计要素的定义。

(2) 一般条件：①与该交易或者事项有关的经济利益(或损失)很可能会流入(或流出)企业；②该交易或者事项必须有可靠的成本或价值。

只符合某一会计要素的定义而不符合该会计要素一般确认条件的交易或者事项，不能确认为该会计要素，只能确认为其他会计要素。

第六节　会 计 计 量

会计计量是指主要以货币为度量单位将确认为会计要素的交易或者事项在账户中予以记录，并在财务会计报表中列报的过程。会计计量主要由货币计量单位和计量属性两个要素组成，这两个要素之间的不同组合形成了不同的会计计量模式。会计以货币作为主要计量单位，是由会计的特征决定的。

一、会计计量基础

会计计量基础是指会计要素可用货币计量的各种特性。企业在将符合条件的会计要素登记入账并列报于财务会计报表时，应当按照规定的会计计量属性进行计量，确定其金额。长期以来，会计计量一直是以历史成本为主要计量属性的，但因为历史成本在相关性方面存在明显的缺陷，所以会计界又陆续提出了重置成本、现值、可变现净值和公允价值等计量属性。

(一) 历史成本

在历史成本计量下，资产按照购置时支付的现金或者现金等价物的金额，或者按照购置资产时所付出的对价的公允价值计量。负债按照因承担现时义务而实际收到的款项、资产的金额、承担现时义务的合同金额、日常活动中为偿还负债逾期需要支付的现金或者现金等价物的金额进行计量。

在目前的会计计量中，历史成本一直占据主导地位，主要有以下原因：

(1) 历史成本为交易双方所认可，并且有合法的原始凭证的支持，因而具有客观性，减少了人为的判断。

(2) 历史成本信息本身具有反馈价值，是业绩评价的依据，也是预测的基础。因此，历史成本可为决策提供依据。

(3) 历史成本具有可验证性，其取得成本较低。

(二) 重置成本

在重置成本计量下，资产按照现在购买相同或相似资产所需支付的现金或者现金等价物的金额进行计量；负债按照现在偿付该项债务所需支付的现金或者现金等价物的金额进行计量。

重置成本又称现行成本或现时购入成本，遵循的是实物资本保全的概念，其特点如下：

(1) 重置成本体现现在时点的价值。

(2) 重置成本是以虚拟市场交易价格的形式表现的。

(3) 重置成本依不同的情况显示不同的价值含义。

(三) 现值

在现值计量下，资产按照预计从其持续使用和最终处置中所产生的未来现金净流入量的折现金额进行计量；负债按照预计期限内需要偿还的未来现金净流出量的折现金额进行计量。

未来现金流量的现值是在正常经营中，对未来现金流量的现时折现价值的当前估计，其依据是资产是预期的经济利益。

(四) 可变现净值

在可变现净值计量下，资产按照其对外正常销售所能收到的现金或者现金等价物的金额扣减该资产至完工时估计将要发生的成本、估计的销售费用以及相关税费后的金额进行计量。

可变现净值又称预期脱手价值，它是在不考虑货币时间价值的情况下计量资产在正常经营过程中可能带来的预期现金流入或将要支付的现金流出。其含义也可以表述为：通过正常处置出售资产现在所能收到的现金或现金等价物的金额。

现值与可变现净值计量属性既有联系也有区别。两者的共同点是：现值与可变现净值都反映资产的变现(脱手)价值。两者的不同点是：现值是基于当前的脱手价值，可变现净值是基于未来的脱手价值，两者的变现时点不同。

显而易见，可变现净值仅适用于计划将来销售的资产或未来清偿既定的负债，无法适用于企业所有资产。

(五) 公允价值

在公允价值计量下，资产和负债按照在公平交易中，熟悉情况的交易双方自愿进行资产交换或者债务清偿的金额进行计量。

历史成本与公允价值不是相抵触和相排斥的概念，在资产的购买日，历史成本与公允价值几乎是一样的，至少在大多数交易中都是如此。

之所以要在历史成本属性之外引入公允价值属性，是因为公允价值最真实地反映了交易的实质。公允价值反映了市场对直接或间接地隐含在资产中的未来净现金流量的折现价值的估计；公允价值信息有助于会计信息使用者对未来作出合理的预测，并有利于验证其以前所作预测的合理性。相对于历史成本信息，公允价值信息更多地反映了市场对企业资产或整体价值的评价，与决策更具有相关性。

如上所述，尽管历史成本属性存在严重缺陷，由于其在可靠性、简便性和可验证性以及取得成本等方面拥有巨大的优势，企业在对会计要素进行计量时，一般应当采用历史成本。采用重置成本、可变现净值、现值、公允价值计量的，应当保证所确认的会计要素金额能够取得并被可靠计量。

二、会计计量的阶段

会计计量一般包括交易或者事项发生时的初始计量和会计期末对该交易或者事项进行的后续计量两个阶段。

(一) 初始计量

初始计量是指一项交易或者事项发生时,按照规定的条件确认之后,在记录入账之前,按照规定的计量属性确定其金额的程序。

资产和负债等会计要素应当按照其历史成本(即交易或者事项发生时的公允价值),或者按照其重置成本(历史成本无法可靠取得时)、现值(可能比历史成本更相关)等计量属性进行初始计量,所有者权益的初始计量则主要取决于资产和负债的计量;收入按照交易或者事项发生时的公允价值计量,费用则按照交易或者事项所耗费的资产的历史成本进行计量,利润的计量则主要取决于收入和费用的计量。

(二) 后续计量

后续计量是指财务会计报告期末,对于已经确认、计量并登记入账的会计要素,按照规定的计量属性重新予以计量,确定其金额的程序。可以选择的后续计量属性有可变现净值、公允价值等。

会计后续计量属性的选择既要遵从会计准则的规定,也要考虑相关计量属性的取得性和可靠性。

第七节　会计信息质量要求

一、会计信息的基本质量要求

(一) 可靠性

可靠性是指企业应当以实际发生的交易或者事项为依据进行会计确认、计量和报告,如实反映符合确认和计量要求的各项会计要素及其他相关信息,保证会计信息真实可靠、内容完整。

一项会计信息是否真实可靠,至少需要具备三个质量特征,即反映的真实性、可验证性和中立性。

1. 反映的真实性

反映的真实性是指会计信息与其所要表达的财务状况或经营成果等是一致的或吻合的。反映的真实性避免了会计在确认、计量和报告过程中出现偏差,使会计信息建立在真实可靠的基础上。

2. 可验证性

可验证性是指不同的会计人员对同一交易或者事项如果采用相同的会计确认、计量和报告的标准和方法,则会得出一致的会计信息结果。可验证性是会计信息应当具备的能够避免人为偏差的品质。

3. 中立性

中立性是指会计确认、计量和报告标准和方法的选择不应当存有成见，不被特定利益集团的利益所左右，不追求预定的结果，应当不偏不倚、客观公允。

(二) 相关性

相关性是指会计信息应当与企业财务会计报告使用者的经济决策需要相关，有助于财务会计报告使用者对企业过去、未来的情况作出评价或者预测。会计信息是否与决策相关，主要取决于其是否拥有预测价值和反馈价值。

1. 预测价值

预测价值是指会计信息所具有的根据过去信息预测未来交易或者事项可能结果的功能，影响或改变决策者决策的能力和品质。

2. 反馈价值

反馈价值是指会计信息所具有的能够使决策者证实过去决策结果或修正未来预期决策结果的功能。会计信息应当有能力把过去决策的结果反馈给决策者，以便决策者将其与当初的决策进行比较，以影响或改变对未来的决策。

(三) 可理解性

可理解性又称明晰性，是指企业提供的会计信息应当清晰明了，便于财务会计报告使用者理解和使用。会计信息是否有用，取决于是否能够为其使用者所理解。因此，可理解性是针对会计信息用户的一项质量要求，是决策者与决策有用性的联结点。

可理解性要求会计信息必须清晰、简明、易懂，数据文字说明要一目了然。对于复杂的交易或者事项必须加以说明，使用文字要规范，表达要准确、清楚，不能含糊其词。

(四) 可比性

可比性是指同一企业不同时期发生的相同或者类似的交易或者事项，应当采用一致的会计政策，不得随意变更；不同企业发生的同一或者类似的交易或者事项，应当采用规定的会计政策，确保会计信息口径一致、相互可比。

可比性能够使会计信息使用者利用会计信息鉴别出不同企业或者同一企业在不同时期的财务状况或经营成果等品质上的差异。

(五) 及时性

及时性是指企业对于已经发生的交易或者事项，应当及时进行会计确认、计量和报告，不得提前或者延后。

会计信息具有时效性，其价值往往会随着时间的推移而逐渐降低。会计信息的有用性在于其决策相关性，决策之后的会计信息将会失去相关性。可见，会计信息的及时性实际是由相关性决定的。

二、对会计信息起修正作用的质量要求

(一) 谨慎性

企业对交易或者事项进行会计确认、计量和报告应当保持应有的谨慎，不应高估资产或者收益、低估负债或者费用。

谨慎性是会计对市场经济固有的不确定性和风险性所作出的谨慎反映。会计人员对会

计反映的对象存有疑惑时，通常倾向于谨慎选择，对可能发生的费用和损失预先作出估计，从而降低企业风险。

(二) 重要性

企业提供的会计信息应当反映与企业财务状况、经营成果和现金流量等有关的所有重要交易或者事项。

重要性是指当一项会计信息被遗漏或错误地表达时，导致会计信息使用者误判的可能性程度。重要的交易或者事项应重点揭示和单独反映，次要的交易或者事项可以采用简化的会计程序和方法进行反映。

在判断某一交易或者事项的重要性时，应当从质和量两个方面进行考虑。从性质上看，如果某一交易或者事项由于其特殊的性质可能对决策产生较大影响时，就属于重要事项；从数量上看，如果某一交易或者事项由于其金额可能对决策产生较大影响时，也属于重要事项；反之，则属于次要的交易或者事项。

(三) 实质重于形式

企业应当按照交易或者事项的经济实质进行会计确认、计量和报告，不应仅以交易或者事项的法律形式为依据。

例如，租入的固定资产一般不应当作为承租人的自有资产进行核算，因为从法律形式上看，承租人并不拥有该资产的所有权。但是，如果租赁合同的期限非常长，以至于接近了租入固定资产的使用寿命，而且租赁合同一般又不可撤销，那么从经济实质上看，承租人事实上已经完全控制了该资产未来的经济利益，承担了该资产未来的价值变动风险。因此，在后一种情况下，承租人应当把租入的固定资产纳入自有资产进行核算。

第八节　会计核算方法

一、会计方法

会计方法是会计反映和监督会计对象、完成会计任务的手段。会计方法包括会计核算、会计分析、会计预测、会计决策等方法。会计核算是会计的基本环节，是会计分析、会计预测、会计决策等方法的基础，也是会计初学者必须掌握的基础知识。本教材只介绍会计的核算方法，会计分析、会计预测、会计决策等方法将放在其他相关课程里，结合具体的会计业务进行讲述。

二、会计核算方法的内容

会计核算方法是对会计对象进行完整、连续和系统的反映和监督所应用的方法，主要包括设置会计科目与账户、复式记账、填制和审核凭证、登记账簿、成本计算、财产清查和编制财务会计报告等程序。

(一) 设置会计科目与账户

设置会计科目与账户是对会计核算对象的具体内容进行分类核算并予以连续和系统地

反映的一种专门方法，目的是反映交易或者事项引起的各会计要素的增减变动及变动结果。

(二) 复式记账

复式记账是与单式记账相对应的一种记账方法，其特点是对每一项交易或者事项都要以相等的金额，在两个或两个以上账户中进行相互联系登记的一种记账方法。复式记账的优点包括：通过账户之间的对应关系，可以了解有关交易或者事项的来龙去脉；通过账户的平衡关系，可以检查有关交易或者事项的记录是否正确。

(三) 填制和审核凭证

填制和审核凭证是指对任何交易或者事项都必须填制或取得表明其已经发生的书面证明，并送交会计机构和会计人员审核。只有经过审核并认定无误的书面证明才能据以编制记账凭证和登记账簿。填制和审核凭证不仅可以确保会计数据的真实性和可靠性，还可以作为实现会计监督的重要手段。

(四) 登记账簿

登记账簿是将会计凭证所记载的交易或者事项的数据资料连续、系统地录入有关会计簿籍的专门方法。登记账簿必须以审核无误的会计凭证为依据，它是把分散在会计凭证中的会计数据系统化为有用的会计信息的过程，有助于会计信息使用者了解企业经济活动和资金运动的全貌。

(五) 成本计算

成本计算是指企业在生产经营过程中，按照一定的对象归集和分配各种费用，以确定各成本计算对象总成本和单位成本的一种专门方法。通过成本计算可以确定各种材料物资的采购成本、各种产品的生产成本以及已销产品的销售成本等，反映和监督生产经营过程中各项生产要素的消耗水平和经营效果，为企业成本管理提供信息。

(六) 财产清查

财产清查是指通过盘点实物、核对账目，以查实各项财产物资和债权债务的账存数与实存数是否一致的一种专门方法。通过财产清查，可以查明企业各项财产物资的保管和使用情况以及各项债权债务等往来款项的结算情况。在财产清查中，如果发现财产物资和债权债务的账存数与实存数不一致，应及时查明原因，通过一定的审批手续进行处理后，还要及时调整账面记录，使账存数与实存数保持一致，以保证会计核算资料的正确性和真实性。

(七) 编制财务会计报告

财务会计报告是指企业对外提供的反映企业某一特定日期的财务状况和某一会计期间的经营成果、现金流量等会计信息的文件。通过编制财务会计报告，可以使分散在账簿中的会计信息综合为全面反映企业经济活动的财务信息。

总结案例

东方实业公司20×7年购买了一套大型机器设备，交易价格为500万元，预计可使用年限为5年，其后续业务及会计处理如下：

(1) 东方实业公司在交易日将该设备认定为固定资产，按500万元金额入账，并决定按照预计使用年限分5年等额计提折旧。

(2) 20×7年年末，该设备的市场价格调整为520万元，东方实业公司未对该设备进行任何账面调整。

(3) 20×8 年年末,该设备已累计计提折旧 200 万元,账面净值为 300 万元。东方实业公司预计如果当前出售该设备,可收回金额只有 150 万元,故将其账面价值下调 150 万元,并作为当年损失。

(4) 20×9 年,东方实业公司业绩出现下滑,故决定从 20×9 年起将该设备的折旧时间由原来的 5 年调整为 10 年。经过调整后,东方实业公司 20×9 年的利润指标明显改善。

请对东方实业公司上述业务的会计处理进行分析和评价。

分析提示

(1) 根据会计假设分析该设备计提折旧的依据。

(2) 根据会计确认基础分析为什么每年应当等额计提折旧。

(3) 根据会计信息质量要求分析调整设备账面价值的依据。

(4) 根据会计信息质量要求分析东方实业公司调整该设备折旧时间的依据。

思政德育课堂

本 章 小 结

本章主要从会计的产生和发展、会计的基本职能等方面入手,对会计的含义作了概括性介绍。沿着上述思路,本章又进一步系统介绍了会计的目标、会计核算的基本前提、会计信息质量的要求和会计核算方法等,旨在使大家对会计有一个全面的认识,为以后各章的学习奠定坚实的基础。学习本章要特别注意掌握会计信息质量的要求,完整而准确地理解其含义,把握其间的联系,这也是将来正确理解和应用会计准则的保证。

思 考 题

1. 会计是如何产生和发展的?
2. 会计的基本职能是什么?它们各自具有哪些特点?
3. 会计的对象是什么?工业企业会计的对象包括哪些具体内容?
4. 会计的目标是什么?企业会计的具体目标是什么?
5. 什么是会计的基本前提?如何理解它们的含义?
6. 如何完整地理解会计的含义?
7. 会计的确认基础有哪些?它们在确认会计要素方面有什么差别?
8. 什么是会计的计量属性?会计的计量属性有哪些?它们各自的含义是什么?
9. 会计信息质量的要求有哪些?它们各自的含义是什么?
10. 会计的核算方法有哪些?它们之间存在什么样的联系?

巩固训练

一、单项选择题

1. 投资人投入的资金和债权人投入的资金，在投入企业后，形成企业的（ ）。

A. 成本　B. 费用　C. 资产　D. 负债

2. 属于会计核算一般原则的是（ ）。

A. 持续经营　B. 实质重于形式　C. 会计分期　D. 货币计量

3. 下列选项中，不属于会计核算方法的是（ ）。

A. 设置账户　B. 成本计算　C. 财产清查　D. 会计分析

4. 会计核算的基本方法包括（ ）。

A. 设置账户、会计分析、复式记账、会计检查等

B. 设置账户、会计检查、财产清查、会计预测等

C. 设置账户、复式记账、登记账簿、成本计算等

D. 设置账户、会计控制、会计分析、成本计算等

5. 会计的对象是（ ）。

A. 企业的资金运动　B. 企业的经营活动

C. 企业的管理活动　D. 企业的生产活动

6. （ ）是会计的基本职能。

A. 核算与预测　B. 反映与监督　C. 分析与检查　D. 决策与预算

7. 在会计核算过程中，会计处理方法前后各期（ ）。

A. 应当一致，不得随意变更　B. 可以变动，但须经过批准

C. 可以任意变动　D. 应当一致，不得变动

二、多项选择题

1. 会计监督的特点有（ ）。

A. 事后监督　B. 事前监督

C. 事中监督　D. 通过价值指标监督

2. 下列业务中，属于资金退出的有（ ）。

A. 购买材料　B. 缴纳税金　C. 分配利润　D. 银行借款

3. 会计确认的基础有（ ）。

A. 单式记账　B. 复式记账　C. 权责发生制　D. 收付实现制

4. 会计计量属性包括（ ）。

A. 历史成本　B. 重置成本　C. 现值　D. 可变现价值

5. 会计方法应包括（ ）。

A. 会计核算方法　B. 会计分析方法

C. 会计预测方法　D. 会计决策方法

6. 下列方法中，属于会计核算方法的有（ ）。

A. 会计分析　B. 成本计算　C. 财产清查　D. 复式记账

7. 下列各项中,属于谨慎性要求的有(　　)。

A. 资产计价时从低　　B. 负债估计时从高

C. 不预计任何可能发生的收益　　D. 利润估计时从高

三、判断题

1. 会计核算只能用货币作为计量单位。(　　)
2. 会计主体不一定是法律主体,而法律主体一般是会计主体。(　　)
3. 会计的职能都是一成不变的。(　　)
4. 会计主体所核算的生产经营活动也包括其他企业或投资者个人的其他生产经营活动。(　　)
5. 遵循历史成本计价原则,物价变动时,除国家另有规定者外,不得调整各项财产物资的账面价值。(　　)
6. 会计期间假设为会计核算规定了空间范围。(　　)

第二章
会计科目与账户

导入案例

中信证券科目调整引发的税务争议

2021年,中信证券为了更好地反映公司业务运营的实际情况,对部分会计科目进行了调整和重新分类。调整后,税务机关对中信证券的账目进行了例行审计,发现这一调整可能导致税务负担降低。税务机关认为这种调整涉嫌通过不当分类来减轻税收负担。在与税务机关多次谈判后,中信证券同意补缴部分税款,并调整科目分类以符合税务合规要求。由于这次调整引发了税务争议,中信证券在投资者和市场中的信任度受到一定影响。会计科目的合理设置和分类直接影响到公司的盈利报告、税务申报和财务透明度。那么会计科目是如何设置和分类的?

本章学习目标

1. 了解:会计科目和账户之间的联系和区别。
2. 熟悉:会计科目表内的各类会计科目。
3. 理解:会计恒等式的含义和平衡关系;会计科目和账户的概念。
4. 掌握:会计六要素的具体内容;账户的内容及结构。

第一节　会计要素

会计要素是对会计对象具体内容按经济业务特性所做的大致分类，由此形成会计报表的框架和基础，因此，又称为会计对象要素或会计报表要素。依据我国财政部颁布的《企业会计准则》，会计要素包括资产、负债、所有者权益、收入、费用、利润。

一、资产

(一) 资产的定义

资产是指企业过去的交易或者事项形成的、由企业拥有或者控制的、预期会给企业带来经济利益的资源。根据定义，资产要素具有如下特征：

(1) 资产是由企业过去的交易或者事项形成的。过去的交易或者事项包括购买、生产、建造行为或其他交易或者事项。预期在未来发生的交易或者事项不能形成资产。

(2) 资产应为企业拥有或者控制的资源。由企业拥有或者控制是指企业享有某项资源的所有权，或者虽然不享有某项资源的所有权，但该资源能被企业所控制。

(3) 资产预期会给企业带来经济利益。预期会给企业带来经济利益是指直接或者间接导致现金和现金等价物流入企业的潜力。

(二) 资产的确认条件

符合资产定义的资源，在同时满足以下条件时，确认为资产：

(1) 与该资源有关的经济利益很可能流入企业。

(2) 该资源的成本或者价值能够可靠地计量。

符合资产定义和资产确认条件的项目，应当列入资产负债表；符合资产定义，但不符合资产确认条件的项目，不应当列入资产负债表。

(三) 资产的分类

资产按其流动性的强弱，可分为流动资产、非流动资产两大类。

(1) 流动资产。流动资产是指可以在 1 年或者超过 1 年的一个营业周期内变现或耗用的资产，主要包括库存现金、银行存款、交易性金融资产、应收及预付款项、存货等。有些企业经营活动比较特殊，其经营周期可能长于 1 年。比如，造船和大型机械制造，其从生产准备到销售商品再到收回货款，周期比较长，往往超过 1 年。在这种情况下，就不能把 1 年内变现作为划分流动资产的标志，而是将经营周期作为划分流动资产的标志。

(2) 非流动资产。非流动资产是指不能在 1 年内或超过 1 年的一个营业周期内变现、出售或耗用的资产，主要包括长期股权投资、固定资产、无形资产、其他非流动资产等。

按流动性对资产进行分类，有助于掌握企业资产的变现能力，从而进一步分析企业的偿债能力和支付能力。一般来说，流动资产所占比重越大，说明企业资产的变现能力越强。流动资产中，货币资金、短期投资所占比重越大，说明企业的支付能力越强。

二、负债

(一) 负债的定义

负债是指企业过去的交易或者事项形成的、预期会导致经济利益流出企业的现时义务。现时义务是指企业在现行条件下已承担的义务。未来发生的交易或者事项形成的义务，不属于现时义务，不应当确认为负债。根据定义，负债要素具有如下特征：

(1) 负债是企业过去的交易或者事项形成的。只有过去已经发生的交易或者事项才能形成企业的负债，而潜在的义务、预计会在未来发生的交易或者事项不能确认为负债。

(2) 负债是企业承担的现时义务。现时义务是指企业在现行条件下已承担的义务。随着形成负债的交易或者事项的发生，企业不得不承担由此带来的经济责任，例如，从银行借款后的还款义务；赊购材料或商品后的付款义务；从事经济活动后依法缴纳税金的义务。

(3) 偿还债务将会导致经济利益流出企业。这是负债的本质特征。偿还债务的形式多种多样。例如，用现金偿还或以实物资产偿还；以提供劳务的方式偿还；将负债转为所有者权益等。

(二) 负债的确认条件

符合负债定义的义务，在同时满足以下条件时，确认为负债：

(1) 与该义务有关的经济利益很可能流出企业。

(2) 未来流出的经济利益的金额能够可靠地计量。

符合负债定义和负债确认条件的项目，应当列入资产负债表；符合负债定义，但不符合负债确认条件的项目，不应当列入资产负债表。

(三) 负债的分类

负债按其流动性分为流动负债和非流动负债。

(1) 流动负债。流动负债是指将在 1 年(含 1 年)或者超过 1 年的一个营业周期内偿还的债务，包括短期借款、应付票据、应付账款、预收账款、应付职工薪酬、应付股利、应交税费、其他应付款和一年内到期的非流动负债等。

(2) 非流动负债。非流动负债是指偿还期在 1 年或超过 1 年的一个营业周期的负债，包括长期借款、应付债券、长期应付款等。当一项长期负债到期日越来越近，直至变为 1 年之内到期时，则需重新划分为流动负债。例如，企业向公众发行了 10 年期的公司债券，在发行后的 9 年内均属于非流动负债，但在最后 1 年，则应划分为非流动负债。

三、所有者权益

(一) 所有者权益的定义

所有者权益是指企业资产扣除负债后由所有者享有的剩余权益。对于公司制的企业，又称为股东权益，其金额为资产减去负债的余额。企业全部资产减去负债后的余额可以称为净资产，它应该归属于所有者。

所有者权益的增加有两个途径：一是业主的投资，当原始资本注入企业或追加投资时，所有者权益相应增加，这部分列示为“实收资本”；二是企业经营过程中赚取的利润，企业的盈利将累计到所有者权益之中，列示为“未分配利润”。

所有者权益的减少有三个途径：一是企业减资，即投资者通过一定法律程序全部或部分撤回对企业的投资；二是对业主的利润分配；三是经营亏损。所有者权益列示于资产负债表的右侧下部，也说明了它是一种剩余权益。

根据定义，所有者权益具有如下特征：

(1) 除发生减资、清算或分派现金股利外，企业不需要偿还所有者权益。

(2) 企业清算时，只有在清偿所有的负债后，才将所有者权益返还给所有者。

(3) 所有者凭借所有者权益能够参与企业利润的分配。

(二) 所有者权益的确认条件

所有者权益体现的是所有者在企业中的剩余权益，因此，所有者权益的确认主要依赖于其他会计要素的确认，尤其是资产和负债的确认。所有者权益金额的确定主要取决于资产和负债的计量。

(三) 所有者权益的构成

所有者权益通常包括实收资本(或者股本)、资本公积、盈余公积和未分配利润四个项目。除此之外，企业会计准则体系还规定了其他综合收益、其他权益工具等项目，这些项目也在所有者权益部分列示。

(1) 实收资本是指投资者按照企业章程或合同协议的约定，实际投入企业的资本，可以是货币资金投资，也可以是非货币资金如固定资产、无形资产等投资。

(2) 资本公积是指企业由于资本价值增值而形成的积累资金，包括股本溢价、接受捐赠、外汇资本折算差额等。

(3) 盈余公积是指企业从净利润中提取形成的积累资金，包括法定盈余公积、任意盈余公积和法定公益金等。

(4) 未分配利润是指企业税后利润按照规定进行分配后的剩余部分。

(5) 其他综合收益是指企业根据会计准则规定未在当期损益中确认的各项利得和损失。

(6) 其他权益工具是指企业发行的除普通股以外的，被归类为权益工具的各种金融工具。

通常，我们把盈余公积和未分配利润合称为留存收益。

资产负债表中所有者权益的构成如图 2-1 所示。

对所有者权益作以上分类，可以准确反映所有者权益总额，清晰地反映所有者权益的构成，有利于保障企业投资人的权益。

四、收入

(一) 收入的定义

收入是指企业在日常活动中形成的、会导致所有者权益增加的、与所有者投入资本无关的经济利益的总流入。

根据定义，收入的特征如下：

(1) 收入是企业日常活动中形成的。日常活动是指企业为完成其经营目标所从事的经常性活动，以及与之相关的活动。工业企业制造并销售产品、商业企业采购并销售商品、服

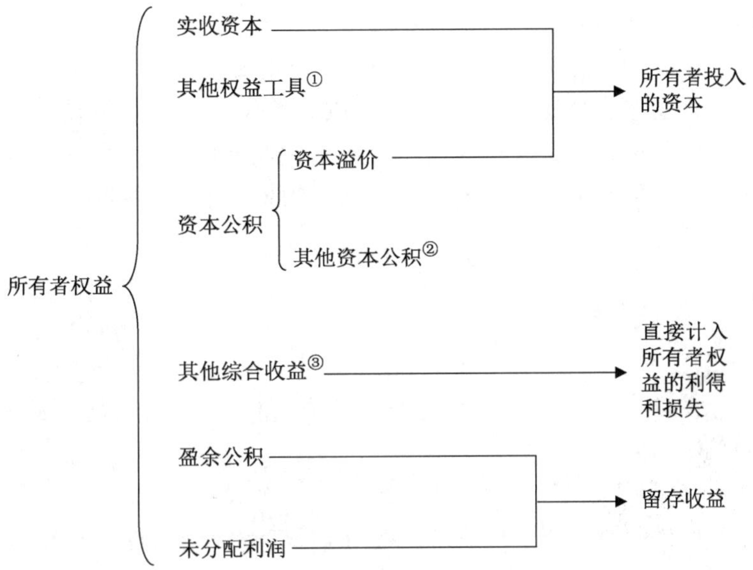

注：①②③在本节中，不作教学要求。

图 2-1　资产负债表中所有者权益的构成

务企业提供劳务、金融企业存贷款业务、租赁公司出租资产等均属于日常活动。明确界定日常活动是为了对收入与利得进行区分。凡是日常活动所形成的经济利益流入应当确认为收入；非日常活动所形成的经济利益流入应当确认为利得。

(2) 收入会导致所有者权益的增加。与收入相关的经济利益的流入应当会导致所有者权益的增加，不会导致所有者权益增加的经济利益的流入不符合收入的定义，不应确认为收入。例如，企业向银行借入款项，虽然也导致经济利益流入企业，但该流入并不导致所有者权益的增加，反而使企业承担了一项现时义务。因此，企业对于因借入款项所导致的经济利益的增加，不应将其确认为收入，而应当确认为负债。

(3) 收入是与所有者投入资本无关的经济利益的总流入。收入应当会导致经济利益的流入，从而导致资产的增加。但是经济利益的流入如果是由所有者投入资本的增加所导致的，则不应当确认为收入，而应当确认为所有者权益。

(二) 收入的确认条件

企业收入的来源渠道多种多样，不同收入来源的特征虽然有所不同，但其收入确认条件却是相同的。当企业与客户之间的合同同时满足下列条件时，企业应当在客户取得相关商品控制权时确认收入：①合同各方已批准该合同并承诺将履行各自义务；②该合同明确了合同各方与所转让商品或提供劳务(以下简称转让商品)相关的权利和义务；③该合同有明确的与所转让商品相关的支付条款；④该合同具有商业实质，即履行该合同将改变企业未来现金流量的风险、时间分布或金额；⑤企业因向客户转让商品而有权取得的对价很可能收回。

符合收入的定义和收入的确认条件的项目，应当列入利润表。

(三) 收入的分类

收入一般包括主营业务收入和其他业务收入。

(1) 主营业务收入。主营业务收入是指企业通过主要生产经营活动所取得的收入。工业企业主营业务收入主要包括销售商品、对外提供劳务等所取得的收入。

(2) 其他业务收入。其他业务收入是指企业主营业务以外的、企业附带经营的业务所取得的收入。工业企业的其他业务收入主要包括出售原材料、出租固定资产、出租包装物、出租无形资产等取得的收入。

五、费用

(一) 费用的定义

费用是指企业在日常活动中发生的、会导致所有者权益减少的、与向所有者分配利润无关的经济利益的总流出。

根据定义,费用的特征如下:

(1) 费用是企业在日常活动中形成的。此外,对日常活动的界定与收入定义中对日常活动的界定一致。日常活动产生的费用通常包括营业成本(主营业务成本和其他业务成本)、税金及附加、销售费用、管理费用、财务费用等。界定日常活动是为了对费用与损失进行区分,企业非日常活动形成的经济利益的流出不能确认为费用,而应当计入损失。

(2) 费用是与向所有者分配利润无关的经济利益的总流出。费用的发生应当会导致经济利益的流出,从而导致资产的减少或负债的增加,其表现形式包括现金或现金等价物的流出,存货、固定资产和无形资产等的流出或消耗。企业向所有者分配利润也会导致经济利益的流出,而该经济利益的流出属于所有者权益的递减项目,不应确认为费用。

(3) 费用会导致所有者权益的减少。与费用相关的经济利益的流出应当会导致所有者权益的减少,不会导致所有者权益减少的经济利益的流出不符合费用的定义,不应确认为费用。

(二) 费用的确认条件

费用的确认除了应当符合定义,还至少应当符合以下条件:①与费用相关的经济利益很可能流出企业;②经济利益流出企业的结果会导致企业资产的减少或者负债的增加;③经济利益的流出额能够可靠地计量。

符合费用定义和费用确认条件的项目,应当列入利润表。

(三) 费用的分类

费用按其归属对象和归属期的不同,可分为生产费用和期间费用。

(1) 生产费用。生产费用是指企业生产产品而发生的费用支出,其归属对象是企业所生产和制造的产品。生产费用一般包括直接费用和间接费用。直接费用是指企业直接计入某产品成本或劳务成本中的费用,如企业为生产产品直接消耗的材料费、人工费等。间接费用是指企业发生的与生产产品相关,但不能直接计入产品成本,而应通过分配的形式计入产品成本的各项费用,如各生产单位为组织和管理生产所发生的管理人员工资、福利费、固定资产折旧费、办公费、差旅费、水电费等。

(2) 期间费用。期间费用是指与会计期间相关、与产品生产无直接关系的费用,包括管理费用、销售费用和财务费用。期间费用直接计入当期损益。

六、利润

(一) 利润的定义

利润是指企业在一定会计期间的经营成果。通常情况下，如果企业实现了利润，表明企业的所有者权益增加；如果企业发生亏损(即利润为负数)，表明企业的所有者权益减少。

(二) 利润的构成

利润包括收入减去费用后的净额、直接计入当期利润的利得和损失等。直接计入当期利润的利得和损失是指应当计入当期损益、会导致所有者权益发生增减变动的、与所有者投入资本或者向所有者分配利润无关的利得和损失。利润金额取决于收入和费用、直接计入当期利润的利得和损失金额的计量。收入减去费用后的净额反映企业日常活动的经营业绩；直接计入当期利润的利得和损失，反映企业非日常经营活动的业绩。

利润是企业一定期间经营成果在财务上的集中表现，是衡量企业经济效益的重要指标。

利润项目应当列入利润表。

(三) 利润的确认条件

利润的确认主要依赖于收入和费用，以及直接计入当期利润的利得和损失的确认。其金额的确定也主要取决于收入、费用、利得和损失金额的计量。

第二节 会计恒等式

一、会计恒等式的表现形式及意义

前一节中已经提及，就企业范围而言，其会计要素有六个，即资产、负债、所有者权益、收入、费用和利润。表示会计六要素之间基本关系的等式就是会计等式，又称会计恒等式、会计方程式或会计平衡公式。

会计恒等式的表达主要有以下几种形式：

$$资产=负债+所有者权益 \tag{2-1}$$

(2-1)式是会计恒等式的最通用形式，它是用来揭示会计主体在会计期间开始或终止时刻全部要素之间的恒等关系，是经营资金的一种静态反映。

会计恒等式两端反映的对象是相同的，只是角度不同。等式左端是从资金占用和分布状况方面来反映企业资产价值总量(或称为企业经营资金总额)，体现为不同类别的资产，如银行存款、存货等流动资产，厂房、设备等固定资产。等式右端则是从来源方面来反映资产的价值总量。从其来源看：一是向银行等金融机构、非金融机构借款、发行债券，向有关单位赊购物资等；二是投资者投入资本以及经营过程中形成的盈余即利润。前者统称为负债，后者统称为所有者权益,表现为负债和所有者权益之和。

会计恒等式两端所反映的是同一事物。任何形态资产都必须有一定的形成渠道或来源,任何来源取得的资产也必须以某种形式存在和分布,因此,“资产＝负债＋所有者权益”的恒等关系是必然存在的。

会计恒等式反映了企业在某一特定时点资产、负债和所有者权益三者之间的平衡关系,是设置账户、复式记账法的理论基础,也是编制资产负债表的依据。

(2-1)式中之所以没有“收入”“费用”“利润”要素,是因为“利润”已经实现并分配完毕,在数量关系上通过资产、负债和所有者权益三个要素数量变化来体现,故在形式上已看不到收入、费用或利润的“影子”。换句话说,会计期末与会计期初虽然在形式上保持了“资产＝负债＋所有者权益”的恒等关系,但恒等的数量基础已经变化,因为期末的恒等式中已经包含了本会计期间利润的实现及其分配因素。即:

$$利润＝收入－费用 \tag{2-2}$$

(2-2)式用来揭示会计期间内收入、费用和利润要素之间的恒等关系,是经营资金的一种动态反映。企业进行生产经营是为了获取收入,实现盈利。企业在取得收入的同时,必然要发生相应的费用。通过收入与费用的比较,才能确定一定期间的盈利水平,确定实现的利润总额。在不考虑利得和损失的情况下,它们之间的关系可用(2-2)式表示。

(2-2)式反映了企业利润的实现过程,称为经营成果等式或动态会计等式。收入、费用和利润之间的上述关系,是编制利润表的依据。

上述两个会计等式之间的关系可以进一步表示为:

$$资产＝负债＋所有者权益＋利润＝负债＋所有者权益＋(收入－费用) \tag{2-3}$$

(2-3)式则是用来揭示会计期间内任一时日(不必是会计期末或期初)全部会计要素之间的恒等关系。此时,利润正在实现过程中,尚未分配,故恒等式包含了收入、费用要素。(2-3)式可看作是经营资金静态、动态相结合的反映,是会计恒等式的日常一般形式。

还须注意,(2-1)式和(2-3)式之间虽有形式上的差异,却无本质上的不同。因为利润实现分配以后,一方面使企业净资产总额增加;另一方面也使有关的负债和所有者权益增加,只是在形式上由(2-3)式简化为(2-1)式,恒等关系并未改变。因此,可以说(2-1)式是会计恒等式的最通用形式。本教材中如果不作特殊说明,以后所提会计恒等式均特指(2-1)式。

二、会计事项的发生对会计恒等式的影响

会计主体的资产占用形态、分布状态及其来源构成都不是固定不变的,随着会计主体生产经营活动的连续进行,各种会计要素也随之不断发生数量上的变化,那么这些变化是否影响上述恒等关系呢?以下结合企业的一些典型经济业务,举例说明。

【例 2-1】 假定东方实业公司 20×9 年 1 月 1 日资产、负债和所有者权益的构成,如表 2-1所示。

表 2-1 资产负债表(简表)

单位名称：东方实业公司　　　　　　　　　　　　　　单位：万元

资　　产	金　额	负债和所有者权益	金　额
库存现金	5	短期借款	250
银行存款	800	应付账款	450
应收账款	55	长期借款	500
原材料	600	实收资本	1 400
生产成本	300	盈余公积	400
库存商品	140		
固定资产	1 100		
合　　计	3 000	合　计	3 000

东方实业公司 20×9 年 1 月发生经济业务(部分)如下：

(1) 借入短期借款 50 万元,已存入银行存款户。

该项经济业务所产生的影响是：资产方的“银行存款”增加 50 万元;负债方的“短期借款”也增加 50 万元。

(2) 收到投资者转入的固定资产 240 万元。

该项经济业务所产生的影响是：资产方的“固定资产”增加 240 万元;所有者权益方的“实收资本”也增加 240 万元。

(3) 销售产品收入 100 万元,已存入银行。

该项经济业务所产生的影响是：资产方的“银行存款”增加 100 万元;所有者权益方的“本年利润”(其相应的销售成本应从中扣减)也增加 100 万元。

(4) 购入材料 20 万元,货款未付暂欠。

该经济业务所产生的影响是：资产方的“原材料”增加 20 万元;负债方的“应付账款”也增加 20 万元。

(5) 以银行存款偿还短期借款 150 万元。

该项经济业务所产生的影响是：资产方的“银行存款”减少 150 万元,负债方的“短期借款”也减少 150 万元。

(6) 以银行存款归还联营单位投资 80 万元。

该项经济业务产生的影响是：资产方的“银行存款”减少 80 万元;所有者权益方的“实收资本”也减少 80 万元。

(7) 结转上述已销售产品的成本 60 万元。

按照规定,已售产品成本从其收入中扣除,使成本得以补偿,收入扣除成本后的余额作为本年利润,因此,该项经济业务所产生的影响是：资产方的“库存商品”成本减少了 60 万元,所有者权益方的“本年利润”也减少了 60 万元。

(8) 购入材料 30 万元,以银行存款支付。

该项经济业务所产生的影响是：资产方的“原材料”增加 30 万元;资产方的“银行存款”减少 30 万元。

(9) 生产产品领用原材料一批 300 万元。

该项经济业务所产生的影响是:资产方的“原材料”减少 300 万元;资产方的“生产成本”增加 300 万元。

(10) 将已完工的一批产成品入库,其实际生产成本为 180 万元。

该项经济业务所产生的影响是:资产方的“库存商品”增加 180 万元;资产方的“生产成本”减少 180 万元。

(11) 从银行借入短期借款 28 万元,偿还部分应付账款。

该项经济业务所产生的影响是:负债方的“短期借款”增加 28 万元;负债方的“应付账款”减少 28 万元。

(12) 经供货单位同意,将应付账款 100 万元转作对本企业的投资。

该项经济业务所产生的影响是:所有者权益方的“实收资本”增加 100 万元;负债方的“应付账款”减少 100 万元。

(13) 将公积金 350 万元转增资本。

该项经济业务所产生的影响是:所有者权益方的“实收资本”增加 350 万元,所有者权益方的盈余公积减少 350 万元。

从以上各项经济业务所产生的影响看,都不会改变会计恒等式的成立,具体可概括为四种类型:(1)(2)(3)(4)项经济业务使会计恒等式左右两方以相等的金额同时增加,故不改变会计恒等式;(5)(6)(7)项经济业务使会计恒等式左右两方以相等的金额同时减少,故不改变会计恒等式;(8)(9)(10)项经济业务使会计恒等式左方项目之间,以相等的金额一增一减,故不改变会计恒等式;(11)(12)(13)项经济业务使会计恒等式右方各项之间,以相等的金额一增一减,故也不改变会计恒等式。

以上各项经济业务的发生对会计要素中各项目的影响结果可汇总如表 2-2 所示。

表 2-2　各项目的影响结果汇总

单位:万元

资产	期初余额	本期		期末余额	负债和所有者权益	期初余额	本期		期末余额
		增加	减少				增加	减少	
库存现金	5			5	短期借款	250	78	150	178
银行存款	800	150	260	690	应付账款	450	20	128	342
应收账款	55			55	长期借款	500			500
原材料	600	50	300	350	实收资本	1 400	690	80	2 010
生产成本	300	300	180	420	盈余公积	400		350	50
库存商品	140	180	60	260	本年利润		100	60	40
固定资产	1 100	240		1 340					
合　计	3 000	920	800	3 120	合　计	3 000	888	768	3 120

表 2-2 说明:不论企业发生哪种类型的经济业务,都始终不改变会计恒等式左右两方的恒等关系。

人们在长期的会计实践中发现,尽管会计事项千差万别,数量繁多,都可归纳为四大类,如果每一类经济业务都不改变会计恒等式，则全部经济业务也不改变会计恒等式。经济业务的四种类型划分如图 2-2 所示。

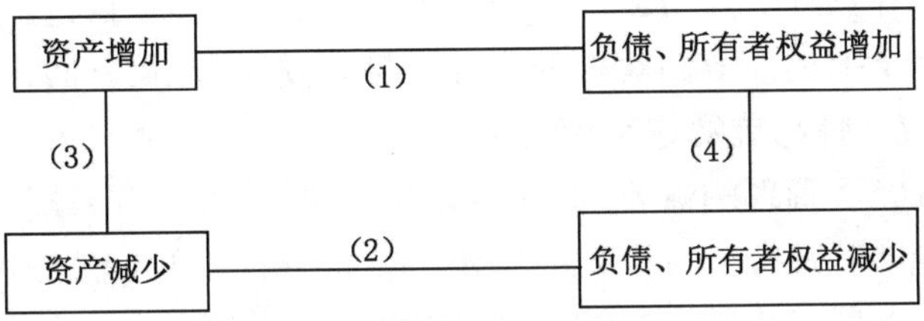

图 2-2　经济业务类型划分

由此，我们可以得出结论：第一，会计恒等式左右两方反映的是同一事物，只是角度不同，所以数量上的恒等是必然的；第二，任何经济业务的发生都不是孤立的，它会引起两个或两个以上会计要素具体项目的变化，但这种变化是有规律的，即所有经济业务都不能改变会计恒等式。

第三节　会 计 科 目

一、会计科目的含义

会计科目是对会计对象的具体内容进行分类核算的项目。如前所述，会计对象具体内容表现为会计要素，而每一个会计要素又包括若干具体项目，如资产要素中包括了现金、银行存款、材料等项目，负债要素中包括了短期借款、长期借款、应付账款等项目。为了全面、连续、系统地核算、监督经济活动引起的各会计要素的增减变化，有必要对会计对象的具体内容按其不同特点和经营管理的要求进行科学分类，并事先确定进行分类核算的项目名称，规定其核算内容并按一定规律赋予其编号，这便是设置会计科目的意义。

二、设置会计科目的原则

为提供科学、完整、系统的会计信息，设置会计科目应遵循如下原则。

（一）必须结合会计对象的具体内容和特点

不同行业的会计主体，其经济业务的内容差别很大，会计要素的具体项目也各不相同，作为对会计具体对象也即对会计要素的再分类，设置会计科目时就必须考虑到这些特点。例如，工业企业存在供应、生产、销售三个主要生产经营过程，商业企业则存在商品购进、商品储存和商品销售三大经营环节，行政事业单位的经济性质差异则更大。由此可见，不同行业在设置会计科目时，必须充分考虑到这些差异，既要全面反映，又要突出特点。即使是同一行业的不同会计主体，也存在规模大小、业务繁简等方面的差异，这些在设置会计科目时也必须予以考虑。

(二) 必须符合经济管理和经济决策的要求

设置会计科目应充分考虑各有关方面对会计信息的要求。除国家宏观经济管理、企业内部经济管理的要求外,还应考虑投资者、债权人等各有关方面对会计信息的要求。设置会计科目要能够提供满足上述各方面要求的会计信息,有利于有关方面进行经济决策。

(三) 力求做到统一性与灵活性相结合

为适应国家宏观经济管理的需要,保证会计指标口径一致和会计信息的可比性,我国财政部根据《企业会计准则》及行业特点统一制定了各主要行业的会计制度。其中相应规定了统一的会计科目。从发展趋势看,在"统一"的同时,还必须尊重会计主体一定的选择权和自主增减或合并少数会计科目的权利,也即保留一定的灵活性,以便更好地满足不同会计主体进行会计核算的实际需要。

(四) 繁简适度,相对稳定

会计科目的设置涉及繁简度问题,过繁会增加不必要的核算工作量,过简则不能提供符合要求的会计信息。因此,在不影响会计核算质量的前提下,应尽可能简,即做到繁简适度。此外,会计科目的设置还应做到相对稳定,以保持会计信息的连贯性、可比性,同时也有利于提高工作效率。相对稳定并不排斥对会计科目的适时修订,只是不可过于频繁。

三、会计科目的分类

会计科目的分类标准主要有两个:一是按其经济内容分类;二是按其提供核算资料的详略程度分类。

(一) 会计科目按其经济内容分类

这种分类方法,便于了解和掌握各会计科目的核算内容及其性质,继而正确运用各会计科目提供的核算资料。会计科目按其经济内容不同可以分为六大类:资产类、负债类、共同类、所有者权益类、成本类和损益类。这种分类方法的结果如表 2-3 所示。

注:根据现行有效文件,统计出 170 个企业会计科目。有的新增科目文件规定有科目代码,有的则没有规定,没有规定的科目根据性质插入相关科目之间,原始的科目序号不变,后来新增科目按照时间顺序继续编号。具体运用可以查看文件规定。

表 2-3 新会计准则会计科目表

顺序号	编号	会计科目名称	新科目法规依据
		一、资产类	
1	1001	库存现金	
2	1002	银行存款	
3	1003	存放中央银行款项(银行专用)	
4	1011	存放同业(银行专用)	
5	1012	其他货币资金	
6	1021	结算备付金(证券专用)	

（续表）

顺序号	编号	会计科目名称	新科目法规依据
7	1031	存出保证金（金融共用）	
8	1101	交易性金融资产	
9	1111	买入返售金融资产	
10	1121	应收票据	
11	1122	应收账款	
12	1123	预付账款	
164		合同资产	财会〔2018〕15号
165		合同资产减值准备	
13	1131	应收股利	
14	1132	应收利息	
15	1201	应收代位追偿款（保险专用）	
16	1211	应收分保账款（保险专用）	
17	1212	应收分保合同准备金（保险专用）	
18	1221	其他应收款	
19	1231	坏账准备	
20	1301	贴现资产（银行专用）	
21	1302	拆出资金（金融共用）	
22	1303	贷款（银行专用）	
23	1304	贷款损失准备（银行专用）	
24	1311	代理兑付证券（银行和证券共用）	
25	1321	代理业务资产	
26	1401	材料采购	
27	1402	在途物资	
28	1403	原材料	
29	1404	材料成本差异	
30	1405	库存商品	
31	1406	发出商品	
32	1407	商品进销差价	

（续表）

顺序号	编号	会计科目名称	新科目法规依据
33	1408	委托加工物资	
34	1411	周转材料	
35	1421	消耗性生物资产(农业专用)	
36	1431	贵金属(金融共用)	
37	1441	抵债资产(金融共用)	
38	1451	损余物资(保险专用)	
39	1461	融资租赁资产(租赁专用)	
40	1471	存货跌价准备	
159	1481	持有待售资产	《关于持有待售准则有关问题的解读》
160	1482	持有待售资产减值准备	
41	1501	债权投资	
42	1502	持有至到期投资减值准备	
43	1503	其他债权投资	
44	1511	长期股权投资	
45	1512	长期股权投资减值准备	
46	1521	投资性房地产	
47	1531	长期应收款	
48	1532	未实现融资收益	
49	1541	存出资本保证金(保险专用)	
50	1601	固定资产	
51	1602	累计折旧	
52	1603	固定资产减值准备	
53	1604	在建工程	
54	1605	工程物资	
55	1606	固定资产清理	
56	1611	未担保余值(租赁专用)	
57	1621	生产性生物资产(农业专用)	
58	1622	生产性生物资产累计折旧(农业专用)	

（续表）

顺序号	编号	会计科目名称	新科目法规依据
59	1623	公益性生物资产（农业专用）	
60	1631	油气资产（石油天然气开采专用）	
61	1632	累计折耗（石油天然气开采专用）	
62	1701	无形资产	
63	1702	累计摊销	
64	1703	无形资产减值准备	
65	1711	商誉	
66	1801	长期待摊费用	
67	1811	递延所得税资产	
68	1821	独立账户资产	
69	1901	待处理财产损溢	
		二、负债类	
70	2001	短期借款	
71	2002	存入保证金（金融共用）	
72	2003	拆入资金（金融共用）	
73	2004	向中央银行借款（银行专用）	
74	2011	吸收存款（银行专用）	
75	2012	同业存放（银行专用）	
76	2021	贴现负债（银行专用）	
77	2101	交易性金融负债	
78	2111	卖出回购金融资产款（金融共用）	
79	2201	应付票据	
80	2202	应付账款	
81	2203	预收账款	
166		合同负债	财会〔2018〕15 号
82	2211	应付职工薪酬	
83	2221	应交税费	
84	2231	应付利息	

（续表）

顺序号	编号	会计科目名称	新科目法规依据
85	2232	应付股利	
86	2241	其他应付款	
161	2245	持有待售负债	《关于持有待售准则有关问题的解读》
87	2251	应付保单红利(保险专用)	
88	2261	应付分保账款(保险专用)	
89	2311	代理买卖证券款(证券专用)	
90	2312	代理承销证券款(金融共用)	
91	2313	代理兑付证券款(证券和银行共用)	
92	2314	代理业务负债	
93	2401	递延收益	
94	2501	长期借款	
95	2502	应付债券	
96	2601	未到期责任准备金(保险专用)	
97	2602	保险责任准备金(保险专用)	
98	2611	保户储金(保险专用)	
99	2621	独立账户负债(保险专用)	
100	2701	长期应付款	
101	2702	未确认融资费用	
102	2711	专项应付款	
103	2801	预计负债	
104	2901	递延所得税负债	
		三、共同类	
105	3001	清算资金往来(银行专用)	
106	3002	货币兑换(金融共用)	
107	3101	衍生工具	
108	3201	套期工具	
109	3202	被套期项目	

（续表）

顺序号	编号	会计科目名称	新科目法规依据
		四、所有者权益类	
110	4001	实收资本	
111	4002	资本公积	
157		其他综合收益	《企业会计准则第30号——财务报表列报》
112	4101	盈余公积	
113	4102	一般风险准备(金融共用)	
114	4103	本年利润	
115	4104	利润分配	
116	4201	库存股	
158	4301	专项储备	《企业会计准则解释第3号》
		五、成本类	
117	5001	生产成本	
118	5101	制造费用	
119	5201	劳务成本	
120	5301	研发支出	
121	5401	工程施工(建造承包商专用)	
122	5402	工程结算(建造承包商专用)	
123	5403	机械作业(建造承包商专用)	
167		合同履约成本	财会〔2018〕15号
168		合同履约成本减值准备	
169		合同取得成本	
170		合同取得成本减值准备	
		六、损益类	
124	6001	主营业务收入	
125	6011	利息收入(金融共用)	
126	6021	手续费及佣金收入(金融共用)	
127	6031	保费收入(保险专用)	

（续表）

顺序号	编号	会计科目名称	新科目法规依据
128	6041	租赁收入（租赁专用）	
129	6051	其他业务收入	
130	6061	汇兑损益（金融专用）	
131	6101	公允价值变动损益	
132	6111	投资收益	
162	6115	资产处置损益	《关于持有待售准则有关问题的解读》
163	6117	其他收益	《关于政府补助准则有关问题的解读》
133	6201	摊回保险责任准备金（保险专用）	
134	6202	摊回赔付支出（保险专用）	
135	6203	摊回分保费用（保险专用）	
136	6301	营业外收入	
137	6401	主营业务成本	
138	6402	其他业务成本	
139	6403	税金及附加	财会〔2016〕22 号
140	6411	利息支出（金融共用）	
141	6421	手续费及佣金支出（金融共用）	
142	6501	提取未到期责任准备金（保险专用）	
143	6502	提取保险责任准备金（保险专用）	
144	6511	赔付支出（保险专用）	
145	6521	保单红利支出（保险专用）	
146	6531	退保金（保险专用）	
147	6541	分出保费（保险专用）	
148	6542	分保费用（保险专用）	
149	6601	销售费用	
150	6602	管理费用	
151	6603	财务费用	
152	6604	勘探费用	

（续表）

顺序号	编号	会计科目名称	新科目法规依据
153	6701	资产减值损失	
154	6711	营业外支出	
155	6801	所得税费用	
156	6901	以前年度损益调整	

（二）会计科目按其提供核算资料的详略程度分类

这种分类可以更好地满足企业内部经营管理的需要，也能满足各方面会计信息使用者对会计核算资料详略不同的要求。采用这种分类方法，可以将会计科目分为总分类科目和明细分类科目。总分类科目又称一级科目，是对各会计要素的总括分类，它提供较为概括的会计核算资料；明细分类科目又称为明细科目，是对某一总分类科目核算内容所作的更为详细的分类，因此，还可称为二级明细科目，它提供较为详细的核算资料。如果需要提供更加详尽的资料还可将二级明细科目再分类，设置三级明细科目，必要时还可设置四级明细科目。例如，“原材料”是总分类科目，可先按存放地点设置二级明细科目，对同一存放地点再按材料大类设置三级明细科目，对同一大类材料再按其品种设置四级明细科目。

会计科目依据《企业会计准则》中有关确认和计量的规定进行制定，涵盖了各类企业的交易或者事项。企业在不违反会计准则中确认、计量和报告规定的前提下，可以根据本单位的实际情况自行增设、分拆、合并会计科目。企业不存在的交易或者事项，可不设置相关会计科目。对于明细科目，企业可以比照表 2-3 的规定自行设置。会计科目编号可供企业在填制会计凭证、登记会计账簿、查阅会计账目、采用会计软件系统时作参考。企业可结合实际情况自行确定会计科目编号。

四、会计科目编号

为表明会计科目的性质及所属类别，便于迅速、正确地使用会计科目并借助电子计算机进行处理，我国财政部统一规定的会计科目都按照一定规则予以编号。总分类科目通常采用四位数字编号法，每一位数字的特定含义规定如下：

(1) 从左至右第一位数字表明会计科目归属的大类，具体来说，“1”表示资产类科目，“2”表示负债类科目，“3”表示共同类科目，“4”表示所有者权益类科目，“5”表示成本类科目，“6”表示损益类科目。

(2) 第二位数字表示会计科目的主要大类下属的各个小类。例如，在资产类科目中，“0”表示货币资金类科目，“1”表示交易性金融资产及应收账项类科目，“6”表示固定资产类科目等。

(3) 第三、第四两位数字表示各小类下各个会计科目的自然序号。其中，某些会计科目之间可能有空号，以便增加科目。

第四节 账户及其结构

一、账户的含义

会计科目只是对会计要素的再分类结果规定的一个名称，要把发生的经济业务连续、完整、系统地记录下来，还须借助一定的记账实体，如账页等。因此，账户是指根据会计科目开设的，用来分类记录经济业务内容的具有一定格式和结构的记账实体。

二、账户的设置

设置会计科目只是对会计对象的具体内容进行分类，规定每一类的名称。为了提供企业内部经营管理和外部有关方面所需要的各种会计核算资料，还必须根据规定的会计科目开设相应的账户，以便对各项经济业务进行分类、系统、连续的记录。

账户是根据规定的会计科目开设的，用来记录各个会计科目所反映的经济业务内容的格式。会计科目是账户的名称，会计科目规定的经济内容也就是账户核算的经济内容。例如，为了反映企业固定资产的增减变动情况及其结果，需要根据“固定资产”科目开设“固定资产”账户，一切有关固定资产增减变动的经济业务都在该账户中登记；又如，为了反映现金的收入和支出情况，以及现金在一定日期的实有数额，需要根据“库存现金”科目开设“库存现金”账户，一切有关现金收支的经济业务都应记入该账户。

由于会计科目又可以按照其提供核算资料的详略程度分为总分类科目和明细分类科目，账户也应该相应地设置总分类账户和明细分类账户。根据总分类科目设置的账户称为总分类账户，又称总账账户或一级账户。根据明细分类科目设置的账户称为明细分类账户，也称明细账户，其中，按二级明细科目设置的账户又称为二级账户。总分类账户是所属明细分类账户的统制账户，它以货币作为统一的计量单位，总括地反映各项会计要素的增减变化情况；明细分类账户是总分类账户的辅助账户，它是总分类账户的补充和具体化。

明细分类账户除应用货币计量单位外，有时还需要应用实物计量单位和劳动计量单位。例如，为了具体地了解掌握各种原材料的收入、发出和结存情况，需要在“原材料”总分类账户下，按照原材料的品种、规格设置“原材料”明细分类账户。在“原材料”明细分类账户中，可使用货币度量和实物度量同时进行登记，以便加强对实物和资金的管理。二级账户是介于总分类账户和明细分类账户之间的账户。它所提供的资料比明细分类账户概括，比总分类账户详细。二级账户可以设账，也可以不设账。在设账的情况下，要像明细分类账户一样开设账页进行登记；如果不设置账页，平时则不必登记二级账户，只是在需要时，将有关明细分类账户中的资料，按照二级账户所应包括的内容，加以归类并汇总，从而取得所需要的指标。

另外，账户作为记账实体，存在一定的结构，因此，账户还可以按其用途结构分类。账户按经济内容和按用途结构分类将在本教材第七章中述及。

三、账户的基本结构

账户结构要解决的是账户应由哪几部分组成以及如何在账户上记录会计要素的增加、减少及其结余情况等问题。简略地说，账户结构是指组成账户的各个部分及其结合方式。账户的结构是由它所反映的经济内容决定的(账户的基本结构是由会计要素的数量变化情况决定的)。经济业务的发生，必然引起相关的会计要素发生增减变动，尽管表现形式复杂多样，但从数量上看，不外乎增加和减少两种情况。因此，用来分类记录经济业务的账户在结构上也应分为两个基本部分，即左、右两方，一方登记增加，另一方登记减少。

(一) 账户的基本内容及一般格式

账户的格式取决于它所反映指标的具体内容。在会计实务中，账户的具体格式可根据实际需要来设计，并不完全相同，可以多种多样。但一般来说，任何一种账户格式的设计，都应包括以下基本内容：

(1) 账户的名称(会计科目)。

(2) 登账的日期(说明经济业务发生的时间)。

(3) 记账凭证号数(作为登记账户的来源和依据的记账凭证的编号)。

(4) 摘要(概括地说明经济业务的内容)。

(5) 增加和减少的金额。

上列账户格式所包括的内容是账户的基本结构，这种账户格式是手工记账经常采用的格式。在采用电子计算机记账的情况下，尽管会计数据是存储在磁盘或磁带等介质中，账户的格式不明显，仍要按上列格式的内容提供核算资料。

(二) "T"形账户

为了更加直观地说明问题，也为了学习的方便，我们可以用一种简化的形式给出账户的基本格式，这种账户的结构可简化为"T"形账，或者称为"丁"字账。在教科书和实务的对账工作中，通常用简化的格式——"T"形账户来说明账户的结构，省略了若干栏次。"T"形账户的左、右两方分别用来记录增加金额和减少金额，增加金额和减少金额相抵后的差额，称为账户余额。余额按其表现的时间，分为期初余额和期末余额。会计期间内的增加额、减少额称为发生额。因此，通过账户记录，可以提供期初余额、本期增加额、本期减少额和期末余额四个核算指标。

(1) 上期的期末余额就是本期的期初余额，其数字来源于相同账户上期期末余额的结转。

(2) 本期增加额是指一定会计期间内账户所登记的增加金额的合计数。

(3) 本期减少额是指一定会计期间内账户所登记的减少金额的合计数。

(4) 在没有期初余额的情况下，期末余额是本期增加额和本期减少额相抵后的差额；在有期初余额的情况下，期末余额＝期初余额＋本期增加额－本期减少额。本期增加额和本期减少额属于动态核算指标，它们反映会计要素在一定时期内的增减变动情况；余额(期初余额和期末余额)属于静态核算指标，它们反映会计要素在一定时期内的增减变动结果，各项会计要素在一定日期的状态。

每个账户的本期增加额和本期减少额都应分别记入该账户左、右两方的金额栏，以便分别计算增减发生额和余额。如果在左方记增加额,则在右方记减少额,余额反映在左方;如果在右方记增加额,则在左方记减少额,余额反映在右方。至于账户的左、右两方的名称,哪一方登记增加额,哪一方登记减少额,则取决于所采用的记账方法和账户的性质,本教材将在下一章作详细论述。

实际工作中,账户的结构、格式也千差万别,表 2-4 列示的是账户的一般结构与格式。

表 2-4　账户名称(会计科目)

年		凭证号数	摘　要	左　方	右　方	余　额
月	日					

为简化起见,教学实践和教材中多采用"T"形账来代替实际的账户。具体可参见本教材第三章第二节"借贷记账法"的内容。

四、会计科目与账户的关系

会计科目与账户是两个既有联系又相互区别的概念。会计科目仅仅是对会计要素按经济内容所作分类的名称或标志,要将经济业务产生的原始数据加工成有用的会计信息,尚需按照一定结构(增加额、减少额、余额等)登记经济业务引起的会计要素增减变动及其结果。这个按照会计科目设置的结构就叫作账户。账户是按照规定的会计科目,在账簿中对各项经济业务进行分类及系统、连续记录的形式,或者说是分类核算的工具。设置账户的目的在于,账户能够经常提供有关会计要素增减变动情况和结果的数据。

(一) 会计科目与账户的共同点

会计科目和账户都是对会计对象的具体内容所进行的科学分类,都说明一定的经济业务内容;会计科目和账户反映的经济内容是一致的,并且会计科目是账户的名称(账户以会计科目作为它的名称);会计科目是开设会计账户的依据,对每个会计科目都应设置一个相同名称的账户。

(二) 会计科目与账户的不同点

(1) 会计科目是在实际经济业务发生之前,根据经济管理的需要而制定的;账户是会计科目在记账过程中的应用,是经济业务发生之后所进行的分类记录。

(2) 会计科目是分类的名称或标志,能表明某项经济内容,但没有结构;而账户则具有相应的结构,可以记录经济业务,加工会计信息。会计科目只是把会计具体对象按经济内容进行了归类,规定其核算内容与相关科目之间的对应关系,本身没有结构;账户作为分类记录经济业务的一种形式,则必须有特定的结构和格式,以便提供具体的数据资料。

总结案例

现有 4 位投资人决定合股出资 500 万元开办一家公司,经营服装、家用电器、百货商品和快餐。该公司已租入一栋四层楼房:一楼经营家用电器,二楼经营服装,三楼经营百货商品，四楼经营快餐。现其已办妥一切开业手续。

要求：根据以下资料对该公司进行会计制度设计，即设计有关会计科目并对会计科目的使用作出说明。

(1) 除4位投资人外，还准备向银行贷款并按年利率10%付息。

(2) 需要购入货架、柜台、音响、桌椅、收银机等设备，还需要购入运输汽车一辆。

(3) 房屋按月交租金。

(4) 快餐店的收入作为附营业务处理。

(5) 商场购销活动中，库存商品按售价记账，可以赊购赊销。

(6) 公司要求管理费用等共同费用应在商场和快餐店之间进行分摊。

(7) 雇用店员若干人，每月按计时工资计发报酬，奖金视销售情况而定。

(8) 公司按规定缴纳所得税和增值税(其他税种从略)，税率按国家规定执行。

(9) 利润按商场(服装、家用电器、百货商品)和快餐店分别计算；税后利润按规定提取公积金和公益金。

(10) 公司已在银行开立账户。

(11) 公司名称为鼓浪有限责任公司。

分析提示

参考会计科目表完成分析要求。

思政德育课堂

本章小结

会计要素是对会计对象的基本分类。会计要素包括资产、负债、所有者权益、收入、费用和利润。会计要素之间的内在联系表现为会计等式，即"资产＝负债＋所有者权益""收入－费用＝利润"。会计等式是设置账户、复式记账和编制会计报表的理论依据。会计科目是对会计对象的具体内容进行分类核算所规定的项目。会计科目按其经济内容分类，可分为资产类、负债类、共同类、所有者权益类、成本类和损益类六大类。会计科目按其提供核算指标的详略程度不同分类，可分为总分类科目和明细分类科目两种。账户是根据会计科目开设的、具有一定格式和结构的记账实体。账户的结构是指组成账户的各个部分及其结合方式。会计科目与账户既有联系又有区别。

思考题

1. 会计要素有哪几个？它们的定义分别是什么？
2. 会计恒等式有哪些表达形式？应怎样来理解？
3. 什么是会计科目？怎样设置会计科目？设置会计科目应遵循哪些原则？
4. 怎样理解账户与会计科目之间的关系？

5. 会计科目如何分类？它对账户分类有何影响？

6. 什么是账户？它与会计科目是什么关系？它的基本结构是什么？

巩固训练

一、单项选择题

1. (　　)既反映了会计对象要素间的基本数量关系，同时也是复式记账法的理论依据。
   A. 会计科目　B. 会计恒等式　C. 记账符号　D. 账户
2. 会计科目是(　　)。
   A. 会计要素的名称　B. 报表的项目
   C. 账簿的名称　D. 账户的名称
3. 账户的余额一般与(　　)方向一致。
   A. 增加额　B. 金额　C. 减少额　D. 发生额
4. 反映企业所有者权益的账户是(　　)。
   A. “利润分配”　B. “短期借款”　C. “累计折旧”　D. “主营业务收入”
5. 总分类科目和明细分类科目之间有密切关系，从性质上说属于(　　)关系。
   A. 金额相等　B. 名称一致　C. 统制和从属　D. 相辅相成
6. 账户是根据(　　)开设的。
   A. 会计科目　B. 企业需要　C. 管理者需要　D. 上级规定
7. 下列经济业务中，会引起一项负债减少，另一项负债增加的经济业务是(　　)。
   A. 用银行存款购买材料　B. 以银行存款偿还银行贷款
   C. 以银行借款偿还应付账款　D. 将银行借款存入银行
8. 会计科目和账户之间的区别在于(　　)。
   A. 记录资产和权益的增减变动情况不同
   B. 记录资产和负债的结果不同
   C. 反映的经济内容不同
   D. 账户有结构而会计科目无结构
9. 从金额上看，总分类账户与明细分类账户之间的关系是(　　)。
   A. 总分类账户的期初余额等于所属各明细分类账户的期初余额之和
   B. 总分类账户的本期发生额等于全部明细分类账户的本期发生额之和
   C. 全部总分类账户的期末余额等于明细分类账户的期末余额之和
   D. 全部总分类账户的期末余额之和等于全部明细分类账户的期末余额之和
10. 下列项目中，引起资产和负债同时增加的经济业务是(　　)。
    A. 以银行存款购买材料　B. 向银行借款存入银行存款户
    C. 以无形资产向外单位投资　D. 以银行存款偿还应付账款
11. 会计等式是反映(　　)之间在数量上必然相等的关系。
    A. 会计要素　B. 会计对象　C. 会计科目　D. 会计内容

12. 负债是指企业由于过去交易或事项形成的(　　)。

A. 过去义务　B. 现时义务　C. 将来义务　D. 永久义务

二、多项选择题

1. 账户一般应包括(　　)要素。

A. 账户名称　B. 日期　C. 摘要　D. 凭证号数

E. 增加或减少金额

2. 下列经济业务中,会引起会计等式两边同时发生增减变动的有(　　)。

A. 用银行存款偿还前欠应付货款　B. 购进材料未付款

C. 从银行提取现金　D. 向银行借款存入银行

E. 收到外单位前欠的货款存入银行

3. 下列经济业务中,引起资产一增一减的有(　　)。

A. 以银行存款购买设备　B. 从银行提取现金

C. 以银行存款购买材料　D. 以银行存款偿还前欠货款

E. 按法定程序,将盈余公积转增资本金

4. 下列各项目中,正确的经济业务类型有(　　)。

A. 一项资产增加,一项所有者权益减少

B. 资产与负债同时增加

C. 一项负债减少,一项所有者权益增加

D. 负债和所有者权益同时增加

E. 一项资产增加,另一项资产减少

5. 经济业务的发生引起资产和权益增减变动的类型有(　　)。

A. 资产项目之间以相等金额一增一减

B. 权益项目之间以相等金额一增一减

C. 资产项目与权益项目以相等金额一增一减

D. 资产项目与权益项目以相等金额同时增加和减少

E. 资产项目与权益项目一增一减

6. 下列项目中,属于企业流动资产的有(　　)。

A. 库存现金和银行存款　B. 预收账款

C. 应收账款　D. 存货

E. 预付账款

7. 下列项目中,属于长期负债的有(　　)。

A. 固定资产　B. 应付利润　C. 长期借款　D. 应付债券

E. 应交税费

8. 月末或年末结转后一般没有余额的账户有(　　)账户。

A. 收入类　B. 负债类　C. 费用类　D. 利润类

E. 资产类

三、判断题

1. 为了满足管理的需要,企业会计账户的设置越细越好。　(　　)

2. 只要实现了期初余额、本期发生额和期末余额的平衡关系,就说明账户记录正确。 (　　)

3. 企业获取资产的来源渠道有两种:一是由企业所有者提供;二是由债权人提供。 (　　)

4. 预收账款和预付账款均属于负债。 (　　)

5. 从数量上看,所有者权益等于企业全部资产减去全部负债后的余额。 (　　)

6. 一项经济业务的发生引起负债增加和所有者权益减少,会计基本等式的平衡关系没有被破坏。 (　　)

7. 应付账款和应付票据均属于流动负债。 (　　)

8. 从银行提取现金 1 000 元后,企业的资产总额不会发生变化。 (　　)

9. 企业从银行借入短期借款引起资产和负债同时发生变化,会计基本等式也因此不再平衡。 (　　)

10. 会计科目与会计账户在实际工作中可以互相通用不加区别。 (　　)

11. 所有经济业务的发生,都会引起会计恒等式两边发生变化。 (　　)

12. 账户的简单格式分为左、右两方,左方表示增加,右方表示减少。 (　　)

四、业务题

业务一

1. 目的:会计要素具体项目的分类,正确理解会计等式。

2. 资料:某企业 20×9 年 3 月 31 日资产、负债和所有者权益的有关项目如下:

(1) 由出纳员保管的现金 8 000 元。

(2) 存放在银行的款项 20 000 元。

(3) 应收某企业的销售款 7 000 元。

(4) 库存生产用原材料 55 000 元。

(5) 库存完工的产品 20 000 元。

(6) 厂房、机器设备共计 150 000 元。

(7) 从银行取得的短期贷款 12 000 元。

(8) 应付给某供货单位的材料款 8 000 元。

(9) 从银行取得的长期贷款 89 000 元。

(10) 投资者投入的资本 140 000 元。

(11) 盈余形成的公积金 11 000 元。

3. 要求:分析各项目涉及的会计要素类别,指出其相应的会计科目,列表检验会计等式是否成立。

业务二

1. 目的:分析经济业务的发生引起会计要素增减变动情况,熟悉有关的会计科目。

2. 资料:

(1) 国家向企业投入 150 000 元,存入银行,作为资本金。

(2) 其他投资者投入全新机器设备 200 000 元,作为追加投资。

(3) 收回某企业的部分欠款 5 000 元。

(4) 偿还前欠某单位的材料款 8 000 元。

（5）从银行提取现金 2 000 元。

（6）生产车间领用材料 10 000 元，用于产品生产。

（7）销售产品一批，货款 9 000 元，存入银行。

（8）以银行存款支付水电费 3 000 元，其中生产车间耗用 2 500 元，管理部门耗用 500 元。

（9）以现金 500 元暂付职工出差借款。

（10）已加工完成的产成品入库，其实际成本为 6 000 元。

3. 要求：分析上述经济业务会引起哪些会计要素的增减变化，涉及哪些会计科目。

第三章
复式记账

导入案例

康美药业财务虚增事件

2018年,康美药业因涉嫌财务造假而被调查。康美药业通过伪造银行存款、虚构销售收入等手段,系统性地在财务会计报表中虚增了约300亿元人民币的货币资金、收入和利润,严重扭曲了财务会计报表。监管部门在例行检查中发现康美药业的财务会计报表存在异常,通过深入调查,揭露了其系统性的财务造假行为。康美药业及其多名高管因涉嫌证券欺诈、财务造假被证监会立案调查,并受到巨额罚款和刑事起诉。企业必须在复式记账的基础上加强内部控制和审计监督,以确保财务数据的真实性和合法性。那么借贷记账法与复式记账法的原理是什么?

本章学习目标

1. 了解:记账方法的种类。
2. 理解:复式记账法的基本原理和特点。
3. 掌握:借贷记账法的账户结构和记账规则;会计分录和试算平衡。

第一节　复式记账原理

一、记账方法概述

根据会计科目设置账户，仅仅为记录经济业务、生成会计信息提供了加工的场所，而怎样在账户中记录经济业务的数据，就需要运用一定的记账方法来进行。

记账方法是指会计核算工作中，在簿记系统中登记经济业务的方法。在会计的发展过程中，曾经采用过单式记账法与复式记账法。目前，复式记账法已成为现代会计工作普遍采用的记账方法。本章将主要通过单式记账法与复式记账法的比较来说明复式记账法的科学性，并重点介绍借贷记账法。

(一) 单式记账法

单式记账法是会计中最早采用的一种记账方法。它的主要特点是对经济业务只作单方面的登记，而不反映经济业务的来龙去脉，它一般只记录库存现金和银行存款的收支业务和债权债务的结算业务。例如，以库存现金 2 000 元购入生产用原材料，只在“库存现金”账户中登记减少库存现金 2 000 元，而不登记原材料的增加；又如，赊销产品一批 6 000 元，只在“应收账款”账户中登记增加应收账款 6 000 元，而不登记销售收入的增加。这种记账方法既不能反映库存现金减少的原因，也不能反映应收账款增加的原因，各账户之间的记录没有直接的联系，不能形成相互对应的关系，没有一套完整的账户体系，所以不能全面、系统地反映经济业务的来龙去脉，不能提供完整、客观的会计信息，也不便于检查账户记录的正确性。单式记账法是一种简单而不严密的记账方法，由于无法适应现代管理的要求而被现代会计所淘汰。

(二) 复式记账法

复式记账法是在单式记账法的基础上逐步发展起来的一种比较完善的记账方法。其基本内容是，对于任何一笔经济业务都必须同时在两个或两个以上相互联系的账户中，以相等的金额进行全面、连续、系统的登记。这种记账方法可以系统地反映经济活动的过程和结果。例如，前例中，以库存现金 2 000 元购入生产用原材料，在复式记账法下，不仅要在“库存现金”账户中登记减少 2 000 元，还要在“原材料”账户中登记增加 2 000 元，这就说明库存现金减少的原因是购买了原材料；又如，赊销产品一批 6 000 元，既要在“应收账款”账户中登记增加 6 000 元，又要在销售收入相关账户中登记增加 6 000 元，说明应收账款增加的原因是销售产品的货款尚未收到形成了债权。还有一些经济业务，需要在两个以上的账户中进行登记。例如，企业用银行存款 8 000 元，归还某厂应付账款 5 000 元，又购买该厂原材料 3 000元，对这项经济业务就需要在三个账户中登记：一是在“银行存款”账户中登记减少 8 000元；二是在“应付账款”账户中登记减少 5 000 元；三是在“原材料”账户中登记增加 3 000元。这样就可全面反映出银行存款减少 8 000 元的原因：一是偿还了欠款；二是购买了原材料。由此可以看出，复式记账法能够全面、系统地反映资金运动的来龙去脉和客观实际，满足会计信息输出的需要。复式记账法是一种科学的记账方法，它已成为现代企业会计普遍采用的记账方法。

二、复式记账法的特点

复式记账法是以会计等式为依据建立的一种记账方法，其特点如下：

(1) 复式记账法需要设置完整的账户体系。复式记账法作为一种科学的记账方法，不仅要对每一笔经济业务进行全面反映，还要对发生的全部经济业务进行记录。因此，就必须设置一整套账户用于反映各种各样的经济业务。

(2) 复式记账法必须对每笔经济业务都进行反映和记录，这既有必要，又有可能。其必要性在于复式记账法要求全面反映各单位的经济活动；其可能性在于复式记账法具有完整的账户体系，能够全面反映记录每笔经济业务的内容。

(3) 复式记账法对每笔经济业务都要反映其来龙去脉，这是复式记账的最基本特点，只有这样才能全面了解每笔经济业务的内容。

(4) 采用复式记账法可以对一定时期内所发生的全部经济业务的会计记录进行全面的试算平衡。因为所有经济业务在各个账户中都有反映，而每笔经济业务金额又是相当的，所以，对一定时期内全部经济业务必然能进行全面的试算平衡。

采用复式记账法对每笔经济业务都在相互联系的两个账户或两个以上的账户中作双重记录，这不仅可以了解每笔经济业务的来龙去脉，而且在把全部经济业务都相互联系地登记到账簿后，还可以通过账户记录，完整、系统地反映经济活动的过程和结果。同时，由于对每笔经济业务都以相等的金额进行分类登记，对记录的结果可以进行试算平衡，以检查账户记录是否正确。复式记账法是在市场经济长期发展的过程中，通过会计实践逐步形成和发展起来的，并逐步取代了单式记账法。

根据记账符号、记账规则等的不同，复式记账法又可分为借贷记账法、收付记账法和增减记账法。目前，世界各国广泛采用的复式记账法是借贷记账法。这是因为借贷记账法经过数百年的实践，已被全世界的会计工作者普遍接受，是一种比较成熟、完善的记账方法。另外，从实务角度看，企业间记账方法不统一，会给企业间横向经济联系和国际经济交往带来诸多不便；不同行业、企业记账方法不统一，也必然会加大跨行业的公司和企业集团会计工作的难度，不能及时、准确地反映经济活动信息和经营成果。因此，统一全国各个行业企业和行政事业单位的记账方法，对规范会计核算工作和更好地发挥会计的作用具有重要意义。

第二节　借贷记账法

一、借贷记账法的历史沿革

借贷记账法是以会计等式作为记账原理，以“借”“贷”作为记账符号，来反映经济业务增减变化的一种复式记账方法。据史料记载，借贷记账法大约起源于十二三世纪封建社会开始瓦解、资本主义开始萌芽的意大利；到十四五世纪已逐步完备，并流行于意大利工商业和银行业比较发达的沿海城市。

借贷记账法是随着资本主义经济关系的萌芽和发展而产生的，而后，为适应管理资本主义经济的需要，逐渐形成一整套较为科学的会计核算方法。在借贷记账法形成与发展的过程中，早期意大利的佛罗伦萨簿记、热那亚簿记和威尼斯簿记起到了重要作用，它们是借贷记账法发展的良好开端。1494 年，意大利数学家、近代会计之父卢卡·帕乔利在《算术、几何、比及比例概要》一书中系统地阐述了复式簿记的理论与方法，是人类最早关于复式记账法的文献。这部著作的发表不仅轰动了意大利的数学界，也引起会计界人士的关注。人们认为，这部著作不仅是欧洲数学发展史上的光辉篇章，也开创了世界会计发展史上的新纪元。1494 年后，卢卡·帕乔利的著作先后被译为英文、法文、荷兰文、德文、西班牙文等，从而使借贷记账法在世界各国得到迅速传播。在亚洲，日本是学习借贷记账法的先行者。从明治维新开始，日本通过引进、推广欧美的先进会计方法与理论，不仅在会计改革中获得成功，还在促进借贷记账法的发展方面作出了一定的贡献。

在我国，最早介绍借贷记账法的书籍是 1905 年由蔡锡勇所著的《连环账谱》。1907 年，由谢霖和孟森合作编纂的《银行簿记学》在日本东京发行，成为我国第二部介绍借贷记账法的著作。借贷记账法进入我国，最早应用于由外国人开办的工厂、商行、银行以及根据不平等条约受帝国主义控制的我国海关、铁路和邮政部门。1858 年后，由英国人控制的海关是我国最早应用借贷记账法的部门。1897 年，由盛宣怀创办的中国第一家商业性质的银行——中国通商银行，是我国自办银行采用借贷记账法的先驱。国民政府实业部于 1930 年推行了借贷记账法的统一办法，从此，借贷记账法逐渐成为我国工商界、银行界习惯运用的记账方法之一。

20 世纪 50 年代以后，我国开始改革记账方法，先后出现了一些新的记账方法，如收付记账法和增减记账法等，甚至还出现过各种记账方法并存的局面。为了统一记账方法，促进国际经济往来，规范会计核算工作，1993 年 7 月 1 日，我国《企业会计准则》中明确规定，各经济单位会计核算应采用借贷记账法。目前，我国企业和行政事业单位所采用的记账方法都属于借贷记账法。

二、借贷记账法的基本内容

(一) 记账符号

借贷记账法以“借”“贷”为记账符号。这既是借贷记账法命名的由来，也是借贷记账法区别于其他记账方法的标志。

记账符号是为了使会计记录简明扼要地表达其基本经济内容，而使用的一对既简单明了又固定划一的记录符号。“借”“贷”作为记账符号，最早见于 13 世纪初的意大利沿海城市，“借”“贷”的含义最初是从借贷资本家的角度来解释的，用来记录债权（应收款）和债务（应付款）的增减变动，即在账户中分两方来登记资本家与债权人和债务人的关系。账户的一方登记收进的存款，记在贷主名下，表示债务；另一方登记付出的存款，记在借主名下，表示债权。这是借贷记账法的由来。随着商品经济的发展，经济活动的范围日益扩大、内容日益复杂，记账对象也随之扩大，在账簿中不仅要登记债权、债务的借贷关系，还要登记财产物资和经营损益的增减变化。这样，“借”“贷”就失去了原来的含义，变为单纯的记账符号。

(二) 账户结构

明确账户的结构，是记账的前提条件。账户的基本结构分为左、右两方。通常规定，账户的左方为“借”方，账户的右方为“贷”方。账户的一般格式如表 3-1 所示。

表 3-1 账户的一般格式

年		凭证号数	摘　要	借方	贷方	借或贷	余额
月	日						

为了便于说明，可以用简化的账户格式——“T”形账户来表示，如图 3-1 所示。

借方	账 户 名 称	贷方

图 3-1 “T”形账户

确定借贷记账法下的账户结构就是规定账户的借方与贷方所登记的内容以及可能存在的账户余额的方向和内容。采用借贷记账法时，账户的借、贷两方必须作相反方向的记录。即对每一个账户来说，如果规定借方用来登记增加额，则贷方就用来登记减少额；如果规定借方用来登记减少额，则贷方就用来登记增加额；账户哪一方用来登记增加额，哪一方用来登记减少额，则依据账户的性质，性质不同，账户的结构就不同。对于账户的四个金额要素(期初余额、期末余额、本期增加额、本期减少额)，在借贷记账法下将带有符号色彩。在一个会计期间内，借方记录的合计数称为借方发生额，贷方记录的合计数称为贷方发生额，借方发生额、贷方发生额视账户的性质不同分别表示增加额和减少额(或减少额和增加额)。在每个会计期间的期末，要将借、贷发生额相比较，其差额称为期末余额。如果余额在借方，表示为借方余额，如果余额在贷方，则表示为贷方余额。不同性质的账户其结构有所不同。

1. 资产类账户的结构

该类账户的借方登记资产的增加额，账户的贷方登记资产的减少额；期末如有余额，一般为借方余额，表示期末资产余额。资产类账户的结构如图 3-2 所示。

借方　　　　**资 产 类 账 户**　　　　贷方

期初余额： 本期增加额： ……	××× ×××	本期减少额： ……	×××
本期借方发生额：	×××	本期贷方发生额：	×××
期末余额：	×××		

图 3-2 资产类账户的结构

资产类账户的期末余额可以根据下列公式计算：

期末借方余额＝期初借方余额＋本期借方发生额－本期贷方发生额　　(3-1)

【例 3-1】 金海实业公司 20×9 年 1 月 1 日仓库结存原材料价值 92 000 元，本月购进 4 000 元，生产领用 20 000 元。1 月月末能结存多少原材料？

月末结存材料(76 000)＝月初结存材料(92 000)＋本月购进材料(4 000) －本月生产领用(20 000)。用“T”形账户表示，如图 3-3 所示。

借方	原材料		贷方
期初余额： 本期增加额：	92 000 4 000	 本期减少额：	 20 000
本期借方发生额：	4 000	本期贷方发生额：	20 000
期末余额：	76 000		

图 3-3 “原材料”账户的结构

2. 负债类账户的结构

该类账户的贷方登记负债的增加额，借方登记负债的减少额；期末如有余额，一般为贷方余额，表示期末负债余额。负债类账户的结构如图 3-4 所示。

借方	负 债 类 账 户		贷方
本期减少额： ……	××× 	期初余额： 本期增加额： ……	××× ×××
本期借方发生额：	×××	本期贷方发生额：	×××
		期末余额：	×××

图 3-4 负债类账户的结构

负债类账户的期末余额可以根据下列公式计算：

期末贷方余额＝期初贷方余额＋本期贷方发生额－本期借方发生额 (3-2)

【例 3-2】 金海实业公司 20×9 年 1 月 1 日有尚未支付的材料款 30 000 元，本月支付前欠材料款 10 000 元，本月新购进材料 20 000 元，款未付。1 月月末尚未支付的材料款是多少？

月末欠款(40 000)＝期初欠款(30 000)＋本月新购材料(20 000)－本月支付的前欠材料款(10 000)。用“T”形账户表示，如图 3-5 所示。

借方	应 付 账 款		贷方
 本期减少额：	 10 000	期初余额： 本期增加额：	30 000 20 000
本期借方发生额：	10 000	本期贷方发生额：	20 000
		期末余额：	40 000

图 3-5 “应付账款”账户的结构

3. 所有者权益类账户的结构

该类账户的贷方登记所有者权益的增加额，借方登记所有者权益的减少额；期末如有余额，一般为贷方余额，表示期末所有者权益余额。所有者权益类账户的结构如图 3-6 所示。

所有者权益类账户

借方			贷方
		期初余额：	×××
本期减少额：	×××	本期增加额：	×××
……		……	
本期借方发生额：	×××	本期贷方发生额：	×××
		期末余额：	×××

图 3-6　所有者权益类账户的结构

所有者权益类账户期末余额的计算公式与负债类账户相同：

期末贷方余额＝期初贷方余额＋本期贷方发生额－本期借方发生额　　(3-3)

【例 3-3】 金海实业公司 20×9 年 1 月 1 日有注册资本 5 000 000 元，本月收到甲投资人追加投资 1 500 000 元；本月有乙投资人撤资，公司收购其股权 600 000 元。1 月月末实收资本有多少？

月末结存资本金(5 900 000)＝期初资本金(5 000 000)＋本月追加投资(1 500 000)－本月撤资(600 000)。用“T”形账户表示，如图 3-7 所示。

实 收 资 本

借方			贷方
		期初余额：	5 000 000
本期减少额：	600 000	本期增加额：	1 500 000
本期借方发生额：	600 000	本期贷方发生额：	1 500 000
		期末余额：	5 900 000

图 3-7　“实收资本”账户的结构

4. 成本类账户的结构

企业在生产经营中会发生各种成本费用，其实质是一种资产的耗费形态，可以将其看作一种资产。因此，成本类账户的结构与资产类账户的结构基本相同，账户的借方登记成本费用的增加额，贷方登记成本费用的转销额；期末余额一般在借方，有时也可能无余额。成本类账户的结构如图 3-8 所示。

成 本 类 账 户

借方			贷方
期初余额：	×××		
本期增加额：	×××	本期减少额：	×××
……		……	
本期借方发生额：	×××	本期贷方发生额：	×××
期末余额：	×××		

图 3-8　成本类账户的结构

5. 损益类账户的结构

由于损益类账户包括收益和费用，而收益和费用的经济性质完全不同，它们的账户结构也不相同。

（1）收益类账户的结构。企业取得的收入最终会导致所有者权益的增加，因此，决定了收益类账户的结构与所有者权益类账户的结构基本相同。收益类账户的贷方登记增加额，借方登记减少额；通常该账户没有余额。收益类账户的结构如图 3-9 所示。

借方	收益类账户		贷方
本期减少额： ……	×××	本期增加额： ……	×××
本期借方发生额：	×××	本期贷方发生额：	×××

图 3-9　收益类账户的结构

（2）费用类账户的结构。企业发生的费用最终会导致所有者权益减少，因此，决定了费用类账户的结构与所有者权益类账户结构正好相反。费用类账户的借方登记增加额，贷方登记减少额；通常该账户没有余额。费用类账户的结构如图 3-10 所示。

借方	费用类账户		贷方
本期增加额： ……	×××	本期减少额： ……	×××
本期借方发生额：	×××	本期贷方发生额：	×××

图 3-10　费用类账户的结构

从上述分析不难看出，“借”“贷”作为记账符号所记录的经济内容随着账户的经济性质不同而变化，但是各类账户的期末余额应与记录该账户增加额的方向一致。因此，根据账户余额所在方向来判断账户的性质，是借贷记账法的一个重要特点。

在借贷记账法下，借方登记资产、成本费用的增加额，负债、所有者权益和收益的减少额；贷方登记资产和成本费用的减少额，负债、所有者权益和收益的增加额。“T”形账户表示全部账户结构如图 3-11 所示。

借方　　　　账 户 名 称	贷方
资产增加额 成本费用增加额 负债减少额 所有者权益减少额 收益减少额	资产减少额 成本费用减少额 负债增加额 所有者权益增加额 收益增加额
期末余额：资产（成本）结存数	期末余额：负债、所有者权益结存数

图 3-11　全部账户的“T”形结构

(三)借贷记账法的记账规则

记账规则是指采用某种记账方法登记具体经济业务应遵循的规律。由于复式记账法是以会计等式作为其理论基础,运用借贷记账法记录各项经济业务时,可以总结出一定的规则。我们在采用借贷记账法进行核算经济业务时,应从以下三个方面进行考虑:首先,根据发生的经济业务设置相应的会计科目和账户并判断其性质;其次,确定该项经济业务所涉及的账户是增加还是减少;最后,确定该账户的结构,即应记录的方向是借方还是贷方。

下面依据上述步骤,采用借贷记账法,举例说明借贷记账法的记账规则。

【例 3-4】 假定东方实业公司 20×9 年 1 月 1 日有关账户余额如表 3-2 所示。

表 3-2 有关账户余额

单位:元

资产类账户	借方余额	负债和所有者权益类账户	贷方余额
库存现金	1 000	短期借款	40 000
银行存款	50 000	应付账款	51 000
应收账款	40 000	应付利润	30 000
原材料	100 000	实收资本	520 000
固定资产	490 000	资本公积	40 000
合计	681 000	合计	681 000

1 月份,东方实业公司共发生 11 项经济业务,现逐项进行分析:

(1) 收到投资者投入货币资金 200 000 元,手续已办妥,款项已转入东方实业公司的存款户头。

该项业务属于资产与所有者权益同增的经济事项,应设置资产类账户的"银行存款"账户和所有者权益类账户的"实收资本"账户;同时根据借贷记账法的账户结构,记入"银行存款"账户的借方及"实收资本"账户的贷方。用"T"形账户登记如图 3-12 所示。

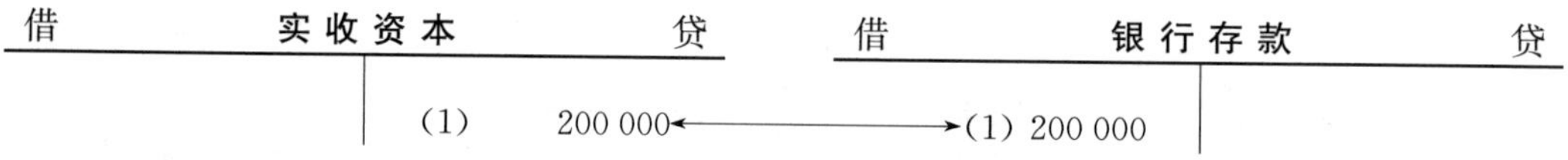

图 3-12 "T"形账户登记结果

(2) 向 B 公司购买所需原材料,原材料已入库,但由于资金周转紧张,料款 45 000 元尚未支付。

该项业务属于资产与负债同增的经济事项,应设置资产类账户的"原材料"账户和负债类账户的"应付账款"账户;同时根据借贷记账法的账户结构,记入"原材料"账户的借方及"应付账款"账户的贷方。用"T"形账户登记如图 3-13 所示。

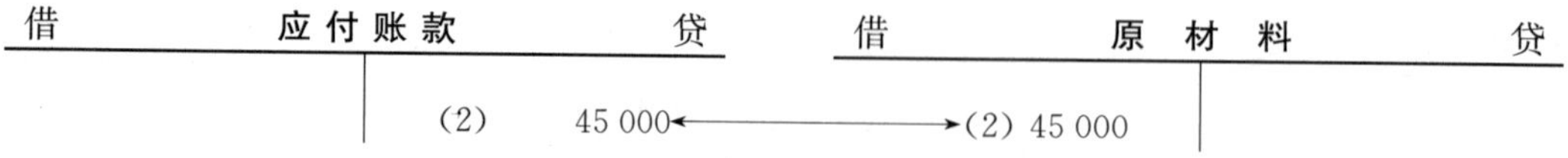

图 3-13 "T"形账户登记结果

(3) 东方实业公司通过银行转账向银行支付于本月到期的银行借款 30 000 元。

该项业务属于资产与负债同减的经济事项，应设置资产类账户的“银行存款”账户和负债类账户的“短期借款”账户；同时根据借贷记账法的账户结构，记入“银行存款”账户的贷方及“短期借款”账户的借方。用“T”形账户登记如图 3-14 所示。

借	银行存款	贷	借	短期借款	贷
		(3) 30 000	(3) 30 000		

图 3-14 “T”形账户登记结果

(4) 上级主管部门按法定程序将一台价值 40 000 元的设备调出以抽回国家对东方实业公司的投资。

该项业务属于资产与所有者权益同减的经济事项，应设置资产类账户的“固定资产”账户和所有者权益类账户的“实收资本”账户；同时根据借贷记账法的账户结构，记入“固定资产”账户的贷方及“实收资本”账户的借方。用“T”形账户登记如图 3-15 所示。

借	固定资产	贷	借	实收资本	贷
		(4) 40 000	(4) 40 000		

图 3-15 “T”形账户登记结果

(5) 东方实业公司开出现金支票一张，提现 10 000 元备用。

该项业务属于资产内部有增有减的经济事项，应设置同属资产类账户的“银行存款”账户和“库存现金”账户；同时根据借贷记账法的账户结构，记入“银行存款”账户的贷方及“库存现金”账户的借方。用“T”形账户登记如图 3-16 所示。

借	银行存款	贷	借	库存现金	贷
		(5) 10 000	(5) 10 000		

图 3-16 “T”形账户登记结果

(6) 东方实业公司取得银行短期借款 45 000 元，直接偿还应付账款。

该项业务属于负债内部有增有减的经济事项，应设置同属负债类账户的“短期借款”账户和“应付账款”账户；同时根据借贷记账法的账户结构，记入“短期借款”账户的贷方及“应付账款”账户的借方。用“T”形账户登记如图 3-17 所示。

借	短期借款	贷	借	应付账款	贷
		(6) 45 000	(6) 45 000		

图 3-17 “T”形账户登记结果

(7) 东方实业公司按法定程序将资本公积 30 000 元转增资本金。

该项业务属于所有者权益内部有增有减的经济事项，应设置同属于所有者权益类账户的“实收资本”账户和“资本公积”账户;同时根据借贷记账法的账户结构,记入“实收资本”账户的贷方及“资本公积”账户的借方。用“T”形账户登记如图 3-18 所示。

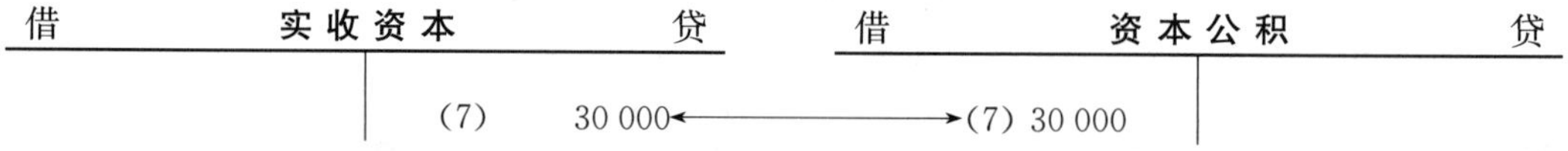

图 3-18 “T”形账户登记结果

(8) 东方实业公司按法定程序将应支付给投资者的利润 20 000 元转增资本金。

该项业务属于负债与所有者权益之间增减变化的经济事项,应设置负债类账户的“应付利润”账户和所有者权益类账户的“实收资本”账户;同时根据借贷记账法的账户结构,记入“应付利润”账户的借方及“实收资本”账户的贷方。用“T”形账户登记如图 3-19 所示。

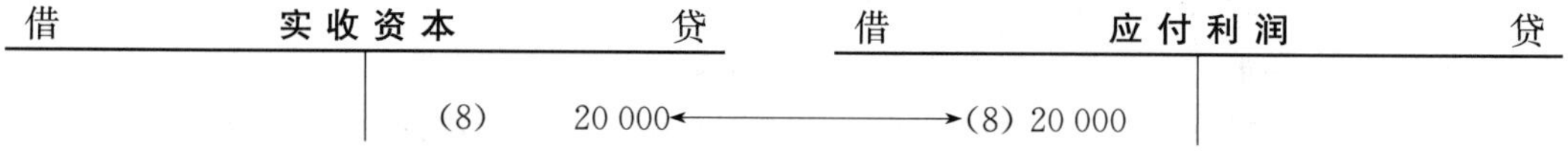

图 3-19 “T”形账户登记结果

(9) C 公司欠 D 公司货款 30 000 元,委托东方实业公司代为偿还,当日办理了有关手续,作为 C 公司对本公司投资的减少。东方实业公司尚未偿还 D 公司该款项。

该项业务属于负债与所有者权益之间增减变化的经济事项,应设置负债类账户的“应付账款”账户和所有者权益类账户的“实收资本”账户;同时根据借贷记账法的账户结构,记入“应付账款”账户的贷方及“实收资本”账户的借方。用“T”形账户登记如图 3-20 所示。

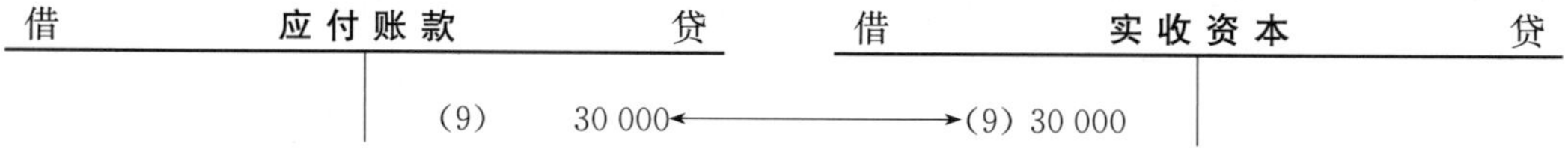

图 3-20 “T”形账户登记结果

上述事项可以说明,对于涉及资产、负债和所有者权益变化的经济业务类型的处理,都是有借方就有相对应的贷方,而且借、贷两方的金额是相等的。下面再分析影响动态要素变化的经济业务的情况。

(10) 东方实业公司用库存现金 500 元购买办公用品。

该项业务属于费用与资产之间此增彼减的经济事项,应设置资产类账户的“库存现金”账户和成本费用类账户的“管理费用”账户;同时根据借贷记账法的账户结构,记入“库存现金”账户的贷方及“管理费用”账户的借方。用“T”形账户登记如图 3-21 所示。

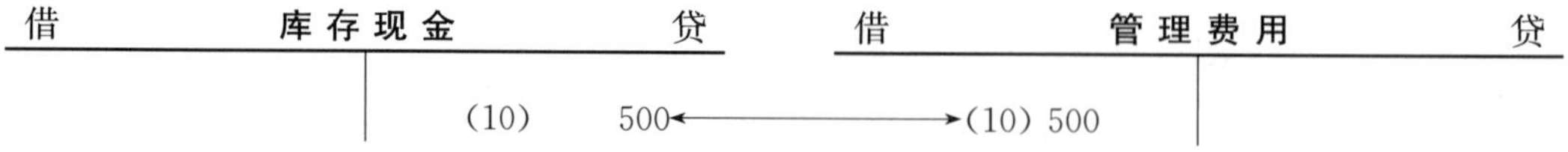

图 3-21 “T”形账户登记结果

(11) 东方实业公司出售价值 20 000 元的商品,货款尚未收到。

该项业务属于资产与收入同增的经济事项，应设置资产类账户的“应收账款”账户和收益类账户的“主营业务收入”账户；同时根据借贷记账法的账户结构，记入“应收账款”账户的借方及“主营业务收入”账户的贷方。用“T”形账户登记如图 3-22 所示。

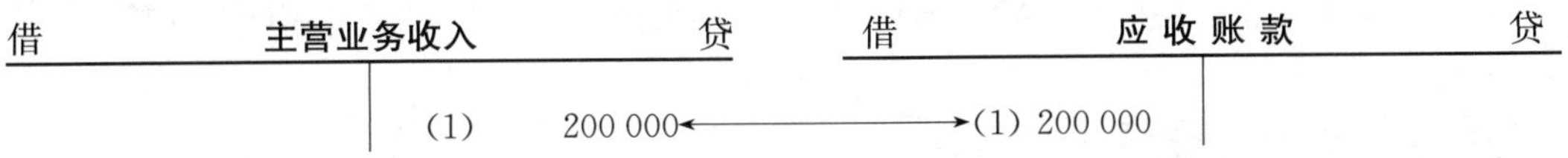

图 3-22 “T”形账户登记结果

以上举例已经概括了企业的所有业务类型，而无论哪种类型的经济业务，都是以相等的金额同时记入有关账户的借方和相对应账户的贷方。这样就可以归纳出借贷记账法的记账规则为“有借必有贷，借贷必相等”，这一记账规则可以用图 3-23 表示。

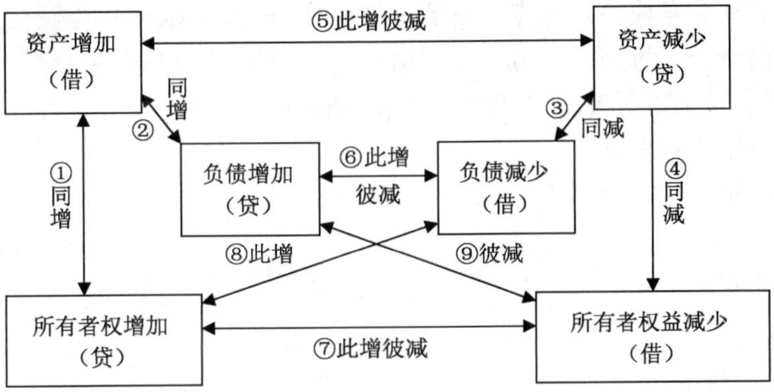

图 3-23 借贷记账法的记账规则

借贷记账法的账户结构要求对发生的任何经济业务都要按借、贷相反的方向进行记录，如果在一个账户中记借方，必然在另一账户中记贷方，即有借必有贷。复式记账法要求对发生的任何经济业务要等额地在相关账户中进行登记，如果采用“借”和“贷”作为记账符号，则借、贷两方的金额一定是相等的。如遇复杂的经济业务，需要登记在一个账户的借方和几个账户的贷方，即一借多贷；或相反，即一贷多借，借、贷双方的金额仍应相等。

(四) 借贷记账法的会计分录

从以上举例可以看出，在运用借贷记账法进行核算时，在有关账户之间存在着应借、应贷的相互关系，账户之间的这种相互关系称为账户的对应关系。存在对应关系的账户称为对应账户。

根据账户的对应关系可以了解经济业务的内容和来龙去脉，以检查账目的正确性，加强会计监督。尽管账户的对应关系有如此重要的意义，在实际工作中，经济业务一般较为复杂，如果直接根据业务登记账户，就容易产生错误。为了既保证账户记录的正确性，又减少工作量，在将经济业务登记入账前，应先运用账户的对应关系编制会计分录。

在借贷记账法下，会计分录是指标明某项经济业务应借应贷方向、科目名称和金额的记录。通过编制会计分录，有利于保证账户记录的正确性，便于事后检查。会计分录是在记账凭证上编制的，并据以登记有关账户。如果某项经济业务只涉及一个账户的借方与一个相对应账户的贷方,则这种会计分录称为简单会计分录;如果某项经济业务涉及一个账户的借方与多个相对应账户的贷方或多个账户的借方与一个相对应账户的贷方,则这种会计分录称为复合会计分录。

在借贷记账法下,一笔会计分录主要包括三个要素:①会计科目;②记账符号(方向);③记账金额。

编制会计分录的步骤如下:

第一步:确定经济业务涉及的会计科目(账户)。

第二步:确定账户的性质(属于哪一类账户)。

第三步:确定账户金额的增加或减少。

第四步:根据账户的性质和结构,判断应记入账户的借方或贷方。

第五步:编制会计分录。

另外,书写会计分录应注意三点:一是先借后贷,即借项账户和金额在上,贷项账户和金额在下;二是借贷上下排列、左右错开,即借贷符号及其账户与金额在左、右错开位置(但借贷各方若是多项可上下对齐),以使会计分录清晰明了;三是金额后不带单位。

1. 简单会计分录的编制

现将[例 3-4]的经济业务用简单会计分录表示如下:

(1) 借:银行存款	200 000	
贷:实收资本		200 000
(2) 借:原材料	45 000	
贷:应付账款		45 000
(3) 借:短期借款	30 000	
贷:银行存款		30 000
(4) 借:实收资本	40 000	
贷:固定资产		40 000
(5) 借:库存现金	10 000	
贷:银行存款		10 000
(6) 借:应付账款	45 000	
贷:短期借款		45 000
(7) 借:资本公积	30 000	
贷:实收资本		30 000
(8) 借:应付利润	20 000	
贷:实收资本		20 000
(9) 借:实收资本	30 000	
贷:应付账款		30 000
(10) 借:管理费用	500	
贷:库存现金		500

（11）借：应收账款 20 000
　　　贷：主营业务收入 20 000

2. 复合会计分录的编制

上述会计分录均为简单会计分录，下面举例说明复合会计分录的编制。

【例 3-5】 东方实业公司购买原材料一批，价值 50 000 元，其中以银行存款支付 30 000 元，其余款项尚未支付。

该项业务涉及资产类账户的“原材料”账户、“银行存款”账户以及负债类账户的“应付账款”账户，编制复合会计分录如下：

借：原材料 50 000
　贷：银行存款 30 000
　　　应付账款 20 000

复合会计分录实质上是由简单会计分录合并而成，如此例就可分解为两个简单会计分录。

借：原材料 30 000
　贷：银行存款 30 000

借：原材料 20 000
　贷：应付账款 20 000

编制复合会计分录是为了简化记账手续，提高工作效率。但应指出，不能为了简化而把不同性质的经济业务合并编制会计分录，人为造成账目不清。为了保持账户之间清晰的对应关系，在借贷记账法下编制会计分录，一般应是一借一贷、一借多贷、一贷多借。除业务需要外，应尽量避免多借多贷。

（五）借贷记账法的试算平衡

各单位的经济业务纷繁复杂，再加上有些人为的失误，在账户的日常记录中难免会出现一些差错。为了检查一定时期内所发生经济业务在账户中的记录是否正确，在会计期末应对账户进行试算平衡。试算平衡是指根据会计恒等式“资产＝负债＋所有者权益”以及借贷记账法的记账规则，通过汇总、检查和验算所有账户记录是否正确的过程，它包括发生额试算平衡和余额试算平衡。

1. 发生额试算平衡

在借贷记账法下，根据“有借必有贷，借贷必相等”的记账规则，对发生的每一笔业务进行处理后，其会计分录借方金额和贷方金额一定相等。因此，将一定会计期间发生的经济业务全部登账之后，所有账户的借方本期发生额合计数与贷方本期发生额合计数必然相等。用公式表示如下：

全部账户本期借方发生额合计＝全部账户本期贷方发生额合计　　(3-4)

(3-4)式一般应用于期末，如对[例 3-4]中 11 笔经济业务就可通过编制发生额试算平衡表进行检验，如表 3-3 所示。

表 3-3　总分类账户发生额试算平衡表

20×9 年 1 月 31 日　　　　　　　　　　单位：元

账户名称	本期发生额	
	借方	贷方
库存现金	(5) 10 000	(10) 500
银行存款	(1) 200 000	(3) 30 000 (5) 10 000
应收账款	(11) 20 000	
原材料	(2) 45 000	
固定资产		(4) 40 000
短期借款	(3) 30 000	(6) 45 000
应付账款	(6) 45 000	(2) 45 000 (9) 30 000
应付利润	(8) 20 000	
实收资本	(4) 40 000 (9) 30 000	(1) 200 000 (7) 30 000 (8) 20 000
资本公积	(7) 30 000	
管理费用	(10) 500	
主营业务收入		(11) 20 000
合　　计	470 500	470 500

2. 余额试算平衡

账户的余额试算平衡是根据所有账户借方余额合计与贷方余额合计的恒等关系来检验本期记录是否正确的方法。这是由“资产＝负债＋所有者权益”的恒等关系决定的。而根据余额的时间不同,可分为期初余额平衡与期末余额平衡两类。

期初余额平衡是指期初所有账户借方余额合计与贷方余额合计相等,用公式表示如下：

全部账户的期初借方余额合计＝全部账户的期初贷方余额合计　　(3-5)

期末余额平衡是指期末所有账户借方余额合计与贷方余额合计相等,用公式表示如下：

全部账户的期末借方余额合计＝全部账户的期末贷方余额合计　　(3-6)

在实际工作中,余额试算平衡是通过编制余额试算平衡表进行的,也可将发生额及余额试算平衡表合并编表。现仍以[例 3-4]中所举事例为例，编制发生额及余额试算平衡表，如表 3-4 所示。

表 3-4 总分类账户发生额及余额试算平衡表

20×9 年 1 月 31 日　　单位：元

账户名称	期初余额		本期发生额		期末余额	
	借方	贷方	借方	贷方	借方	贷方
库存现金	1 000		10 000	500	10 500	
银行存款	50 000		200 000	40 000	210 000	
应收账款	40 000		20 000		60 000	
原材料	100 000		45 000		145 000	
固定资产	490 000			40 000	450 000	
短期借款		40 000	30 000	45 000		55 000
应付账款		51 000	45 000	75 000		81 000
应付利润		30 000	20 000			10 000
实收资本		520 000	70 000	25 000		700 000
资本公积		40 000	30 000			10 000
管理费用			500		500	
主营业务收入				20 000		20 000
合计	681 000	681 000	470 500	470 500	876 000	876 000

试算平衡表只是通过借贷金额是否平衡来检查账户记录是否正确，而有些错误对于借、贷双方的平衡并不发生影响。例如，在记账中借方或贷方都多记或少记了相同金额，或者是借、贷科目错误，或者是记账方向相反。因此，试算平衡只能说明记账基本正确，不能保证记账一定没有错误。但是如果试算不平衡，则说明记账一定有错误，应认真查找。在编制试算平衡表时，应注意以下问题：

(1) 需保证所有账户的余额均已记入试算表。会计等式是对 6 项会计要素整体而言的，缺少任何一个账户的余额，都会造成期初或期末借方余额与贷方余额合计不相等。

(2) 如果试算不平衡，账户记录肯定有错误，应认真查找原因，直到实现平衡为止。

(3) 如果试算平衡，也不能说明账户记录绝对正确，因为有些错误对于借、贷双方的平衡并不发生影响，例如：①某项经济业务将使本期借、贷双方的发生额等额减少，试算仍然平衡；②重复记录某项经济业务将使本期借、贷双方的发生额发生等额虚增，试算仍然平衡；③某项经济业务记错有关账户，试算仍然平衡；④某项经济业务颠倒了记账方向，试算仍然平衡；⑤借方或贷方发生额中，一多一少并相互抵销，试算仍然平衡。

总结案例

小王的朋友经营一家小公司。公司原来的会计小张因工作调动离职，请小王帮忙将当月账目结清。小王将小张已编好的记账凭证入账后，进行试算平衡，并编制了报表。几天后，出纳员从银行取回了对账单，对账的时候发现，银行存款的余额比日记账的余额多了9 000元。经过逐笔核对后发现，当月一笔销售业务通过银行转账收款10 000元，但小张将其误记为1 000元。出纳员感到奇怪，小王在结账时明明已进行了试算平衡，为什么没有发现这个问题？

分析提示

试算平衡是检查账户是否正确的有效方法，但其作用有限。

思政德育课堂

本 章 小 结

复式记账法是指对任何一项经济业务，都必须用相等的金额在两个或两个以上的账户中相互联系地进行登记的方法。借贷记账法是以“借”和“贷”作为记账符号的一种复式记账法。借贷记账法的记账规则是“有借必有贷，借贷必相等”。运用借贷记账法记录每项经济业务时，在有关账户之间产生了应借应贷的对应关系，具有对应关系的账户称为对应账户。为保证账户记录的正确性，应根据业务发生时取得的原始凭证编制会计分录，再据以登账。在实务中，会计分录是写在记账凭证上的，分为简单会计分录和复合会计分录。由于借贷记账法建立的理论基础是会计等式，余额试算平衡产生了，由于借贷记账规则，发生额试算平衡产生了。通过总分类账户的试算平衡，可以初步检查会计记录的正确性。

思 考 题

1. 什么是复式记账法？复式记账法有何特点？
2. 什么是借贷记账法？借贷记账法的基本内容有哪些？
3. 什么是账户的对应关系和对应账户？
4. 什么是会计分录？会计分录有哪几种？
5. 借贷记账法下，试算平衡具体包括哪些方面？

巩 固 训 练

一、单项选择题

1. 在复式记账法下，对每项经济业务都可以相等的金额，在(　　)中进行登记。
   A. 不同的账户　　B. 两个账户
   C. 两个或两个以上账户　　D. 一个或一个以上账户

2. 在借贷记账法下,资产类账户的结构特点是(　　)。
   A. 借方记增加,贷方记减少,余额在借方
   B. 贷方记增加,借方记减少,余额在贷方
   C. 借方记增加,贷方记减少,一般无余额
   D. 贷方记增加,借方记减少,一般无余额
3. 对某项经济业务标明应借应贷账户名称及其金额的记录称为(　　)。
   A. 记账凭证　　B. 会计分录　　C. 会计方法　　D. 记账方法
4. 借贷记账法下的“借”表示(　　)。
   A. 费用增加　　B. 负债增加　　C. 所有者权益增加　　D. 收入增加
5. 下列会计分录中,属于简单会计分录的有(　　)的会计分录。
   A. 一贷一借　　B. 一借多贷　　C. 一贷多借　　D. 多借多贷
6. 用来记录收入的账户期末一般(　　)。
   A. 无余额　　B. 余额在借方
   C. 余额在贷方　　D. 余额不固定
7. 在账户贷方登记增加额的是(　　)。
   A. 资产　　B. 负债　　C. 成本　　D. 费用
8. 下列错误中,能够通过试算平衡查找的是(　　)。
   A. 重记经济业务　　B. 漏记经济业务
   C. 借贷方向相反　　D. 借贷金额不等
9. 所有者权益的期末余额根据(　　)来计算。
   A. 期初借方余额+本期借方发生额−本期贷方发生额
   B. 期初贷方余额+本期贷方发生额−本期借方发生额
   C. 期初借方余额+本期贷方发生额−本期借方发生额
   D. 期初贷方余额+本期借方发生额−本期贷方发生额
10. 两个具有对应关系的账户彼此称为(　　)。
   A. 关键账户　　B. 对应账户　　C. 核算账户　　D. 中心账户

二、多项选择题

1. 在借贷记账法下,账户借方记录的内容有(　　)。
   A. 资产的增加　　B. 资产的减少
   C. 负债和所有者权益的增加　　D. 负债和所有者权益的减少
   E. 收入的减少及费用的增加
2. 下列项目中,属于损益类账户的有(　　)。
   A. “主营业务收入”　　B. “所得税费用”
   C. “应交税费”　　D. “本年利润”
3. 在借贷记账法下,账户贷方记录的内容有(　　)。
   A. 资产的增加　　B. 资产的减少
   C. 负债和所有者权益的增加　　D. 负债和所有者权益的减少
   E. 收入的减少及费用的增加

4. 会计分录的基本内容有(　　)。
A. 应记账户的名称　　B. 应记账户的方向
C. 应记账户的金额　　D. 应记账户的人员
E. 应记账户的时间
5. 下列账户中,期末结转后无余额的账户有(　　)。
A. “实收资本”　　B. “主营业务成本”
C. “库存商品”　　D. “销售费用”
6. 关于借贷记账法,下列说法正确的有(　　)。
A. 经济业务所引起的资产增加和权益减少应记入账户的借方
B. 借贷记账法下,不能设置双重性质的账户
C. 记账规则是:有借必有贷,借贷必相等
D. 所有账户的借方余额之和等于所有账户的贷方余额之和
E. 所有账户的借方发生额之和等于所有账户的贷方发生额之和
7. 下列各项中,关于成本类账户说法正确的有(　　)。
A. 借方记增加　　B. 贷方记增加
C. 期末无余额　　D. 期末余额在借方
8. 下列各项中,试算平衡的公式有(　　)。
A. 借方科目金额=贷方科目金额
B. 借方期末余额=借方期初余额+本期借方发生额−本期贷方发生额
C. 全部账户借方发生额合计=全部账户贷方发生额合计
D. 全部账户的借方余额合计=全部账户的贷方余额合计
9. 复合会计分录有(　　)。
A. 一借多贷　　B. 一借一贷　　C. 一贷多借　　D. 多借多贷
10. 下列错误中,不能通过试算平衡发现的有(　　)。
A. 在记账时误将借方数额记入贷方
B. 某项业务未入账
C. 应借应贷账户中借贷方向同时记反
D. 某一账户借方或贷方本期发生额的计算有错误
E. 某项业务重复记账

三、判断题

1. 借贷记账法中的“借”“贷”分别表示债权和债务。(　　)
2. 在借贷记账法下,账户的借方登记增加数,贷方登记减少数。(　　)
3. 负债类账户的借方用来记录增加额,其贷方用来记录减少额。(　　)
4. 通过试算平衡检查账簿记录后,若左右平衡就可肯定记账没有错误。(　　)
5. 借贷记账法账户的基本结构是:左边为借方,右边为贷方。(　　)
6. 一般地说,各类账户的期末余额与记录增加额的一方在同一方向。(　　)
7. 借贷记账法下账户的借方记录资产的增加或权益的减少,贷方记录资产的减少或权益的增加。(　　)

8. 不管是一贷多借，还是一借一贷，借、贷方的金额肯定是相等的。 （ ）
9. “借方期末余额＝借方期初余额＋本期借方发生额－本期贷方发生额”这一公式适用于任何性质账户的结账。 （ ）
10. 通过试算平衡可检查账簿记录，但试算平衡不能肯定记账绝对准确无误。 （ ）

四、业务题

1. 目的：理解与掌握借贷记账法。
2. 资料：

(1) 某公司 20×9 年 4 月月末各账户余额如表 3-5 所示。

表 3-5 各账户余额 单位：元

资 产	金额	负债和所有者权益	金额
库存现金	2 000	短期借款	50 000
银行存款	20 000	应付账款	22 000
应收账款	70 000	实收资本	230 000
原材料	10 000		
固定资产	200 000		
合计	302 000	合计	302 000

(2) 某公司 20×9 年 5 月发生下列经济业务：

① 从银行提取现金 8 000 元。
② 向某企业购入原材料一批，货款 30 000 元尚未支付，材料已验收入库。
③ 收到投资者投资 250 000 元，存入银行。
④ 购入机器一台，价款 100 000 元，开出转账支票付讫。
⑤ 借入短期借款 50 000 元，存入银行。
⑥ 收到应收账款 60 000 元，存入银行。

3. 要求：

(1) 根据资料(1)开设“T”形账户，并登记期初余额。
(2) 根据资料(2)编制会计分录。
(3) 根据会计分录逐一登记有关“T”形账户，计算各账户本期发生额及期末余额。
(4) 编制总分类账户发生额及余额试算平衡表。

第四章

借贷记账法在工业企业中的运用

导入案例

宝武钢铁资产重组中的借贷记账

2020 年，宝武钢铁实施了一项大规模资产重组计划，包括并购多家钢铁公司。这一过程中，宝武钢铁广泛应用借贷记账法来准确记录并购过程中涉及的资产、负债和权益的转换。宝武钢铁在合并财务会计报表中详细披露了各项并购交易的财务处理过程，确保投资者能够了解并购对公司财务状况的实际影响。通过成功的资产重组和并购，宝武钢铁进一步巩固了其在全球钢铁市场的领导地位，提升了行业整合效率。通过借贷记账法，企业能够详细披露资产、负债和权益的变化过程，为投资者提供更加透明和可信的财务信息，从而提高市场信任。那么借贷记账法在工业企业中的具体步骤和程序是什么？

本章学习目标

1. 了解：工业企业的生产经营过程。

2. 理解：财务成果的构成与计算；利润的形成及分配。

3. 掌握：工业企业生产经营过程各阶段基本业务内容及核算方法；财务成果的确认与计量。

第一节　工业企业经济业务概述

工业企业是从事工业产品生产和销售的营利性经济组织。它的主要任务是为社会提供合格产品，满足各方面的需要。为了从事产品的生产与销售活动，企业必须拥有一定数量的资金，用于建造厂房、购买机器设备、购买材料、支付职工工资、支付经营管理中必要的开支等，生产出的产品经过销售后，收回的货款还要补偿生产中的垫付资金、偿还有关债务、上交有关税金等。由此可见，工业企业的资金运动包括资金的筹集、资金的循环与周转以及资金的退出三部分。

资金的筹集包括企业向所有者筹集资金和向债权人筹集资金两部分。企业向所有者筹集的资金形成企业的所有者权益，向债权人筹集的资金形成企业债权人权益——企业负债。

资金的循环与周转包括产品准备过程、产品生产过程和产品销售过程三个阶段，并最终形成企业的财务成果。在产品准备过程中，企业要购买材料等劳动对象，发生材料买价、运输费、装卸费等材料采购成本，与供应单位发生货款结算关系。在产品生产过程中，劳动者要借助于劳动手段将劳动对象加工成各种适合社会需要的产品，发生各种材料消耗、固定资产折旧费、工资费用以及其他费用等生产费用以及企业与工人之间的工资结算关系、与有关单位之间的劳务结算关系等。在产品销售过程中，企业将产品销售出去，收回货币资金，同时要发生有关销售费用、收回货款、缴纳税金等业务活动，并与产品的购买单位发生货款结算关系、同税务机关发生税务结算关系等。为了及时总结企业在一定时期内的财务成果，必须计算其所实现的利润或发生的亏损，如为利润，应按照国家的规定上交所得税，提取留存等；如为亏损，还要进行弥补。

资金的退出包括偿还各种债务、上交各种税金、向所有者分配利润等。这部分资金离开本企业，退出本企业的循环和周转。

为了全面、连续、系统地反映和监督由上述企业主要交易或者事项所形成的生产经营活动过程和结果，企业必须根据各项交易或者事项的具体内容和管理要求，相应地设置不同的账户，并运用借贷记账法，对各项交易或者事项的发生进行账务处理，以提供管理上所需要的各种会计信息。

第二节　资金筹集业务的核算

企业为了进行生产经营活动，必须拥有一定数量的经营资金来作为从事生产经营活动的物质基础。目前，我国企业的资金来源渠道主要是向投资者筹集资金和向金融机构或其他单位借入资金等。因此，实收资本业务和借款业务的核算就构成了资金筹集业务核算的主要内容。

一、接受投资者投资

我国有关法律规定,投资者设立企业必须先投入资本。《企业法人登记管理条例》规定,企业申请开业,必须具备国家规定的与其生产经营和服务规模相适应的资本金。资本金按投资主体可分为国家资本金、法人资本金、个人资本金和外商资本金。

《中华人民共和国公司法》规定,股东可以用货币出资,也可以用实物、知识产权、土地使用权等可以用货币估价并可以依法转让的非货币财产作价出资。对作为出资的非货币财产应当评估作价,核实财产,不得高估或者低估作价。投资者投入的资本应当保全,除法律、法规另有规定外,投资者一般不得抽回。

为了反映和监督投资者投入资本的增减变动情况,企业必须按照国家统一的会计制度的规定进行实收资本的核算,真实地反映所有者投入企业资本的状况,维护所有者各方在企业的权益。除股份有限公司以外,其他各类企业应通过"实收资本"科目核算,股份有限公司应通过"股本"科目核算。

(一) 账户设置

(1)"实收资本"账户,属于所有者权益类账户,用来核算企业实收资本的增减变动情况及其结果(股份公司为"股本"账户)。其贷方登记企业实际收到的投资者投入的资本数,借方登记企业按法定程序报经批准减少的注册资本数;期末余额在贷方,表示企业实有的资本(或股本)数额。该账户按投资者设置明细账进行明细分类核算。企业对投入资本应按实际投资数额入账,以货币资金投资的,应按实际收到的款项作为投资者的投资额入账;以非现金资产投资的,应按投资合同或协议约定价值作为实际投资额入账。"实收资本"账户结构如图 4-1 所示。

借方	实 收 资 本　　　　　　贷方
	期初余额：期初投入资本的实有数额
本期减少额：减少的注册资本数	本期增加额：收到投资者投入的资本数
	期末余额：期末投入资本的实有数额

图 4-1 "实收资本"账户

(2)"资本公积"账户,属于所有者权益类账户。资本公积是指企业收到投资者出资额超出其在注册资本(或股本)中所占份额的部分以及直接计入所有者权益的利得和损失等。资本公积包括资本溢价(或股本溢价)和直接计入所有者权益的利得和损失等。"资本公积"账户结构如图 4-2 所示。

借方	资 本 公 积　　　　　　贷方
	期初余额：期初资本公积实有数
本期减少额：资本公积减少数	本期增加额：资本公积增加数
	期末余额：期末资本公积实有数

图 4-2 "资本公积"账户

(3)“银行存款”账户,属于资产类账户,用来总括地记录和反映企业存入银行或其他金融机构的各种款项。其借方登记银行存款的增加数,贷方登记银行存款的减少数;期末余额在借方,反映企业存在银行或其他金融机构的各种款项。“银行存款”账户结构如图 4-3 所示。

借方	银行存款 贷方
期初余额：期初银行存款实有数	
本期增加额：银行存款增加数	本期减少额：银行存款减少数
期末余额：期末银行存款实有数	

图 4-3 “银行存款”账户

(4)“固定资产”账户,属于资产类账户,用来核算企业现有固定资产的原价。其借方登记增加固定资产的原价,贷方登记减少固定资产的原价;期末余额在借方,反映企业固定资产的账面原价。本账户应当按照固定资产类别和项目进行明细核算。“固定资产”账户结构如图 4-4 所示。

借方	固定资产 贷方
期初余额：期初固定资产原价	
本期增加额：固定资产增加数	本期减少额：固定资产减少数
期末余额：期末固定资产原价	

图 4-4 “固定资产”账户

(5)“无形资产”账户,属于资产类账户,用来核算企业持有的无形资产,包括专利权、非专利技术、商标权、著作权、土地使用权等。其借方登记无形资产的增加数,贷方登记无形资产的减少数;期末余额在借方,反映企业无形资产的价值。企业应当按照无形资产项目进行明细核算。“无形资产”账户结构如图 4-5 所示。

借方	无形资产 贷方
期初余额：期初无形资产价值	
本期增加额：无形资产增加数	本期减少额：无形资产减少数
期末余额：期末无形资产价值	

图 4-5 “无形资产”账户

(二) 实收资本的核算

东方实业公司注册资本为 3 000 000 元。本章例题均以该公司 20×9 年 12 月份发生的交易或者事项为例,说明工业企业主要经营过程的核算和成本的计算方法(为了便于初学者理解和掌握,本章例题均按经营过程顺序而非时间顺序排列)。

【例 4-1】 12 月 1 日,收到蓝天药业投入资本 80 000 元,存入银行。

该交易或者事项发生后,引起资产要素和所有者权益要素发生变化。一方面,使企业资产要素中的银行存款项目增加了 80 000 元,应借记"银行存款"账户;另一方面,使企业所有者权益要素中的投资者投入的资本项目增加了 80 000 元,应贷记"实收资本"账户。因此,东方实业公司在进行会计处理时,应作会计分录如下:

借:银行存款　　80 000
　　贷:实收资本——蓝天药业　　80 000

【例 4-2】 12 月 7 日,东方实业公司收到宏图纸业投入一台不需要安装的机器设备,合同约定该机器设备的价值为 1 000 000 元,增值税进项税额为 130 000 元(假设不允许抵扣)。合同约定的固定资产价值与公允价值相符。

该交易或者事项发生后,引起资产要素和所有者权益要素发生变化。一方面,使企业资产要素中的固定资产项目增加了 1 130 000 元,应借记"固定资产"账户;另一方面,使企业所有者权益要素中的投资者投入的实收资本项目增加了 1 130 000 元,应贷记"实收资本"账户。企业接受投资者作价投入的房屋、建筑物、机器设备等固定资产,应按投资合同或协议约定价值确定固定资产价值(但投资合同或协议约定价值不公允的除外)和在注册资本中应享有的份额。因此,东方实业公司在进行会计处理时,应作会计分录如下:

借:固定资产　　1 130 000
　　贷:实收资本——宏图纸业　　1 130 000

【例 4-3】 12 月 10 日,东方实业公司收到东风机械投入一项非专利技术,该非专利技术投资合同约定价值为 60 000 元。假设东方实业公司接受该非专利技术符合国家注册资本管理的有关规定,可按合同约定作实收资本入账,合同约定的价值与公允价值相符。

该交易或者事项发生后,引起资产要素和所有者权益要素发生变化。一方面,使企业资产要素中的无形资产项目增加了 60 000 元,应借记"无形资产"账户;另一方面,使企业所有者权益要素中的投资者投入的实收资本项目增加了 60 000 元,应贷记"实收资本"账户。企业收到以无形资产方式投入的资本,应按投资合同或协议约定价值确定无形资产价值(但投资合同或协议约定价值不公允的除外)和在注册资本中应享有的份额。因此,东方实业公司在进行会计处理时,应作会计分录如下:

借:无形资产　　60 000
　　贷:实收资本——东风机械　　60 000

二、借入款项的核算

企业在生产经营过程中,由于种种原因,经常需要向银行等金融机构借款以弥补经营资金的不足。借款按归还期限长短不同,可分为长期借款和短期借款。企业借入的各种借款,必须按规定用途使用,按期支付利息并按期归还。

(一)账户设置

(1)"短期借款"账户属于负债类账户,用来核算企业向银行或其他金融机构等借入的期限在 1 年以下(含 1 年)的各种借款。其贷方登记取得短期借款的本金数额,借方登记归还的借款本金数额;期末余额在贷方,反映企业尚未偿还的短期借款的本金。该账户应当按照借款种类、贷款人和币种进行明细分类核算。“短期借款”账户结构如图 4-6 所示。

借方	**短期借款** 贷方
	期初余额：期初未归还的短期借款
本期减少额：企业归还的短期借款	本期增加额：企业借入的短期借款
	期末余额：期末未归还的短期借款

图 4-6 “短期借款”账户

(2)“长期借款”账户属于负债类账户,用来核算企业向银行或其他金融机构借入的期限在 1 年以上(不含 1 年)的各项借款。其贷方登记长期借款的增加额,借方登记长期借款的减少额;期末余额在贷方,表示企业尚未归还的长期借款。该账户应按贷款单位和贷款种类设置明细账进行明细分类核算。“长期借款”账户结构如图 4-7 所示。

借方	**长期借款** 贷方
	期初余额：期初未归还的长期借款
本期减少额：企业归还的长期借款	本期增加额：企业借入的长期借款
	期末余额：期末未归还的长期借款

图 4-7 “长期借款”账户

(3)“应付利息”账户属于负债类账户,用来核算企业按照合同规定应支付的利息,包括短期借款、分期付息到期还本的长期借款及企业债券等应支付的利息。其贷方登记按合同利率计算确定的应付而未付的利息,借方登记实际支付的利息;期末余额在贷方,反映应付而未付的利息。“应付利息”账户结构如图 4-8 所示。

借方	**应付利息** 贷方
	期初余额：期初应付未付的利息
本期减少额：本期实际支付利息	本期增加额：本期发生应付未付的利息
	期末余额：期末应付未付的利息

图 4-8 “应付利息”账户

(4)“财务费用”账户属于损益类账户,用来核算企业为筹集生产经营所需资金等而发生的筹资费用,包括利息支出(减利息收入)、相关的手续费等。其借方登记发生的各项财务费用,贷方登记发生的应冲减财务费用的利息收入及月末结转当期损益的财务费用,月末无余额。本账户应当按照费用项目进行明细分类核算。“财务费用”账户结构如图 4-9 所示。

借方	财务费用	贷方
本期增加额：本期发生的各项财务费用		本期减少额：期末转入“本年利润”账户

图 4-9 “财务费用”账户

(二) 借入款项的会计处理

【例 4-4】 12 月 11 日，东方实业公司向银行借入一笔生产经营用短期借款，共计 150 000 元，期限为 9 个月。

该交易或者事项发生后，引起资产要素和负债要素发生变化。一方面，使企业资产要素中的银行存款项目增加了 150 000 元，应借记“银行存款”账户；另一方面，使企业负债要素中的短期借款项目增加了 150 000 元，应贷记“短期借款”账户。因此，东方实业公司在进行会计处理时，应作会计分录如下：

借：银行存款　　150 000
　　贷：短期借款　　150 000

【例 4-5】 承[例 4-4]，东方实业公司按月计提利息，取得借款的年利率为 6%。

每月应付利息＝150 000×6%÷12＝750(元)

该交易或者事项发生后，引起费用要素和负债要素发生变化。一方面，使企业费用要素中的财务费用增加了 750 元，应借记“财务费用”账户；另一方面，使企业负债要素中的应付利息增加了 750 元，应贷记“应付利息”账户。因此，东方实业公司在进行会计处理时，应作会计分录如下：

借：财务费用　　750
　　贷：应付利息　　750

以银行存款实际支付利息时，会引起负债要素与资产要素发生变化。一方面，使企业负债要素中的应付利息减少了 750 元，应借记“应付利息”账户；另一方面，使企业资产要素中的银行存款减少了 750 元，应贷记“银行存款”账户。因此，东方实业公司在进行会计处理时，应作会计分录如下：

借：应付利息　　750
　　贷：银行存款　　750

【例 4-6】 12 月 15 日，东方实业公司因进行基建工程需要，向银行取得为期 3 年的借款 500 000 元，年利率为 8.4%，所借款项已存入银行。

该交易或者事项发生后，引起资产要素和负债要素发生变化。一方面，使企业资产要素中的银行存款项目增加了 500 000 元，应借记“银行存款”账户；另一方面，使企业负债要素中的长期借款项目增加了 500 000 元，应贷记“长期借款”账户。因此，东方实业公司在进行会计处理时，应作会计分录如下：

借：银行存款　　500 000
　　贷：长期借款　　500 000

第三节 生产准备业务的核算

工业企业为了进行产品生产，需要购建厂房、建筑物，购置机器设备、运输工具，并进行材料采购。因此，材料采购业务和固定资产购建业务的核算构成了工业企业生产准备业务的核算内容。

一、材料采购业务的核算

工业企业的材料采购业务主要是进行采购和储存生产经营所需的各种材料，为生产经营的正常进行做好准备工作。在材料采购过程中，一方面是企业从供应单位购进各种材料物资；另一方面是企业要支付材料物资的买价和各种采购费用，并与供应单位发生结算关系。因此，供应过程主要是核算和监督材料的买价和其他采购费用的发生情况，确定材料采购成本，考核有关采购计划的执行情况；核算和监督与供应单位的款项结算情况以及供应阶段材料储备资金的占用情况等。

材料的采购成本包括购买价款、相关税费、运输费、装卸费、保险费以及其他可归属于材料采购成本的费用。其中，材料的购买价款是指企业购入材料的发票账单上列明的价款，但不包括按规定可以抵扣的增值税税额。材料的相关税费是指企业购买材料发生的进口关税、消费税、资源税和不能抵扣的增值税进项税额等应计入材料采购成本的税费。其他可归属于材料采购成本的费用是指采购成本中除上述各项以外的可归属于材料采购的费用，如在材料采购过程中发生的仓储费、包装费、运输途中的合理损耗、入库前的挑选整理费用等。

（一）账户设置

（1）“原材料”账户，属于资产类账户，用来核算库存各种材料的收发与结存情况。其借方登记入库材料的实际成本，贷方登记发出材料的实际成本。期末余额在借方，反映企业库存材料的实际成本。“原材料”账户应当按照材料的保管地点（仓库）、材料的类别、品种和规格等进行明细核算。“原材料”账户结构如图 4-10 所示。

借方　　　　原　材　料	贷方
期初余额：期初结存材料的实际成本 本期增加额：入库材料的实际成本	本期减少额：发出材料的实际成本
期末余额：期末结存材料的实际成本	

图 4-10 “原材料”账户

（2）“在途物资”账户，属于资产类账户，用来核算企业采用实际成本进行材料、商品等物资的日常核算，货款已付尚未验收入库的各种物资（即在途物资）的采购成本。其借方登记企业购入的在途物资的实际成本，贷方登记验收入库的在途物资的实际成本。期末余额在借方，反映企业在途物资的采购成本。“在途物资”账户应按供应单位和物资品种进行明细核算。“在途物资”账户结构如图 4-11 所示。

借方	在途物资 贷方
期初余额：期初在途物资的实际成本	
本期增加额：购入在途物资的实际成本	本期减少额：验收入库在途物资的实际成本
期末余额：期末在途物资的实际成本	

图 4-11 “在途物资”账户

(3) “应交税费”账户，属于负债类账户，用来核算企业根据税法规定应交的各种税费，包括增值税、消费税、城市维护建设税、资源税、环境保护税、企业所得税、土地增值税、房产税、车船税、城镇土地使用税、教育费附加、矿产资源补偿费等。其贷方登记应交的各种税费等，借方登记实际缴纳的税费。期末余额一般在贷方，反映企业尚未缴纳的税费，期末余额如在借方，反映企业多交或尚未抵扣的税费。“应交税费”账户应按照应交税费项目进行明细分类核算。为了核算企业应交增值税的发生、抵扣、缴纳、退税及转出等情况，应在“应交税费”账户下设置“应交增值税”明细账户，并在“应交增值税”明细账户内设置“进项税额”“已交税金”“销项税额”“出口退税”“进项税额转出”等专栏。“应交税费”账户结构如图 4-12 所示(“T”形账户加括号的内容表示可能出现的另一种情况，下同)。

借方	应交税费 贷方
(期初余额：期初多交或尚未抵扣的税费)	期初余额：期初应交未交税费
本期减少额：实际缴纳的各种税费	本期增加额：计算出的应交未交税费
(期末余额：期末多交或尚未抵扣的税费)	期末余额：期末应交未交税费

图 4-12 “应交税费”账户

(4) “应付账款”账户，属于负债类账户，用来核算企业因购买材料、商品和接受劳务等经营活动应支付的款项。其贷方登记企业因购入材料、商品和接受劳务等尚未支付的款项，借方登记偿还的应付账款。期末余额一般在贷方，反映企业尚未支付的应付账款。“应付账款”账户应当按照不同的债权人进行明细分类核算。“应付账款”账户结构如图 4-13 所示。

借方	应付账款 贷方
(期初余额：期初支付给供应单位的多于应付的款项)	期初余额：期初尚未支付的款项
本期减少额：本期支付给供应单位的款项	本期增加额：应付供应单位款项的增加
(期末余额：支付给供应单位的多于应付的款项)	期末余额：期末尚未支付的款项

图 4-13 “应付账款”账户

(5) “预付账款”账户，属于资产类账户，用来核算企业按照合同规定预付的款项。其借方登记预付的款项及补付的款项，贷方登记收到所购物资时根据有关发票账单记入“原材料”等账户的金额及收回多付款项的金额。期末余额在借方，反映企业实际预付的款项，如果期末余额在贷方，则反映企业尚未预付的款项。“预付账款”账户应当按照供应单位进行明细分类核算。“预付账款”账户结构如图 4-14 所示。

借方 预付账款	贷方
期初余额：期初尚未结算的预付账款 本期增加额：预付给供应单位的款项	（期初余额：期初应付供应单位的款项） 本期减少额：冲销预付给供应单位的款项
期末余额：尚未结算的预付款项	（期末余额：期末应付供应单位的款项）

图 4-14 “预付账款”账户

（6）“应付票据”账户，属于负债类账户，用来核算应付票据的发生、偿付等情况。其贷方登记开出、承兑汇票的面值及带息票据的预提利息，借方登记支付票据的金额。期末余额在贷方，表示企业尚未到期的商业汇票的票面金额。企业应当设置应付票据备查簿，详细登记每一商业汇票的种类、号数和出票日期、到期日、票面余额、交易合同号和收款人姓名或单位名称以及付款日期和金额等资料。应付票据到期结清时，应当在备查簿内逐笔注销。“应付票据”账户结构如图 4-15 所示。

借方 应付票据	贷方
本期减少额：支付票据的金额	期初余额：期初应付票据款 本期增加额：开出、承兑汇票的面值及带息票据的预提利息
	期末余额：期末应付票据款

图 4-15 “应付票据”账户

（二）材料采购业务的会计处理

【例 4-7】 12 月 16 日，东方实业公司购入 A 材料 500 吨，单价为 1 000 元，增值税专用发票上记载的货款为 500 000 元，增值税税率为 13%，增值税税额为 65 000 元，全部款项已用银行存款付讫，材料已验收入库。

该交易或者事项发生后，一方面，企业材料验收入库，使企业资产要素中的原材料项目增加了 500 000 元，应借记“原材料”账户，对于增值税专用发票上注明的可抵扣的进项税额 65 000 元，应借记“应交税费——应交增值税（进项税额）”账户；另一方面，企业支付了全部款项，使企业资产要素中的银行存款项目减少了 565 000 元，应贷记“银行存款”账户。因此，东方实业公司在进行会计处理时，应作会计分录如下：

借：原材料——A 材料　　500 000
　　应交税费——应交增值税（进项税额）　　65 000
　　贷：银行存款　　565 000

【例 4-8】 12 月 17 日，东方实业公司购入 B 材料 20 吨，单价为 1 500 元，发票及账单已收到，增值税专用发票上记载的货款为 30 000 元，增值税税率为 13%，增值税税额为 3 900 元，材料尚未到达。

该交易或者事项发生后，一方面，企业材料尚未到达，使企业资产要素中的在途物资项目增加了 30 000 元，应借记“在途物资”账户，对于增值税专用发票上注明的可抵扣的进项税额 3 900 元,应借记"应交税费——应交增值税(进项税额)"账户;另一方面,企业支付了全部款项,使企业资产要素中的银行存款项目减少了 33 900 元,应贷记"银行存款"账户。因此,东方实业公司在进行会计处理时,应作会计分录如下:

借:在途物资——B 材料 30 000
　应交税费——应交增值税(进项税额) 3 900
　贷:银行存款 33 900

【例 4-9】 12 月 20 日,东方实业公司购入的 B 材料已收到,并验收入库。

该交易或者事项发生后,一方面,企业材料已收到,并验收入库,使企业资产要素中的原材料项目增加了 30 000 元,应借记"原材料"账户;另一方面,使企业资产要素中的在途物资项目减少了 30 000 元,应贷记"在途物资"账户。因此,东方实业公司在进行会计处理时,应作会计分录如下:

借:原材料——B 材料 30 000
　贷:在途物资——B 材料 30 000

【例 4-10】 12 月 21 日,东方实业公司从赛飞公司购入 A 材料 5 吨,单价为 1 000 元,增值税专用发票上记载的货款为 5 000 元,增值税税率为 13%,增值税税额为 650 元,款项尚未支付,材料已验收入库。

该交易或者事项发生后,一方面,企业材料验收入库,使企业资产要素中的原材料项目增加了 5 000 元,应借记"原材料"账户,对于增值税专用发票上注明的可抵扣的进项税额 650 元,应借记"应交税费——应交增值税(进项税额)"账户;另一方面,款项尚未支付,使企业负债要素中的应付账款项目增加了 5 650 元,应贷记"应付账款"账户。因此,东方实业公司在进行会计处理时,应作会计分录如下:

借:原材料——A 材料 5 000
　应交税费——应交增值税(进项税额) 650
　贷:应付账款——赛飞公司 5 650

【例 4-11】 12 月 24 日,东方实业公司支付上述 A 材料采购款项 5 650 元。

该交易或者事项发生后,一方面,使企业负债要素中的应付账款项目减少了 5 850 元,应借记"应付账款"账户;另一方面,使企业资产要素中的银行存款项目减少了 5 850 元,应贷记"银行存款"账户。因此,东方实业公司在进行会计处理时,应作会计分录如下:

借:应付账款——赛飞公司 5 650
　贷:银行存款 5 650

【例 4-12】 12 月 26 日,东方实业公司开出一张面值为 50 850 元、期限为 6 个月的不带息商业汇票,用来采购一批 B 材料 30 吨,单价为 1 500 元,增值税专用发票上注明的材料价款为 45 000 元,增值税税率为 13%,增值税税额为 5 850 元,材料已验收入库。

该交易或者事项发生后,一方面,企业材料验收入库,使企业资产要素中的原材料项目增加了 45 000 元,应借记"原材料"账户,对于增值税专用发票上注明的可抵扣的进项税额 5 850 元,应借记"应交税费——应交增值税(进项税额)"账户;另一方面,企业采用商业汇票方式支付，使企业负债要素中的应付票据项目增加了 50 850 元，应贷记“应付票据”账户。因此，东方实业公司在进行会计处理时，应作会计分录如下：

借：原材料——B材料	45 000	
应交税费——应交增值税(进项税额)	5 850	
贷：应付票据		50 850

【例 4-13】 12 月 27 日，东方实业公司根据与兴业钢铁有限公司的购销合同规定，为购买 A 材料以银行存款向该公司预付 100 000 元货款的 60%，共计 60 000 元。

该交易或者事项发生后，一方面，企业为购买材料先期支付款项，使企业资产要素中的预付账款项目增加了 60 000 元，应借记“预付账款”账户；另一方面，企业已通过汇兑方式支付了款项，使企业资产要素中的银行存款项目减少了 60 000 元，应贷记“银行存款”账户。因此，东方实业公司在进行会计处理时，应作会计分录如下：

借：预付账款——兴业钢铁有限公司	60 000	
贷：银行存款		60 000

【例 4-14】 12 月 30 日，东方实业公司收到兴业钢铁有限公司运来的 A 材料 100 吨，单价为 1 000 元，已验收入库。有关发票账单记载，该批货物的货款为 100 000 元，增值税税额为 13 000 元，冲抵预付款 60 000 元后，其余款项以银行存款付讫。

该交易或者事项发生后，一方面，企业材料验收入库，使企业资产要素中的原材料项目增加了 100 000 元，应借记“原材料”账户，对于增值税专用发票上注明的可抵扣的进项税额 13 000 元，应借记“应交税费——应交增值税(进项税额)”账户；另一方面，使企业资产要素中的预付账款项目减少了 113 000 元，应贷记“预付账款”账户。因此，东方实业公司在进行会计处理时，应作会计分录如下：

借：原材料——A 材料	100 000	
应交税费——应交增值税(进项税额)	13 000	
贷：预付账款——兴业钢铁有限公司		113 000

还需要说明的是，东方实业公司前期支付了 60 000 元预付款，本次购进冲抵预付账款为 113 000 元，说明东方实业公司前期预付账款少付了 53 000 元，以银行存款补付。

该交易或者事项发生后，一方面，使企业资产要素中的预付账款项目增加了 53 000 元，应借记“预付账款”账户；另一方面，使企业资产要素中的银行存款项目减少了 53 000 元，应贷记“银行存款”账户。因此，东方实业公司在进行会计处理时，应作会计分录如下：

借：预付账款——兴业钢铁有限公司	53 000	
贷：银行存款		53 000

二、固定资产购建业务的核算

固定资产是指同时具有以下特征的有形资产：①为生产商品、提供劳务、出租或经营管理而持有的；②使用年限超过一个会计年度。

(一)固定资产购置成本

外购固定资产应按实际支付的购买价款、相关税费、使固定资产达到预定可使用状态前所发生的可归属于该项资产的运输费、装卸费、安装费和专业人员的服务费等,作为固定资产的取得成本。

(1) 购置的不需要经过安装过程即可使用的固定资产,按照实际支付的购买价款,相关税费,使固定资产达到预定可使用状态前所发生的可归属于该项资产的运输费、装卸费、专业人员的服务费等,作为固定资产的成本,记入“固定资产”账户的借方。

(2) 购入需要安装的固定资产,应在购入不需要安装的固定资产取得成本的基础上加上安装调试成本等,作为购入固定资产的成本,先通过“在建工程”账户归集其成本,待达到预定可使用状态时,再由“在建工程”账户转入“固定资产”账户。

(二)账户设置

“在建工程”账户属于资产类账户,用来核算企业基建、更新改造等在建工程发生的支出。其借方登记企业各项在建工程的实际支出,贷方登记完工工程转出的成本;期末借方余额,反映企业尚未达到预定可使用状态的在建工程的成本。“在建工程”账户结构如图4-16所示。

借方	在建工程　　　　贷方
期初余额:期初在建工程的各项支出	
本期增加额:建造、安装工程的各项支出	本期减少额:结转到固定资产的完工工程成本
期末余额:期末在建工程的各项支出	

图4-16 “在建工程”账户

(三)固定资产购建业务的会计处理

【例4-15】 12月12日,东方实业公司购入一台不需要安装即可投入使用的设备,取得的增值税专用发票上注明的设备价款为20 000元,增值税税率为13%,增值税税额为2 600元;另支付包装费并取得增值税专用发票,注明包装费为500元,增值税税率为6%,增值税税额为30元。款项以银行存款支付。

该交易或者事项发生后,引起资产要素发生变化。一方面,使企业资产要素中的固定资产项目增加了20 500元(20 000+500),应借记“固定资产”账户;对购进固定资产支付的可抵扣的进项税额2 600元和包装费增值税专用发票上注明的可抵扣的进项税额30元,应借记“应交税费——应交增值税(进项税额)”账户。另一方面,企业资产要素中的银行存款项目减少了23 130元,应贷记“银行存款”账户。因此,东方实业公司在进行会计处理时,应作会计分录如下:

借:固定资产	20 500	
应交税费——应交增值税(进项税额)	2 630	
贷:银行存款		23 130

【例 4-16】 12 月 15 日，东方实业公司用银行存款购入一台需要安装的设备，增值税专用发票上注明的设备买价为 300 000 元，增值税税率为 13%，增值税税额为 39 000 元；设备由安装公司安装，支付安装费并取得增值税专用发票，注明安装费为 30 000 元，增值税税率为 9%，增值税税额为 2 700 元。款项全部以银行存款付讫。

(1) 该交易或者事项发生后，引起资产要素发生变化。一方面，企业资产要素中的在建工程项目增加了 300 000 元，应借记“在建工程”账户；对购进固定资产支付的可抵扣进项税额 39 000 元，应借记“应交税费——应交增值税(进项税额)”账户。另一方面，企业资产要素中的银行存款项目减少了 339 000 元，应贷记“银行存款”账户。因此，东方实业公司在进行会计处理时，应作会计分录如下：

借：在建工程　　300 000
　　应交税费——应交增值税(进项税额)　　39 000
　　贷：银行存款　　339 000

(2) 安装过程中，支付安装费的会计处理。该交易或事项发生后，一方面，企业资产要素中的在建工程项目增加了 30 000 元，应借记“在建工程”账户；支付安装费取得的增值税专用发票上注明的可抵扣的进项税额 2 700 元，应借记“应交税费——应交增值税(进项税额)”账户。另一方面，企业资产要素中的银行存款项目减少了 32 700 元，应贷记“银行存款”账户。因此，东方实业公司在进行会计处理时，应作会计分录如下：

借：在建工程　　30 000
　　应交税费——应交增值税(进项税额)　　2 700
　　贷：银行存款　　32 700

(3) 设备安装完成达到预定可使用状态，转入固定资产时的会计处理。该交易或者事项发生后，引起资产要素发生变化。一方面，企业资产要素中的固定资产项目增加了 330 000元，应借记“固定资产”账户；另一方面，企业资产要素中的在建工程项目减少了 330 000元，应贷记“在建工程”账户。因此，东方实业公司在进行会计处理时，应作会计分录如下：

借：固定资产　　330 000
　　贷：在建工程　　330 000

第四节　产品生产业务的核算

产品生产过程是工业企业主要的生产经营活动。生产过程既是产品的制造过程，又是物化劳动和活劳动的耗费过程。一方面，劳动者借助劳动资料对劳动对象进行加工制造产品，以满足社会需要；另一方面，为了制造产品，必然要发生各种耗费，如为生产产品需要耗费材料、磨损固定资产、用现金向职工支付工资等职工薪酬等。企业在一定时期内发生的用货币额表现的生产耗费，称为费用。费用按一定种类和数量对产品进行归集，就形成了产品的制造成本。因此，产品生产过程中费用的发生、归集和分配以及产品成本的形成构成了生产过程核算的主要内容。

一、账户设置

(1)“生产成本”账户,属于成本类账户,用来核算企业进行工业性生产发生的各项生产成本,包括生产各种产品(产成品、自制半成品等)、自制材料、自制工具、自制设备等。其借方登记应计入产品生产成本的各项费用(包括直接计入产品成本的直接材料和直接工资,以及分配计入产品生产成本的制造费用),贷方登记完工入库产品的生产成本;期末借方余额表示企业尚未加工完成的各项在产品的成本。“生产成本”账户应当按照基本生产成本和辅助生产成本进行明细核算。“生产成本”账户结构如图 4-17 所示。

借方	生产成本 贷方
期初余额:期初在产品的生产成本	
本期增加额:为生产产品发生的各项费用	本期减少额:结转完工入库产品的生产成本
期末余额:期末在产品的生产成本	

图 4-17 “生产成本”账户

(2)“制造费用”账户,属于成本类账户,用来核算企业生产车间(部门)为生产产品和提供劳务而发生的各项间接费用。其借方登记生产车间发生的机物料消耗、管理人员的工资等职工薪酬,计提的固定资产折旧,支付的办公费、水电费等,发生季节性的停工损失等;贷方登记已分配计入有关的成本核算对象的制造费用金额。除季节性的生产企业外,“制造费用”账户期末应无余额。“制造费用”账户可按不同的生产车间、部门和费用项目进行明细分类核算。“制造费用”账户结构如图 4-18 所示。

借方	制造费用 贷方
本期增加额:归集生产车间发生的各项间接费用	本期减少额:期末分配转入“生产成本”账户的制造费用

图 4-18 “制造费用”账户

(3)“应付职工薪酬”账户,属于负债类账户,用来核算企业根据有关规定应付给职工的各种薪酬,包括职工工资、奖金、津贴和补贴,职工福利费,医疗、养老、失业、工伤、生育等社会保险费,住房公积金,工会经费,职工教育经费,非货币性福利等因职工提供服务而产生的支付义务。其贷方登记已分配计入有关成本费用项目的职工薪酬的数额,借方登记实际发放职工薪酬的数额;期末贷方余额表示企业应付未付的职工薪酬。“应付职工薪酬”账户应当按照“工资、奖金、津贴和补贴”“职工福利费”“社会保险费”“住房公积金”“工会经费和职工教育经费”“非货币性福利”等应付职工薪酬项目进行明细分类核算。“应付职工薪酬”账户结构如图 4-19 所示。

借方	应付职工薪酬 贷方
	期初余额：期初应付未付的职工薪酬
本期减少额：实际发放职工薪酬的数额	本期增加额：已分配计入有关成本费用项目的职工薪酬的数额
	期末余额：期末应付未付的职工薪酬

图 4-19 “应付职工薪酬”账户

(4)“库存现金”账户，属于资产类账户，用来核算企业的库存现金。其借方登记企业收到的现金，贷方登记企业支出的现金，期末借方余额表示企业持有的库存现金。“库存现金”账户结构如图 4-20 所示。

借方	库存现金 贷方
期初余额：期初库存现金实有数	
本期增加额：库存现金增加	本期减少额：库存现金减少
期末余额：期末库存现金实有数	

图 4-20 “库存现金”账户

(5)“其他应收款”账户，属于资产类账户，用来核算企业除应收票据、应收账款、预付账款、应收股利和应收利息以外的其他零星发生的各种短期应收及暂付款项。其主要内容包括：应收的各种赔款、罚款，如因企业财产等遭受意外损失而应向有关保险公司收取的赔款等；应收的出租包装物租金；应向职工收取的各种垫付款项，如为职工垫付的水电费、应由职工负担的医药费、房租费等；存出保证金，如租入包装物支付的押金；其他各种应收、暂付款项。其借方登记发生的各种其他应收、暂付款项，贷方登记其他应收款的收回或转销，期末借方余额表示企业尚未收回的其他应收款。“其他应收款”账户可按债务人(单位或个人)进行明细核算。“其他应收款”账户结构如图 4-21 所示。

借方	其他应收款 贷方
期初余额：尚未收回的其他应收款项	
本期增加额：本期发生的各种其他应收、暂付款项	本期减少额：其他应收款的收回或转销
期末余额：期末尚未收回的其他应收款项	

图 4-21 “其他应收款”账户

(6)“累计折旧”账户，属于资产类账户，用来核算企业对固定资产计提的累计折旧。每月计提的固定资产折旧，记入该账户的贷方，表示固定资产因损耗而减少的价值；对于固定资产因出售、报废等原因引起的价值减少，在注销固定资产的原始价值、贷记“固定资产”账户的同时，应借记“累计折旧”账户，注销其已提取的折旧额；期末贷方余额表示企业固定资产累计折旧额。“累计折旧”账户应当按照固定资产的类别或项目进行明细核算。“累计折旧”账户结构如图 4-22 所示。

借方	累计折旧 贷方
	期初余额：期初累计计提的固定资产折旧
本期减少额：固定资产折旧的减少或注销	本期增加额：本期计提的固定资产折旧
	期末余额：期末累计计提的固定资产折旧

图 4-22 “累计折旧”账户

(7)“库存商品”账户，属于资产类账户，用来核算企业库存的各种商品的成本，包括库存产成品、外购商品、存放在门市部准备出售的商品、发出展览的商品以及寄存在外的商品等。其借方登记已验收入库商品的成本，贷方登记发出商品的成本，期末借方余额表示库存商品成本。“库存商品”账户应当按照库存商品的种类、品种和规格进行明细分类核算。“库存商品”账户结构如图 4-23 所示。

借方	库存商品 贷方
期初余额：期初库存商品的成本	
本期增加额：验收入库商品的成本	本期减少额：发出商品的成本
期末余额：期末库存商品的成本	

图 4-23 “库存商品”账户

(8)“管理费用”账户，属于损益类账户，用来核算企业为组织和管理企业生产经营所发生的管理费用，包括企业在筹建期间内发生的开办费、董事会和行政管理部门在企业的经营管理中发生的或者应由企业统一负担的公司经费(包括行政管理部门职工薪酬、物料消耗、低值易耗品摊销、办公费和差旅费等)、行政管理部门负担的工会经费、董事会费(包括董事会成员津贴、会议费和差旅费等)、聘请中介机构费、咨询费(含顾问费)、诉讼费、业务招待费、技术转让费、研究费用等。企业生产车间(部门)和行政管理部门发生的固定资产修理费用等后续支出，也作为管理费用核算。其借方登记发生的各种费用，贷方登记转入“本年利润”账户的管理费用；期末结转后，账户无余额。“管理费用”账户应当按照费用项目进行明细分类核算。“管理费用”账户结构如图 4-24 所示。

借方	管理费用 贷方
本期增加额：发生的各项管理费用	本期减少额：期末转入“本年利润”的管理费用

图 4-24 “管理费用”账户

二、产品生产业务的会计处理

【例 4-17】 20×9 年 12 月 31 日，东方实业公司汇总本月领用 A、B 两种材料的金额共计 944 500 元，其中：

(1) 12 月 10 日，生产Ⅰ型产品领用 A 材料 150 吨，计 150 000 元，B 材料 800 吨，计 120 000 元；生产Ⅱ型产品领用 A 材料 120 吨，计 120 000 元，B 材料 933.33 吨，计 140 000 元；车间管理领用 A 材料 6.5 吨，计 6 500 元，B 材料 4 吨，计 6 000 元；企业管理部门领用 A 材料 1 吨，计 1 000 元，B 材料 0.6 吨，计 900 元。

(2) 12 月 22 日，生产Ⅰ型产品领用 A 材料 100 吨，计 100 000 元，B 材料 400 吨，计 60 000 元；生产Ⅱ型产品领用 A 材料 100 吨，计 100 000 元，B 材料 866.67 吨，计 130 000 元；车间管理领用 A 材料 6 吨，计 6 000 元，B 材料 2 吨，计 3 000 元；企业管理部门领用 A 材料 0.5 吨，计 500 元，B 材料 0.4 吨，计 600 元。

材料名称及用途汇总结果如表 4-1 所示。

表 4-1　发料凭证汇总表

20×9 年 12 月 31 日　　　　金额单位：元

材料用途		A 材料			B 材料			合计
		数量(吨)	单价	金额	数量(吨)	单价	金额	
产品直接耗用	Ⅰ型产品	250	1 000	250 000	1 200	150	180 000	430 000
	Ⅱ型产品	220	1 000	220 000	1 800	150	270 000	490 000
生产车间一般耗用		12.5	1 000	12 500	6	150	9 000	21 500
管理部门耗用		1.5	1 000	1 500	1	150	1 500	3 000
合计				484 000			460 500	944 500

该交易或者事项发生后，引起企业费用要素和资产要素发生变化。一方面，费用要素中的生产成本、制造费用和管理费用项目分别增加了 920 000 元、21 500 元和 3 000 元，根据发料凭证汇总表，按材料用途，应分别借记“生产成本”“制造费用”和“管理费用”账户；另一方面，资产要素中的“原材料”项目减少了 944 500 元，应贷记“原材料”账户。因此，应作会计分录如下：

借：生产成本——Ⅰ型产品　　430 000
　　　　　　——Ⅱ型产品　　490 000
　　制造费用　　21 500
　　管理费用　　3 000
　贷：原材料——A 材料　　484 000
　　　　　　——B 材料　　460 500

【例 4-18】 20×9 年 12 月 31 日，东方实业公司分配结转本月工资费用，根据工资结算汇总表(略)编制工资费用分配汇总表，如表 4-2 所示。

表 4-2　工资费用分配汇总表

20×9 年 12 月 31 日　　　　单位：元

车间、部门		应分配金额
车间生产人员	生产Ⅰ型产品	23 000
	生产Ⅱ型产品	22 000
	车间生产人员工资小计	45 000
车间管理人员		6 500
厂部管理人员		11 000
合　　计		62 500

该交易或者事项发生后，引起企业费用要素和负债要素发生变化。一方面，费用要素中的生产成本、制造费用和管理费用项目分别增加了 45 000 元、6 500 元和 11 000 元，按不同的用途，应分别借记“生产成本”“制造费用”和“管理费用”账户；另一方面，负债要素中的应付职工薪酬项目增加了 62 500 元，应贷记“应付职工薪酬”账户。因此，东方实业公司应作会计分录如下：

借：生产成本——Ⅰ型产品　　23 000
　　　　　　——Ⅱ型产品　　22 000
　　制造费用　　6 500
　　管理费用　　11 000
　　贷：应付职工薪酬——工资、奖金、津贴和补贴　　62 500

在实际中，企业在发放每月工资前，一般会根据工资费用分配汇总表中的“实发金额”栏的合计数，通过开户银行支付给职工或从开户银行提取现金再向职工发放。

企业按照有关规定向职工支付工资、奖金、津贴、补贴等，借记“应付职工薪酬——工资、奖金、津贴和补贴”账户，贷记“银行存款”“库存现金”等账户；企业从应付职工薪酬中扣还的各种款项（代垫的家属医药费、个人所得税等），借记“应付职工薪酬”账户，贷记“银行存款”“库存现金”“其他应收款”“应交税费——应交个人所得税”等账户。

【例 4-19】　承[例 4-18]，东方实业公司根据工资费用分配汇总表结算本月应付工资总额 62 500 元，其中，企业代扣职工房租 2 500 元，代垫职工家属医药费 3 000 元。

(1) 通过银行发放工资。

该交易或者事项发生后，引起企业资产要素和负债要素发生变化。一方面，负债要素中的应付职工薪酬项目减少了 57 000 元，应借记“应付职工薪酬”账户；另一方面，资产要素中的银行存款项目减少了 57 000 元，应贷记“银行存款”账户。因此，东方实业公司应作会计分录如下：

借：应付职工薪酬——工资、奖金、津贴和补贴　　57 000
　　贷：银行存款　　57 000

（2）结转代扣款项。

该交易或者事项发生后，引起企业资产要素和负债要素发生变化。一方面，负债要素中的应付职工薪酬项目减少了 5 500 元，应借记“应付职工薪酬”账户；另一方面，资产要素中的其他应收款项目减少了 5 500 元，应贷记“其他应收款”账户。因此，东方实业公司应作会计分录如下：

借：应付职工薪酬——工资、奖金、津贴和补贴	5 500	
贷：其他应收款——职工房租		2 500
——代垫医药费		3 000

【例 4-20】 20×9 年 12 月 9 日，东方实业公司下设一职工食堂，每月根据在岗职工人数、岗位分布情况及相关历史经验数据等计算需要补贴给食堂的金额。当月，在岗职工共计 16 人。历史经验数据表明，对每位职工，公司每月需补贴食堂 175 元。

该交易或者事项发生后，引起企业费用要素和负债要素发生变化。一方面，费用要素中的管理费用项目增加了 2 800 元，应借记“管理费用”账户；另一方面，负债要素中的应付职工薪酬项目增加了 2 800 元，应贷记“应付职工薪酬”账户。因此，东方实业公司应作会计分录如下：

借：管理费用	2 800	
贷：应付职工薪酬——职工福利费		2 800

【例 4-21】 20×9 年 12 月 9 日，东方实业公司以现金支付职工食堂补贴 2 800 元。

该交易或者事项发生后，引起企业资产要素和负债要素发生变化。一方面，负债要素中的应付职工薪酬项目增减少了 2 800 元，应借记“应付职工薪酬”账户；另一方面，资产要素中的库存现金项目减少了 2 800 元，应贷记“库存现金”账户。因此，东方实业公司应作会计分录如下：

借：应付职工薪酬——职工福利费	2 800	
贷：库存现金		2 800

固定资产折旧是指在固定资产使用寿命内，按照确定的方法对应计折旧额进行系统分摊。企业计提的固定资产折旧，应当根据固定资产的用途，分别计入相关资产的成本或当期损益。例如，基本生产车间使用的固定资产，其计提的折旧应计入制造费用，并最终计入所生产产品成本；管理部门使用的固定资产，其计提的折旧应计入管理费用。

企业应当按月计提固定资产折旧，当月增加的固定资产，当月不计提折旧，从下月起计提折旧；当月减少的固定资产，当月仍计提折旧，从下月起停止计提折旧。固定资产提足折旧后，不管能否继续使用，均不再提取折旧；提前报废的固定资产，也不再补提折旧。

【例 4-22】 20×9 年 12 月 31 日，东方实业公司计提本月固定资产折旧。财会人员编制了固定资产折旧计算表，如表 4-3 所示。

该交易或者事项发生后，引起企业费用要素和资产要素发生变化。一方面，费用要素中的制造费用和管理费用项目分别增加了 98 000 元和 19 000 元，按不同的用途，应分别借记“制造费用”账户和“管理费用”账户。另一方面，计提折旧费引起资产要素中的固定资产

表 4-3 固定资产折旧计算表

20×9 年 12 月 31 日　　　　单位：元

使用单位、部门		上月固定资产折旧额	上月增加固定资产应计提折旧额	上月减少固定资产应计提折旧额	本月应计提的固定资产折旧额
生产车间	一车间	32 000	22 000	—	54 000
	二车间	45 000	—	1 000	44 000
厂部管理部门		15 000	13 000	9 000	19 000
合　计		92 000	35 000	10 000	117 000

价值减少，但为了反映固定资产的原始价值，以满足管理上的特定需要，对于因折旧而减少的固定资产价值，不直接记入“固定资产”账户的贷方，而是专门设置“累计折旧”账户，用来反映固定资产因发生折旧而减少的价值。“累计折旧”的增加，就意味着固定资产价值的减少，对因计提折旧 117 000 元而减少的固定资产价值，应贷记“累计折旧”账户。因此，东方实业公司应作会计分录如下：

借：制造费用——一车间　　54 000
　　　　　　——二车间　　44 000
　　管理费用　　19 000
　　贷：累计折旧　　117 000

制造费用是指企业为生产产品和提供劳务而发生的各项间接费用，包括生产车间发生的机物料消耗、管理人员的职工薪酬、折旧费、办公费、水电费、季节性的停工损失等。

制造费用是产品生产成本的组成部分。平时发生的制造费用因无法分清应由哪一种产品负担，直接归集在“制造费用”账户的借方；期末时，将本期“制造费用”账户借方所归集的制造费用总额，按照一定的标准(如生产工人工资比例、生产工人工时比例或机器工时比例)，采用一定的分配方法，在各种产品之间进行分配，计算出某种产品应负担的制造费用，然后从“制造费用”账户的贷方转入“生产成本”账户的借方。

【例 4-23】 20×9 年 12 月 31 日，东方实业公司分配结转本月制造费用，财会人员根据“制造费用”明细账户的借方发生额 126 000 元以及有关生产工人工时统计资料计算后，填制了制造费用分配表，如表 4-4 所示。

表 4-4 制造费用分配表

车间：生产车间　　2019 年 12 月 31 日

分配对象	分配标准(生产工人工时)	分配率	分配金额(元)
Ⅰ型产品	6 000	12.60	75 600
Ⅱ型产品	4 000	12.60	50 400
合计	10 000		126 000

该交易或者事项发生后，引起企业费用要素内部发生变化。一方面，费用要素中的生产成本项目增加了 126 000 元，应借记“生产成本”账户；另一方面，费用要素中的制造费用项目减少了 126 000 元，应贷记“制造费用”账户。因此，东方实业公司应作会计分录如下：

借：生产成本——Ⅰ型产品　　75 600
　　　　　　——Ⅱ型产品　　50 400
　贷：制造费用　　126 000

生产成本是指企业为生产一定种类和数量的产品所发生的各项生产费用的总和，它是对象化的生产费用。根据生产特点和管理要求，企业一般可以设置以下几个成本项目：直接材料、直接人工、制造费用。企业日常为生产产品而发生的生产费用分别按上述成本项目归集在生产成本明细账中。月末，根据生产成本明细账归集的生产费用，结合有关统计资料，按照一定的成本计算方法，将该种产品归集的生产费用在完工产品和在产品之间进行分配，计算出完工产品的总成本和单位成本。

【例 4-24】 20×9 年 12 月 31 日，根据完工产品成本汇总表结转本月完工产品的生产成本。完工产品成本汇总表如表 4-5 所示。

表 4-5　完工产品成本汇总表

20×9 年 12 月 31 日　　单位：元

成本项目	Ⅰ型产品(1 000 件)		Ⅱ型产品(800 件)	
	总成本	单位成本	总成本	单位成本
直接材料	430 000.00	430.00	490 000.00	612.50
直接人工	23 000.00	23.00	22 000.00	27.50
制造费用	75 600.00	75.60	50 400.00	63.00
合　计	528 600.00	528.60	562 400.00	703.00

该交易或者事项发生后，引起企业资产要素和费用要素发生变化。一方面，资产要素中的库存商品项目增加了 1 091 000 元，应借记“库存商品”账户；另一方面，费用要素中的生产成本项目减少了 1 091 000 元，应贷记“生产成本”账户。因此，东方实业公司应作会计分录如下：

借：库存商品——Ⅰ型产品　　528 600
　　　　　　——Ⅱ型产品　　562 400
　贷：生产成本——Ⅰ型产品　　528 600
　　　　　　　——Ⅱ型产品　　562 400

第五节　产品销售业务的核算

工业企业的销售过程是指将已验收入库的合格产品，按照销售合同规定的条件送交订货单位或组织发运，并按照销售价格和结算制度规定，办理结算手续，及时收取价款取得销售商品收入的过程。在销售过程中，企业一方面取得了销售商品收入；另一方面还会发生一些销售费用，如销售产品的运输费、装卸费、包装费和广告费等，还应当根据国家有关税法的规定，计算缴纳企业销售活动应负担的税金及附加。除此以外，企业还可能发生一些其他交易或者事项，取得其他业务收入和发生其他业务支出。因此，销售过程业务核算的主要内容包括：确认销售收入的实现、与购货方办理价款的结算、结转销售成本、支付各种费用和计算缴纳销售税金等。

一、账户设置

(1)“主营业务收入”账户，属于损益类账户，用来核算企业确认的销售商品、提供劳务等主营业务的收入。其贷方登记企业销售商品或提供劳务实现的销售收入，借方登记发生的销售退回或销售折让；期末，应将“主营业务收入”账户的余额转入“本年利润”账户，结转后“主营业务收入”账户应无余额。“主营业务收入”账户应当按照主营业务的种类进行明细分类核算。“主营业务收入”账户结构如图 4-25 所示。

借方　　主营业务收入	贷方
本期减少额：期末转入“本年利润”账户的主营业务收入及发生销售退回、折让减少的收入	本期增加额：企业取得的各项主营业务收入

图 4-25　“主营业务收入”账户

(2)“主营业务成本”账户，属于损益类账户，用来核算企业确认销售商品、提供劳务等主营业务收入时应结转的成本。其借方登记企业应根据本期(月)销售各种商品、提供各种劳务等实际成本，计算应结转的主营业务成本；本期(月)发生的销售退回，如已结转销售成本的贷记“主营业务成本”账户；期末，应将本账户的余额转入“本年利润”账户，结转后“主营业务成本”账户无余额。“主营业务成本”账户可按主营业务的种类进行明细分类核算。“主营业务成本”账户结构如图 4-26 所示。

借方　　主营业务成本	贷方
本期增加额：发生的各项主营业务成本	本期减少额：期末转入“本年利润”账户的主营业务成本及已结转又发生销售退回的成本

图 4-26　“主营业务成本”账户

(3)“销售费用”账户，属于损益类账户，用来核算企业销售商品和材料、提供劳务的过程中发生的各种费用，包括保险费、包装费、展览费和广告费、商品维修费、预计产品质量保证损失、运输费、装卸费等以及为销售本企业商品而专设的销售机构(含销售网点、售后服务网点等)的职工薪酬、业务费、折旧费等经营费用。其借方登记企业发生的各种销售费用;期末,应将“销售费用”账户余额从贷方转入“本年利润”账户,结转后“销售费用”账户无余额。“销售费用”账户可按费用项目进行明细核算。“销售费用”账户结构如图 4-27 所示。

借方 销售费用	贷方
本期增加额:发生的各项销售费用	本期减少额:期末转入“本年利润”账户的销售费用

图 4-27 “销售费用”账户

(4)“税金及附加”账户,属于损益类账户,用来核算企业经营活动发生的消费税、城市维护建设税、教育费附加、资源税、房产税、城镇土地使用税、车船税、环境保护税、印花税等相关税费。企业按规定计算确定的与经营活动相关的税费,借记“税金及附加”账户;期末,应将“税金及附加”账户余额转入“本年利润”账户,结转后“税金及附加”账户无余额。“税金及附加”账户结构如图 4-28 所示。

借方 税金及附加	贷方
本期增加额:应交的各项税金及附加	本期减少额:期末转入“本年利润”账户的税金及附加

图 4-28 “税金及附加”账户

(5)“其他业务收入”账户,属于损益类账户,用来核算企业确认的除主营业务活动以外的其他经营活动实现的收入,包括出租固定资产、出租无形资产、出租包装物和商品、销售材料、用材料进行非货币性资产交换或债务重组等实现的收入。其贷方登记企业确认的其他业务收入;期末,应将“其他业务收入”账户的余额转入“本年利润”账户,结转后“其他业务收入”账户应无余额。“其他业务收入”账户可按其他业务收入种类进行明细核算。“其他业务收入”账户结构如图 4-29 所示。

借方 其他业务收入	贷方
本期减少额:期末转入“本年利润”账户的其他业务收入	本期增加额:企业取得的各项其他业务收入

图 4-29 “其他业务收入”账户

(6)“其他业务成本”账户,属于损益类账户,用来核算企业确认的除主营业务活动以外的其他经营活动所发生的支出,包括销售材料的成本、出租固定资产的折旧额、出租无形资产的摊销额、出租包装物的成本或摊销额等。其借方登记企业发生的其他业务成本;期末,应将“其他业务成本”账户的余额转入“本年利润”账户,结转后“其他业务成本”账户无余额。“其他业务成本”账户可按其他业务成本的种类进行明细核算。“其他业务成本”账户结构如图 4-30 所示。

借方 其他业务成本	贷方
本期增加额:发生的其他业务成本	本期减少额:期末转入“本年利润”账户的其他业务成本

图 4-30 “其他业务成本”账户

(7)“应收账款”账户，属于资产类账户，用来核算企业因销售商品、提供劳务等经营活动应收取的款项。其借方登记企业经营收入发生的应收款项，贷方登记实际收到的应收账款。期末借方余额，反映企业尚未收回的应收账款；期末如为贷方余额，反映企业预收的账款。“应收账款”账户可按债务人进行明细核算。“应收账款”账户结构如图 4-31 所示。

借方 应收账款	贷方
期初余额：期初尚未收回的应收账款	（期初余额：期初多收客户的款项）
本期增加额：企业发生的应收账款	本期减少额：企业收回的应收账款
期末余额：期末尚未收回的应收账款	（期末余额：多收客户的款项）

图 4-31 “应收账款”账户

(8)“应收票据”账户，属于资产类账户，用来核算企业因销售商品、提供劳务等而收到的商业汇票，包括银行承兑汇票和商业承兑汇票。其借方登记取得的应收票据的面值，贷方登记到期收回票款或到期前向银行贴现的应收票据的票面金额；期末借方余额，反映企业持有的商业汇票的票面金额。“应收票据”账户可按开出、承兑商业汇票的单位进行明细核算。“应收票据”账户结构如图 4-32 所示。

借方 应收票据	贷方
期初余额：前期未兑付的商业汇票	
本期增加额：企业收到的商业汇票	本期减少额：到期兑付或贴现、转让等减少的商业汇票
期末余额：尚未兑付的商业汇票	

图 4-32 “应收票据”账户

(9)“预收账款”账户，属于负债类账户，用来核算企业按照合同规定预收的款项。预收账款情况不多的，也可以不设置本账户，将预收的款项直接记入“应收账款”账户。贷方登记发生的预收账款的数额和购货单位补付账款的数额；借方登记企业向购货方发货后冲销的预收账款数额和退回购货方多付账款的数额，期末贷方余额，反映企业预收的款项；期末如为借方余额，反映企业尚未转销的款项。“预收账款”账户可按购货单位进行明细核算。“预收账款”账户结构如图 4-33 所示。

借方 预收账款	贷方
（期初余额：期初需客户补付的款项）	期初余额：期初预收账款的结余
本期减少额：冲销预收客户的款项	本期增加额：预收客户的款项
（期末余额：需客户补付的款项）	期末余额：本期结余的预收账款

图 4-33 “预收账款”账户

二、产品销售业务的会计处理

企业在销售商品时收取的价款是价税分开的，商品的价格是销售收入，收取的税金是增值税的销项税额。企业的销项税额应在“应交税费——应交增值税”下设置“销项税额”专栏进行核算，企业销售商品时产生的销项税额应记入“销项税额”专栏的贷方。期末，“销项税额”与“进项税额”冲抵后的余额为企业应交的增值税税额。

【例 4-25】 20×9 年 12 月 13 日，东方实业公司向盈丰物资公司销售 I 型产品 1 000 件，每件 900 元，价款共计 900 000 元，按规定应收取增值税税额 117 000 元，提货单和增值税专用发票已交给买方，款项尚未收到。

该交易或者事项发生后，引起企业资产要素与收入要素、负债要素发生变化。一方面，企业资产要素中应收账款项目增加了 1 017 000 元，应借记“应收账款”账户；另一方面，实现产品销售收入 900 000 元，使收入要素中的主营业务收入项目增加，应贷记“主营业务收入”账户，同时，使负债要素中的增值税销项税额项目增加了 117 000 元，应贷记“应交税费——应交增值税(销项税额)”账户。因此，东方实业公司应作会计分录如下：

借：应收账款——盈丰物资公司　　1 017 000
　贷：主营业务收入——I 型产品　　900 000
　　应交税费——应交增值税(销项税额)　　117 000

【例 4-26】 20×9 年 12 月 18 日，东方实业公司收到盈丰物资公司寄来的一张 3 个月期的商业承兑汇票，面值为 1 017 000 元，偿还前欠货款。

该交易或者事项发生后，一方面，企业资产要素中的应收账款项目减少了 1 017 000 元，应贷记“应收账款”账户；另一方面，企业资产要素中的应收票据项目增加了 1 017 000 元，应借记“应收票据”账户。因此，东方实业公司应作会计分录如下：

借：应收票据　　1 017 000
　贷：应收账款——盈丰物资公司　　1 017 000

【例 4-27】 20×9 年 12 月 30 日，东方实业公司上述票据到期，收回金额 1 017 000 元，存入银行。

该交易或者事项发生后，一方面，企业资产要素中的应收票据项目减少了 1 017 000 元，应贷记“应收票据”账户；另一方面，企业资产要素中的银行存款项目增加了 1 017 000 元，应借记“银行存款”账户。因此，东方实业公司在进行会计处理时，应作会计分录如下：

借：银行存款　　1 017 000
　贷：应收票据　　1 017 000

【例 4-28】 20×9 年 12 月 19 日，东方实业公司收到莱顿机电公司预付Ⅱ型产品货款 300 000 元，存入银行。

该交易或者事项发生后，一方面，企业负债要素中的预收账款项目增加了 300 000 元，应贷记“预收账款”账户；另一方面，企业资产要素中的银行存款项目增加了 300 000 元，应借记“银行存款”账户。因此，东方实业公司应作会计分录如下：

借：银行存款　　300 000
　　贷：预收账款——莱顿机电公司　　300 000

【例 4-29】 20×9 年 12 月 31 日，东方实业公司向莱顿机电公司销售Ⅱ型产品 700 件，每件 1 000 元，货款共计 700 000 元，增值税税额为 91 000 元。莱顿机电公司补付剩余货款。

该交易或者事项发生后，引起企业收入要素与负债要素发生变化。一方面，企业负债要素中预收账款项目减少了 791 000 元，应借记"预收账款"账户；另一方面，实现产品销售收入 700 000 元，使收入要素中的主营业务收入项目增加，应贷记"主营业务收入"账户，同时，使负债要素中的增值税销项税额项目增加了 91 000 元，应贷记"应交税费——应交增值税(销项税额)"账户。因此，东方实业公司应作会计分录如下：

借：预收账款——莱顿机电公司　　791 000
　　贷：主营业务收入——Ⅱ型产品　　700 000
　　　　应交税费——应交增值税(销项税额)　　91 000

【例 4-30】 20×9 年 12 月 23 日，东方实业公司收到莱顿机电公司补付其余货款 491 000 元。

该交易或者事项发生后，一方面，企业负债要素中的预收账款项目增加了 491 000 元，应贷记"预收账款"账户；另一方面，企业资产要素中的银行存款项目增加了 491 000 元，应借记"银行存款"账户。因此，东方实业公司应作会计分录如下：

借：银行存款　　491 000
　　贷：预收账款——莱顿机电公司　　491 000

【例 4-31】 20×9 年 12 月 21 日，东方实业公司本月销售Ⅰ型产品和Ⅱ型产品，取得的增值税专用发票上注明的运输费为 4 000 元，增值税税额为 360 元，取得的增值税普通发票上注明的装卸费为 1 000 元，均以银行存款支付。

该交易或者事项发生后，一方面，企业资产要素中的银行存款项目减少了 5 360 元，应贷记"银行存款"账户；另一方面，企业费用要素中的销售费用项目增加了 5 000 元，应借记"销售费用"账户。同时，负债要素中的增值税进项税额项目增加 360 元，应借记"应交税费——应交增值税(销项税额)"账户。因此，东方实业公司应作会计分录如下：

借：销售费用　　5 000
　　应交税费——应交增值税(进项税额)　　360
　　贷：银行存款　　5 360

【例 4-32】 20×9 年 12 月 18 日，东方实业公司以银行存款支付银行手续费 50 元。假定不考虑增值税因素。

该交易或者事项发生后，引起资产要素和费用要素发生变化。一方面，企业资产要素中的银行存款项目减少了 50 元，应贷记"银行存款"账户；另一方面，企业费用要素中的财务费用项目增加了 50 元，应借记"财务费用"账户。因此，东方实业公司应作会计分录如下：

借：财务费用　　50

　贷：银行存款　　50

【例 4-33】 20×9 年 12 月 31 日，东方实业公司根据产品出库单结转本月已销产品的成本 1 020 700 元。产品出库单如表 4-6 所示。

表 4-6 产品出库单

第××号

20×9 年 12 月 31 日　　金额单位：元

名　称	单　位	数　量	单位成本	金　额	用　途
Ⅰ型产品	件	1 000	528.60	528 600.00	销售
Ⅱ型产品	件	700	703.00	492 100.00	销售
合　计		1 700		1 020 700.00	

该交易或者事项发生后，一方面，企业资产要素中的库存商品项目减少了 1 020 700 元，应贷记“库存商品”账户；另一方面，企业费用要素中的主营业务成本项目增加了 1 020 700 元，应借记“主营业务成本”账户。因此，东方实业公司应作会计分录如下：

借：主营业务成本——Ⅰ型产品　　528 600

　　　　　　　　——Ⅱ型产品　　492 100

　贷：库存商品——Ⅰ型产品　　528 600

　　　　　　　——Ⅱ型产品　　492 100

【例 4-34】 20×9 年 12 月 28 日，东方实业公司销售一批原材料，开出的增值税专用发票上注明的售价为 20 000 元，增值税税率为 13%，增值税税额为 2 600 元，款项已由银行收妥。

该交易或者事项发生后，引起企业资产要素与收入要素、负债要素发生变化。一方面，企业资产要素中银行存款项目增加了 22 600 元，应借记“银行存款”账户；另一方面，实现产品销售收入 20 000 元，使收入要素中的其他业务收入项目增加，应贷记“其他业务收入”账户；同时，使负债要素中的增值税销项税额项目增加 2 600 元，应贷记“应交税费——应交增值税(销项税额)”账户。因此，东方实业公司应作会计分录如下：

借：银行存款　　22 600

　贷：其他业务收入　　20 000

　　　应交税费——应交增值税(销项税额)　　2 600

【例 4-35】 20×9 年 12 月 31 日，东方实业公司结转已销原材料的实际成本 9 000 元。

该交易或者事项发生后，一方面，企业资产要素中的原材料项目减少了 9 000 元，应贷记“原材料”账户；另一方面，企业费用要素中的其他业务成本项目增加了 9 000 元，应借记“其他业务成本”账户。因此，东方实业公司应作会计分录如下：

借：其他业务成本　　9 000

　贷：原材料　　9 000

根据我国税法规定,城市维护建设税和教育费附加是以增值税和消费税为计税依据征收的一种税。其纳税人为缴纳增值税和消费税的单位和个人,以纳税人实际缴纳的增值税和消费税为计税依据。计算公式如下:

$$应纳税额=(应交增值税+应交消费税)\times适用税率 \quad (4-1)$$

【例 4-36】 承[例 4-25]至[例 4-35],根据本月应交增值税的 7%和 3%分别计算东方实业公司本月应交的城市维护建设税和教育费附加。

东方实业公司本月应交的城市维护建设税和教育费附加的具体计算如下:

本月应交增值税=(117 000+91 000+2 600)-(65 000+3 900+650+5 850+13 000+2 630+39 000+2 700+360)=77 510(元)

本月应交城市维护建设税=77 510×7%=5 425.70(元)

本月应交教育费附加=77 510×3%=2 325.30(元)

该交易或者事项发生后,一方面,企业费用要素中的税金及附加项目增加了 7 751 元,应借记"税金及附加"账户;另一方面,企业负债要素中的应交税费项目增加了 7 751 元,应贷记"应交税费"账户。因此,东方实业公司应作会计分录如下:

借:税金及附加	7 751.00	
贷:应交税费——应交城市维护建设税		5 425.70
——应交教育费附加		2 325.30

第六节 财务成果业务的核算

企业的财务成果是指企业的净利润(或净亏损),是衡量企业经营管理的主要综合性指标。进行财务成果核算的重要任务,就是正确计算企业在一定会计期间内的盈亏。

一、工业企业财务成果的构成

利润是指企业在一定会计期间的经营成果。利润包括收入减去费用后的净额、直接计入当期利润的利得和损失等。

直接计入当期利润的利得和损失是指应当计入当期损益、会导致所有者权益发生增减变动的、与所有者投入资本或者向所有者分配利润无关的利得和损失。

利润由以下三个层次构成。

(一) 营业利润

$$\begin{aligned}营业利润=&营业收入-营业成本-税金及附加-销售费用-管理费用-研发费用-财务费用-信用减值损失\\&-资产减值损失+公允价值变动收益(-公允价值变动损失)+投资收益(-投资损失)\\&+净敞口套期收益(-净敞口套期损失)+其他收益+资产处置收益(-资产处置损失)\end{aligned} \quad (4-2)$$

其中，营业收入是指企业经营业务所确认的收入总额，包括主营业务收入和其他业务收入。

营业成本是指企业经营业务所发生的实际成本总额，包括主营业务成本和其他业务成本。

资产减值损失是指企业计提各项资产减值准备所形成的损失。

公允价值变动收益（或损失）是指企业交易性金融资产等公允价值变动形成的应计入当期损益的利得（或损失）。

投资收益（或损失）是指企业以各种方式对外投资所得的收益（或发生的损失）。

其他收益主要是指与企业日常活动相关，除冲减相关成本费用以外的政府补助。

资产处置收益（或损失）反映企业出售划分为持有代售的非流动资产（金融工具、长期股权投资和投资性房地产除外）或处置组（子公司和业务除外）时确认的处置利得和损失，以及处置未划分为持有代售的固定资产、在建工程、生产性生物资产及无形资产而产生的处置利得和损失，还包括债务重组中因处置非流动资产产生的利得和损失和非货币性资产交换中换出非流动资产产生的利得和损失。

(二) 利润总额

$$利润总额=营业利润+营业外收入-营业外支出 \tag{4-3}$$

其中，营业外收入是指企业发生的与其日常经营活动无直接关系的各项利得。营业外支出是指企业发生的与其日常经营活动无直接关系的各项损失。

(三) 净利润

$$净利润=利润总额-所得税费用 \tag{4-4}$$

其中，所得税费用是指企业确认的应从当期利润总额中扣除的所得税费用。

二、利润形成的核算

(一) 账户设置

(1)“营业外收入”账户，属于损益类账户，用来核算企业营业外收入的取得及结转情况。营业外收入主要包括非流动资产毁损报废收益、盘盈利得、捐赠利得、与企业日常活动无关的政府补助、债务重组利得等。其贷方登记企业确认的各项营业外收入，借方登记期末结转入本年利润的营业外收入。结转后该账户应无余额。“营业外收入”账户应按照营业外收入的项目进行明细核算。“营业外收入”账户结构如图 4-34 所示。

借方 营业外收入	贷方
本期减少额：期末转入“本年利润”账户的营业外收入	本期增加额：本期发生的各项营业外收入

图 4-34 “营业外收入”账户

(2)“营业外支出”账户，属于损益类账户，用来核算营业外支出的发生及结转情况。营业外支出主要包括非流动资产毁损报废损失、捐赠支出、盘亏损失、非常损失、罚款支出、债务重组损失等。其借方登记企业发生的各项营业外支出，贷方登记期末结转入本年利润的营业外支出。结转后该账户应无余额。“营业外支出”账户应按照营业外支出的项目进行明细核算。“营业外支出”账户结构如图 4-35 所示。

借方	营业外支出 贷方
本期增加额：本期发生的各项营业外支出	本期减少额：期末转入"本年利润"账户的营业外支出

图 4-35 "营业外支出"账户

(3)"本年利润"账户,属于所有者权益类账户,用来核算企业当期实现的净利润(或发生的净亏损)。企业期(月)末结转利润时,应将各损益类账户的金额转入"本年利润"账户,结平各损益类账户。结转后,"本年利润"账户的贷方余额为当期实现的净利润,借方余额为当期发生的净亏损。年度终了,应将本年收入和支出相抵后结出的本年实现的净利润,转入"利润分配"账户。"本年利润"账户结构如图 4-36 所示。

借方	本年利润 贷方
(期初余额：前期累计发生的净亏损) 本期减少额：从有关费用类账户转入的成本、费用	期初余额：前期累计实现的净利润 本期增加额：从有关收入类账户转入的各项收入、收益
(期末余额：本期累计发生的净亏损)	期末余额：累计实现的净利润

图 4-36 "本年利润"账户

(4)"所得税费用"账户,属于损益类账户,用来核算和监督企业按照有关规定应在当期损益中扣除的所得税费用的计算及结转情况的账户。其借方登记按规定计算的本期应负担的所得税费用,贷方登记期末结转到"本年利润"账户的所得税费用。结转后"所得税费用"账户应无余额。"所得税费用"账户结构如图 4-37 所示。

借方	所得税费用 贷方
本期增加额：计算本期应负担的所得税费用	本期减少额：期末转入"本年利润"账户的所得税费用

图 4-37 "所得税费用"账户

(二)利润形成的会计处理

会计期末结转本年利润的方法有表结法和账结法两种。如果采用账结法,每到月末需要把各损益类账户的余额转入"本年利润"账户,"本年利润"借贷发生额之差即为利润或者亏损。如果采用表结法,平时则保留损益类账户的余额,到年末时再一次性地转入"本年利润"账户,平时经营利润通过利润表才能反映出来。

【例 4-37】 20×9 年 12 月 11 日,东方实业公司将无法支付的应付账款 5 000 元转作营业外收入。

该交易或者事项发生后,一方面,企业负债要素中的应付账款项目减少了 5 000 元,应借记"应付账款"账户;另一方面,企业收入要素中的营业外收入项目增加了 5 000 元,应贷记“营业外收入”账户。因此，东方实业公司应作会计分录如下：

借：应付账款　　5 000
　　贷：营业外收入　　5 000

【例 4-38】 20×9 年 12 月 12 日，东方实业公司以银行存款支付税款滞纳金 2 000 元。

该交易或者事项发生后，一方面，企业费用要素中的营业外支出项目增加了 2 000 元，应借记“营业外支出”账户；另一方面，企业资产要素中的银行存款项目增加了 2 000 元，应贷记“银行存款”账户。因此，东方实业公司应作会计分录如下：

借：营业外支出　　2 000
　　贷：银行存款　　2 000

【例 4-39】 20×9 年 12 月 31 日，东方实业公司有关损益类账户的全年累计发生额分别为：主营业务收入 1 600 000 元(贷方)；其他业务收入 20 000 元(贷方)；营业外收入 5 000 元(贷方)；主营业务成本 1 020 700 元(借方)；其他业务成本 9 000 元(借方)；税金及附加 7 751 元(借方)；销售费用 5 000 元(借方)；管理费用 35 800 元(借方)；财务费用 800 元(借方)；营业外支出 2 000 元(借方)。假定东方实业公司采用表结法结转损益类账户。

(1) 结转各项收入和利得。

该交易或者事项发生后，一方面，企业所有者权益要素中的本年利润项目增加了 1 625 000 元，应贷记“本年利润”账户；另一方面，企业收入要素中的营业外收入、其他业务收入等项目共计减少了 1 625 000 元，应借记“主营业务收入”“其他业务收入”等账户。因此，应作会计分录如下：

借：主营业务收入　　1 600 000
　　其他业务收入　　20 000
　　营业外收入　　5 000
　　贷：本年利润　　1 625 000

(2) 结转各项费用和损失。

该交易或者事项发生后，一方面，企业所有者权益要素中的本年利润项目减少了 1 081 051 元，应借记“本年利润”账户；另一方面，企业费用要素中的主营业务成本、其他业务成本等项目共计减少了 1 081 051 元，应借记“主营业务成本”“其他业务成本”等账户。因此，应作会计分录如下：

借：本年利润　　1 081 051
　　贷：主营业务成本　　1 020 700
　　　　其他业务成本　　9 000
　　　　税金及附加　　7 751
　　　　销售费用　　5 000
　　　　管理费用　　35 800
　　　　财务费用　　800
　　　　营业外支出　　2 000

【例 4-40】 承[例 4-39],计算本年应交所得税,并确认所得税费用。所得税税率为 25%。

经过上述结转后,“本年利润”账户的贷方发生额合计 1 625 000 元减去借方发生额合计 1 081 051 元即为税前会计利润 543 949 元。假设不需要进行纳税调整,按照会计准则计算确认的所得税费用与应交所得税税额一致,则本年应交所得税税额为 135 987.25 元(543 949×25%)。该交易或者事项发生后,一方面,企业费用要素中的所得税费用项目增加了 135 987.25 元,应借记“所得税费用”账户;另一方面,企业负债要素中的应交税费项目增加了 135 987.25 元,应贷记“应交税费”账户。因此,东方实业公司应作会计分录如下:

借:所得税费用	135 987.25	
贷:应交税费——应交企业所得税		135 987.25

【例 4-41】 承[例 4-40],结转所得税费用。

该交易或者事项发生后,一方面,企业所有者权益要素中的本年利润项目减少了 135 987.25 元,应借记“本年利润”账户;另一方面,企业费用要素中的所得税费用减少了 135 987.25 元,应贷记“所得税费用”账户。因此,东方实业公司应作会计分录如下:

借:本年利润	135 987.25	
贷:所得税费用		135 987.25

结转所得税费用后,东方实业公司的净利润为 407 961.75 元(543 949—135 987.25)。

【例 4-42】 承[例 4-41],东方实业公司将“本年利润”账户年末余额 407 961.75 元转入“利润分配——未分配利润”账户。

该交易或者事项发生后,一方面,企业所有者权益要素中的本年利润项目减少了 407 961.75 元,应借记“本年利润”账户;另一方面,企业所有者权益要素中的利润分配项目增加了 407 961.75 元,应贷记“利润分配”账户。因此,东方实业公司应作会计分录如下:

借:本年利润	407 961.75	
贷:利润分配——未分配利润		407 961.75

三、利润分配的核算

利润分配是指企业根据国家有关规定和企业章程、投资者协议等,对企业当年可供分配的利润所进行的分配。

可供分配的利润=当年实现的净利润+年初未分配利润(或一年初未弥补亏损)+其他转入　(4-5)

利润分配的顺序依次是:①提取法定盈余公积;②提取任意盈余公积;③向投资者分配利润。

盈余公积是指企业按规定从净利润中提取的企业积累资金。公司制企业的盈余公积包括法定盈余公积和任意盈余公积。按照《中华人民共和国公司法》有关规定,公司制企业应当按照净利润(减弥补以前年度亏损,下同)的 10%提取法定盈余公积。非公司制企业法定盈余公积的提取比例可超过净利润的 10%。法定盈余公积累计额已达注册资本的 50%时可以不再提取。计算提取法定盈余公积的基数时，不应包括企业年初未分配利润。公司制企业可根据股东会的决议提取任意盈余公积，非公司制企业经类似权力机构批准，也可提取任意盈余公积。法定盈余公积和任意盈余公积的区别在于其各自计提的依据不同，前者以国家的法律法规为依据；后者由企业的权力机构自行决定。企业提取的盈余公积经批准可用于弥补亏损、转增资本、发放现金股利或利润等。

（一）账户设置

（1）“利润分配”账户，属于所有者权益类账户，用来核算企业利润的分配（或亏损的弥补）和历年分配（或弥补）后的未分配利润（或未弥补亏损）。其贷方登记年末由“本年利润”账户转入的全年实现的净利润，借方登记年末由“本年利润”账户转入的全年发生的净亏损或利润分配的数额；期末余额如在贷方，反映企业历年积存的未分配利润，如在借方，反映企业累计未弥补的亏损。“利润分配”账户应分别以“提取法定盈余公积”“提取任意盈余公积”“应付现金股利或利润”“盈余公积补亏”“未分配利润”等进行明细分类核算。“利润分配”账户结构如图 4-38 所示。

借方　　　　利润分配	贷方
（期初余额：期初未弥补的亏损）	期初余额：期初未分配利润
本期减少额：从“本年利润”账户转入的净亏损、实际分配的利润	本期增加额：从“本年利润”账户转入的净利润、弥补的亏损数
（期末余额：未弥补的亏损数）	期末余额：未分配的利润额

图 4-38　“利润分配”账户

（2）“盈余公积”账户，属于所有者权益类账户，用来核算企业从净利润中提取的盈余公积。其贷方登记企业按规定提取的盈余公积；借方登记盈余公积的使用，如转增资本，弥补亏损等；期末贷方余额，反映企业按规定提取的盈余公积余额。“盈余公积”账户应当分别以“法定盈余公积”“任意盈余公积”进行明细分类核算。“盈余公积”账户结构如图 4-39 所示。

借方　　　　盈余公积	贷方
	期初余额：前期结余的盈余公积
本期减少额：实际使用的盈余公积	本期增加额：年末提取的盈余公积
	期末余额：结余的盈余公积

图 4-39　“盈余公积”账户

（3）“应付股利”账户，属于负债类账户，用来核算企业分配的现金股利或利润。其贷方登记企业应根据股东会或类似机构通过的利润分配方案，应支付的现金股利或利润；借方登记实际支付现金股利或利润。“应付股利”账户应当按照投资者进行明细分类核算。“应付股利”账户结构如图 4-40 所示。

借方	应付股利 贷方
	期初余额：期初应付而未付的股利
本期减少额：实际支付的股利	本期增加额：计算本期应支付给投资者的股利
	期末余额：尚未支付的股利

图 4-40 “应付股利”账户

(二) 利润分配的会计处理

【例 4-43】 20×9 年 12 月 31 日，假设东方实业公司年初未分配利润为 0。经股东会批准，东方实业公司按本年净利润的 10%和 5%分别提取法定盈余公积和任意盈余公积。

该交易或事项发生后，一方面，反映了东方实业公司利润分配的一个去向即提取法定盈余公积，该利润分配去向最终使企业未分配利润减少了 61 194.27 元，应借记“利润分配——提取盈余公积”账户；另一方面，企业所有者权益要素中的盈余公积项目增加了 61 194.27 元，应贷记“盈余公积”账户。因此，东方实业公司应作会计分录如下：

借：利润分配——提取法定盈余公积 40 796.18
　　　　　　——提取任意盈余公积 20 398.09
　贷：盈余公积——法定盈余公积 40 796.18
　　　　　　　——任意盈余公积 20 398.09

【例 4-44】 20×9 年 12 月 31 日，经股东会批准，东方实业公司将用本年净利润的 20%向投资者分配。

该交易或事项发生后，一方面，反映了东方实业公司利润分配的另一去向即向投资者分配利润，该利润分配去向最终使企业未分配利润减少了 81 592.35 元，应借记“利润分配——应付现金股利”账户；另一方面，企业负债要素中的应付股利项目增加了 81 592.35 元，应贷记“应付股利”账户。因此，东方实业公司应作会计分录如下：

借：利润分配——应付股利 81 592.35
　贷：应付股利 81 592.35

年度终了，企业要结转当年的利润分配情况，即将“利润分配”账户的各明细账户的借方发生额全部转入“利润分配——未分配利润”明细账户的借方。结转后，除“利润分配——未分配利润”明细账户外，其他明细账户均无余额。年末，“利润分配——未分配利润”明细账户贷方余额表示当年未分完的、留待以后年度可继续向投资者分配的利润；如是借方余额，则表示未弥补的亏损。

【例 4-45】 承[例 4-43][例 4-44]，东方实业公司将“利润分配——法定盈余公积”“利润分配——任意盈余公积”“利润分配——应付股利”明细账户结转至“利润分配——未分配利润”明细账户。

东方实业公司应作会计分录如下：

借：利润分配——未分配利润 142 786.62
　贷：利润分配——提取法定盈余公积 40 796.18
　　　　　　　——提取任意盈余公积 20 398.09
　　　　　　　——应付股利 81 592.35

总结案例

林枫是东方实业公司的总经理，鲁利是东方实业公司的会计。经过一段时间的经营，林枫很纳闷，自己计算的公司利润总是和鲁利提供的数据出入很大，但碍于面子不好意思问。经过了解才知道，林枫的利润计算方法是用货币资金加上或减去往来账。你认为林枫的算法对不对？如果你是鲁利，该怎样向林枫解释？

分析提示

工业企业经营过程中的主要业务及财务成果的核算。

思政德育课堂

本 章 小 结

本章主要阐述了借贷记账法在工业企业不同类型经济业务核算过程中的应用。通过本章的学习，大家应了解工业企业的主要经营过程，掌握工业企业主要经济活动的会计核算及主要账户的基本内容，强化借贷记账法的应用，为以后各章的学习打好基础。

思 考 题

1. 一般工业企业的经济业务主要包括哪些内容？
2. 生产准备业务、产品生产业务、产品销售业务的会计核算应设置哪些专门账户？分别说明这些账户的用途和结构。
3. 工业企业的利润是由哪些层次构成的？
4. 试说明“本年利润”账户和“利润分配”账户的用途、结构及这两个账户之间的关系。
5. 试说明工业企业资金周转过程。

巩 固 训 练

一、单项选择题

1. 下列项目中，属于制造费用性质的是(　　)。

A. 物资采购中发生的运杂费　　B. 职工探亲费

C. 车间照明用电费　　D. 产品广告宣传费

2. 下列项目中，属于管理费用性质的是(　　)。

A. 生产工人工资　　B. 捐赠支出　　C. 差旅费　　D. 动力费

3. 企业接受无形资产投资时，应以(　　)入账。

A. 账面原值　　B. 协议约定价值

C. 市场价值　　D. 账面净值

4. 工业企业在采购材料物资运输途中的合理损耗应(　　)。
A. 计入管理费用　　B. 计入采购成本
C. 由供应单位赔偿　　D. 由保险公司赔偿
5. 企业分配工资费用时,厂部管理人员的工资应计入(　　)。
A. 管理费用　　B. 应付职工薪酬　　C. 生产成本　　D. 制造费用
6. "销售费用""管理费用"和"财务费用"账户的本期发生额,应于本期期末转入(　　)账户。
A. "制造费用"　　B. "生产成本"　　C. "本年利润"　　D. "利润分配"
7. 基本生产车间为生产某种产品发生的直接费用,应记入(　　)账户。
A. "生产成本"　　B. "制造费用"　　C. "管理费用"　　D. "财务费用"
8. "预收账款"账户期初贷方余额为 19 000 元,本期贷方发生额为 17 000 元,本期借方发生额为 25 000 元,该账户期末余额为(　　)元。
A. 借方 11 000　　B. 借方 26 000　　C. 贷方 11 000　　D. 贷方 26 000
9. 企业收到投资人投入的资本时,应贷记(　　)账户。
A. "银行存款"　　B. "实收资本"　　C. "固定资产"　　D. "长期借款"
10. 期末计提固定资产折旧时,应贷记(　　)账户。
A. "管理费用"　　B. "累计折旧"　　C. "生产成本"　　D. "制造费用"
11. 年终结转后,"利润分配"账户的贷方余额表示(　　)。
A. 实现的利润　　B. 未弥补亏损　　C. 未分配利润　　D. 发生的亏损
12. 若"短期借款"账户贷方期初余额为 220 000 元,本期贷方发生额为 80 000 元,本期借方发生额为 100 000 元,则该账户贷方期末余额为(　　)元。
A. 200 000　　B. 70 000　　C. 240 000　　D. 85 000

二、多项选择题

1. 下列各项中,属于流动负债项目的有(　　)。
A. 应交税费　　B. 应付账款　　C. 预收账款　　D. 长期借款
2. 工业企业外购材料物资的成本包括(　　)。
A. 买价　　B. 采购部门费用　　C. 运费　　D. 途中合理损耗
E. 入库前的整理挑选费用
3. 与"材料采购"账户的借方发生对应关系的账户一般有(　　)。
A. "银行存款"　　B. "预付账款"
C. "应付账款"　　D. "库存现金"
4. 企业按月计提固定资产折旧费用时,应借记(　　)账户,贷记"累计折旧"账户。
A. "财务费用"　　B. "管理费用"　　C. "销售费用"　　D. "制造费用"
5. 所有者权益包括(　　)。
A. 资本公积　　B. 盈余公积　　C. 应付利润　　D. 未分配利润
6. 工资分配核算可能涉及的账户有(　　)。
A. "生产成本"　　B. "管理费用"
C. "应付职工薪酬"　　D. "制造费用"

7. “生产成本”账户的借方登记(　　)。

A. 直接材料　　B. 直接人工

C. 罚款支出　　D. 分配计入的制造费用

8. 期末转入“本年利润”账户借方的账户有(　　)。

A. “所得税费用”　　B. “主营业务成本”

C. “管理费用”　　D. “制造费用”

9. 下列各项中,可通过“财务费用”账户核算的有(　　)。

A. 差旅费　　B. 存款利息收入

C. 银行手续费　　D. 罚款收入

10. 工业企业利润分配的主要内容包括(　　)。

A. 提取职工福利费　　B. 提取盈余公积金

C. 向投资者分配利润　　D. 上缴所得税

三、判断题

1. 企业为生产产品而购进材料时需要向供货方支付的进项税额,计入所购商品成本。(　　)

2. “预收账款”账户期末借方余额,表示企业的应收账款。(　　)

3. 材料采购的成本就是供货单位开具的发票金额。(　　)

4. “营业外收入”账户期末一般无余额。(　　)

5. “制造费用”账户的借方发生额应于期末转入“本年利润”账户,结转后该账户无余额。(　　)

6. “累计折旧”账户属于资产类账户。(　　)

7. 若11月30日“本年利润”账户有贷方余额86 245元,则表示企业11月实现净利润86 245元。(　　)

8. 漏提固定资产折旧费,会虚增当月的利润。(　　)

9. “本年利润”账户在一年中每月终了和年终时,均应有余额。(　　)

10. 应在“库存商品”账户核算的是生产完工合格入库的产品。(　　)

四、业务题

业务一

1. 目的:资金筹集业务的核算。

2. 资料:赛特公司20×9年12月发生下列经济业务:

(1) 1日,收到迪科公司投入资本80 000元,存入银行。

(2) 6日,从银行取得借款60 000元,期限6个月,年利率为8%,所得款项存入银行。

(3) 10日,收到美美公司投入一项非专利技术,投资合同约定该非专利技术的价值为90 000元。假设赛特公司接受该非专利技术符合国家注册资本管理的有关规定,可按合同约定作实收资本入账,合同约定的价值与公允价值相符。

(4) 20日,赛特公司向银行取得为期3年的借款800 000元,年利率为8.4%,所借款项已存入银行。

3. 要求:根据上述经济业务编制会计分录。

业务二

1. 目的：生产准备业务的核算。

2. 资料：赛特公司20×9年12月发生下列部分经济业务：

(1) 5日，购入一台不需要安装即可投入使用的设备，取得的增值税专用发票上注明的设备价款为30 000元，增值税税额为3 900元；另支付包装费并取得增值税专用发票，注明包装费为600元，增值税税率为6%，增值税税额为36元，款项以银行存款支付。

(2) 3日，从长风公司购入A材料300吨，单价为200元，增值税进项税额为7 800元。全部款项尚未支付，材料已验收入库。

(3) 8日，以存款30 000元向中惠公司预付购买B材料的货款。

(4) 9日，以银行存款67 800元，偿还前欠长风公司的货款。

(5) 11日，从环宇公司购入B材料50吨，单价为120元，增值税税额为780元，赛特公司开出3个月到期、金额为6 780元的银行承兑汇票一张，材料尚未运达企业。

(6) 收到中惠公司发来的已预付货款的B材料200吨，单价为115元，增值税税额为2 990元，材料已验收入库。

(7) 收到中惠公司退回的货款4 010元。

(8) 收到并验收入库江南公司发来的A材料100吨，单价为205元，增值税税额为2 665元。货款部分用上月预付款20 000元抵付，其余款项用银行存款支付。

3. 要求：根据上述经济业务编制会计分录。

业务三

1. 目的：产品生产业务的核算。

2. 资料：赛特公司20×9年12月发生下列部分经济业务：

(1) 9日，以银行存款发放职工工资78 000元，以现金支付职工食堂补贴2 000元。

(2) 31日，赛特公司本月领用材料情况如下：

生产甲产品领用：A材料100吨，计20 125元

　　　　　　　　B材料100吨，计11 600元

生产乙产品领用：A材料200吨，计40 250元

　　　　　　　　B材料120吨，计13 920元

车间管理领用：A材料20吨，计4 025元

企业管理部门领用：B材料1吨，计116元

合　计　　　90 036元

(3) 31日，结算本月应付职工工资，其用途和金额如下：

生产甲产品工人工资：	23 000元
生产乙产品工人工资：	36 000元
车间管理人员工资：	9 000元
行政管理人员工资：	10 000元
合　计	78 000元

(4) 31日，赛特公司根据历史经验数据计算公司下设的职工食堂享受企业提供的补贴金额2 000元。

(5) 31 日，赛特公司按规定，计提本月固定资产折旧 4 700 元，其中，生产车间提取 4 000 元，管理部门提取 700 元。

(6) 31 日，本月生产甲产品 100 件和乙产品 200 件，全部完工并验收入库；结转本月发生的制造费用，按两种产品的产量为标准，分配制造费用。

(7) 根据以上资料计算并结转甲、乙两种完工产品的生产成本。

3. 要求：根据上述经济业务编制有关会计分录。

业务四

1. 目的：销售过程的核算。

2. 资料：赛特公司 20×9 年 12 月发生下列部分经济业务：

(1) 23 日，向爱华公司出售甲产品 100 件，价款为 90 000 元，增值税销项税额为 11 700 元，以上款项均未收到。

(2) 24 日，以银行存款支付本月产品广告费，取得的增值税专用发票上注明价款为 4 900 元，增值税税额为 294 元。

(3) 25 日，向南洋公司出售乙产品 200 件，价款为 170 000 元，增值税销项税额为 22 100 元，赛特公司收到南洋公司开出的面值为 192 100 元、期限为 3 个月的银行承兑汇票一张。

(4) 26 日，以现金支付销售产品的包装费，其中，甲产品包装费为 500 元，乙产品包装费为 700 元。取得增值税专用发票，注明包装费总额 1 200 元，税率 6%，增值税税额 72 元。

(5) 27 日，收到盈科公司预付乙产品购货款 200 000 元，存入银行。

(6) 28 日，以银行存款支付银行手续费 150 元，不考虑增值税。

(7) 29 日，销售 A 材料一批，开出的增值税专用发票上注明的售价为 3 000 元，增值税税额为 390 元，款项已由银行收妥。

(8) 31 日，结转已销 A 材料的实际成本 2 012.50 元。

(9) 31 日，结转本月已售产品的销售成本，其中，甲产品单位成本为 604 元，乙产品单位成本为 507.60 元。

(10) 31 日，根据本月应交增值税 33 824 元，按 7%计算本月应交城市维护建设税，按 3%计算本月应交教育费附加。

3. 要求：根据上述经济业务编制有关会计分录。

业务五

1. 目的：财务成果业务的核算。

2. 资料：赛特公司 20×9 年 12 月发生下列部分经济业务：

(1) 31 日，赛特公司将无法支付的应付账款 8 000 元转作营业外收入。

(2) 31 日，将银行存款 6 000 元捐赠给养老院。

(3) 31 日，以银行存款支付本月产品广告费，取得增值税专用发票上注明的价款为 10 000 元，增值税税额为 600 元。

(4) 31 日，以银行存款支付本年度法律咨询费，取得增值税专用发票上注明的价款为 5 000 元，增值税税额为 300 元。

(5) 31 日，将本月“主营业务收入”“主营业务成本”“销售费用”“管理费用”“财务费用”等账户的余额转入“本年利润”账户。

3. 要求：根据上述经济业务编制会计分录。

第五章 会计凭证

导入案例

蚂蚁集团数字化会计凭证改革

2021年，蚂蚁集团启动了数字化会计凭证改革，部署了一套基于区块链的数字化会计凭证系统。该系统可以自动生成、审核和归档会计凭证，还集成了自动化审计功能，可以实时监控凭证的生成和使用情况，确保所有凭证的合法性和合规性。实施数字化会计凭证系统后，蚂蚁集团凭证处理的时间缩短了70%，同时降低了运营成本，并提升了财务会计报告的及时性和准确性。现代企业面临复杂的财务风险和合规要求，数字化凭证系统能够提供实时监控和自动化审计功能，帮助企业降低风险、提高合规水平。那么，会计凭证是什么？它是如何填制、审核和保管的？

本章学习目标

1. 了解：会计凭证的意义和种类；会计凭证的传递和保管要求。

2. 理解：会计凭证的概念。

3. 掌握：原始凭证和记账凭证的基本要素、填制方法与要求；会计凭证的审核内容。

第一节 会计凭证概述

一、会计凭证的概念

会计凭证是记录经济业务、明确经济责任的书面证明，也是登记账簿的依据。《企业会计准则》明确规定：会计核算应当以实际发生的交易或者事项为依据进行会计确认、计量和报告，如实反映符合确认和计量要求的各项会计要素及其他相关信息，保证会计信息真实可靠、内容完整。填制和审核会计凭证是进行会计核算的一种专门方法，也是会计核算工作的起始环节。

企业在处理任何一项经济业务时，都必须及时取得或填制真实准确的书面证明。通过书面形式明确记载经济业务发生或完成时的时间、内容、有关单位和经办人员的签章，以此来保证账簿记录的真实性和正确性，并确定对此所承担的法律上和经济上的责任。

二、会计凭证的意义

及时、准确、真实地填制和审核会计凭证，对于保证会计核算的客观性、正确性和会计信息的质量，以及对企业经济活动进行有效的会计监督，都具有重要意义。

(1) 及时、准确、真实地填制和审核会计凭证，是会计核算的基础，是确保会计核算资料的客观性、正确性的前提条件。填制与审核会计凭证是进行会计核算的第一步。会计凭证的真实与否，直接影响到会计核算资料的质量。为保证会计核算资料的客观性、正确性，防止弄虚作假，杜绝经济犯罪，企业每发生一项经济业务，都必须按照经济业务发生或完成时的时间、地点及有关内容，及时、真实地反映到会计凭证上，并由经办该项经济业务的部门和人员签章具结，同时必须经有关人员对取得或填制的会计凭证进行认真、缜密的审核。会计人员必须依据审核无误的会计凭证进行登账。没有会计凭证或会计凭证不符合规定的，不得以此作为登记账簿、进行会计核算的依据。

(2) 通过会计凭证的填制和审核，监督、检查企业发生的每项经济业务的合法性、真实性。审核与检查会计凭证是进行常规会计核算的前提。企业每发生一项经济业务，都必须通过会计凭证记录反映出来，会计人员在入账之前，必须严格、认真地对会计凭证进行逐项的审查、核对，检查经济业务内容以及填制手续是否符合国家法律、法令的有关规定，是否在预算、计划的开列范围之内，有无违背财经纪律的内容。通过检查还可以及时发现企业在资金、人员等管理上存在的问题，便于采取有效措施，堵塞漏洞，严肃财经纪律、法规，保证资本的完整和有效利用，使企业的经济活动按正常秩序进行。

(3) 通过填制和审核会计凭证，明确经办经济业务的部门和个人的经济责任，促使企业加强岗位责任制，提高管理水平。企业每发生一项经济业务均须由经办部门和人员按一定程序取得或填制会计凭证，并按照规定手续，严格认真地在会计凭证上进行签章，表明其应承担的法律责任和经济责任。促使经办部门和有关人员加强法律意识，照章办事，确保经济业务的记载真实可靠、准确无误；促使企业提高管理水平，加强内部控制，提高工作效率；便于分清责任,防止弄虚作假,避免可能给企业造成的损失。

三、会计凭证的种类

在实际经济活动中,会计凭证是多种多样的,为便于区分使用,一般按照会计凭证的填制程序和用途的不同,将其划分为两类:原始凭证和记账凭证。

(一)原始凭证

原始凭证是企业在经济业务发生或完成时取得或填制的,是进行会计核算、具有法律效力的原始书面证明。原始凭证在企业的经济活动中起着重要的作用。通过原始凭证证明经济业务的真实性、正确性,监督经济活动的合法性、合规性,反映资金的循环周转,并以此确定经办业务的部门和人员的法律、经济责任,为进一步的会计核算提供原始资料。

企业的经济活动是多种多样的,因此,原始凭证的格式、填制手续和方法等也不尽相同。为了学习的方便,大体上可以对原始凭证作如下分类。

1. 原始凭证按其来源不同,可以分为自制原始凭证和外来原始凭证

(1) 自制原始凭证。自制原始凭证也称内部原始凭证,是由本单位经办业务的部门和人员在执行或完成某项经济业务时填制的凭证,如收料单、领料单、产品入库单、产品出库单、差旅费报销单、工资计算单等。收料单的格式和内容如表 5-1 所示。

表 5-1 收 料 单

供货单位:红星厂　　　　凭证编号:1256

发票编号:0019　　　　20×9 年 1 月 3 日　　　　收料仓库:2 号库

材料类别	材料编号	材料名称及规格	计量单位	数量		金额(元)		
				应收	实收	买价	运杂费	合计
圆钢	023	16 毫米	千克	1 000	1 000	4.00	300	4 300
备注								

主管:(签章)　　　　记账:(签章)　　　　收料:(签章)

(2) 外来原始凭证。外来原始凭证也称外部原始凭证,是指在同外单位或个人发生经济业务往来关系时,从对方取得的原始凭证。例如,职工出差取得的车票、船票、机票、住宿票;采购材料收到供货单位开出的增值税专用发票或增值税普通发票,银行转来的收账通知、付款通知(也称回单)等。增值税专用发票与进账单的格式和内容如表 5-2 和表 5-3 所示。

2. 原始凭证按其填制手续的不同,可以分为一次凭证、累计凭证、汇总原始凭证

(1) 一次凭证。一次凭证是指只反映一项经济业务,或者同时反映若干项同类性质的经济业务,其填制手续是一次完成的会计凭证。外来凭证都是一次凭证。例如,单位材料验收入库时,由仓库保管员填制的收料单(见表 5-1);生产车间与班组向材料仓库领用材料时填制的领料单(见表 5-4);完工产品验收入库时填制的产成品入库单等。

表 5-2 增值税专用发票

动态二维码	标签	电子发票（增值税专用发票）	发票号码： 开票日期：

（印章：全国统一发票监制章 国家税务总局 ××税务局）

购买方信息	名称： 统一社会信用代码/纳税人识别号：	销售方信息	名称： 统一社会信用代码/纳税人识别号：
合计			
价税合计（大写）		（小写）	
备注			

开票人：

表 5-3 中国工商银行 进账单（回单） 1

年 月 日

签发人	全称		收款人	全称									
	账号			账号									
	开户银行			开户银行									
人民币（大写）				千	百	十	万	千	百	十	元	角	分
票据种类		票据张数											
票据号码													
单位主管 会计 复核 记账				开户银行签章									

此联出票人开户银行交给出票人的回单

表 5-4 领 料 单

领料单位：一车间　　　　凭证编号：2368

用　　途：制造甲产品　　　　20×9 年 1 月 5 日　　　　发料仓库：2 号库

材料类别	材料编号	材料名称及规格	计量单位	数量		单价（元）	金额（元）
				请领	实发		
圆钢	023	16 毫米	千克	1 000	1 000	4.30	4 300
备注						合计	4 300

主管（签章）　　记账（签章）　　发料人（签章）　　领料人（签章）

(2) 累计凭证。累计凭证是指在一定时期内连续记录不断重复发生的若干项同类经济业务的会计凭证。其填制手续是随着经济业务发生而分次进行,到期末按其累计数作为记账依据的原始凭证。工业企业用的限额领料单即为自制的累计凭证。限额领料单的格式和内容如表 5-5 所示。

表 5-5 限额领料单

编号：1257

领料单位：一车间　　用途：乙产品　　计划产量：5 000 台

材料编号：203846　　名称规格：20 毫米角钢　　计量单位：千克

单价：5.00 元　　消耗定量：0.4 千克/台　　领用限额：2 000

20×9 年		请领		实发				
月	日	数量	领料单位负责人	数量	累计	发料人	领料人	限额结余
8	3	400	张力	400	400	李杰	王峰	1 600
8	9	300	张力	300	700	李杰	王峰	1 300
8	31	300	张力	200	1 900	李杰	王峰	100

累计实发金额　　供应生产部门负责人(签章)

生产计划部门负责人(签章)　　仓库负责人(签章)

(3) 汇总原始凭证。汇总原始凭证是指在会计核算中,为简化记账凭证的编制工作,将一定时期内若干记录同类经济业务的原始凭证汇总编制一张汇总凭证,用来集中反映某项经济业务总括发生情况的会计凭证。发料凭证汇总表、收料凭证汇总表、工资结算汇总表等都属于汇总原始凭证。发料凭证汇总表的格式和内容如表 5-6 所示。

表 5-6 发料凭证汇总表

20×9 年 1 月 15 日

计量单位：吨

金额单位：元

领料部门或用途	A 材料		B 材料		C 材料		合计
	数量	金额	数量	金额	数量	金额	
一车间	10	10 000			3	15 000	25 000
二车间	4	40 000	18	24 000			64 000
辅助车间					1	5 000	5 000
合计		50 000		24 000		20 000	94 000

会计主管：　　记账：　　出纳：　　审核：　　制证：

需要指出的是,上述原始凭证都是用来证明经济业务已执行或完成,因此可以作为会计核算的原始依据。凡是不能证明业务已执行或完成的书面文件,如购货合同、费用预算、派工单、请购单等,不属于原始凭证,不能作为记账的原始依据。

3. 原始凭证按格式的不同,可以分为通用凭证和专用凭证

(1) 通用凭证。通用凭证是指由有关部门统一印制、在一定范围内使用的具有一定格式和使用方法的原始凭证。通用凭证的使用范围因制作部门的不同而有所差异,可以是分地区、分行业使用的,也可以是全国通用的。例如,由某省(市)印制的收据等可以在该省(市)通用;由中国人民银行印制的银行转账结算凭证、由国家税务总局统一印制的增值税专用发票可以在全国通用。

(2) 专用凭证。专用凭证是指由单位自行印制、仅在本单位内部使用的原始凭证,如领料单、收料单、产品入库单、工资计算单、制造费用分配表等。制造费用分配表的格式和内容如表 5-7 所示。

表 5-7 制造费用分配表

20×9 年 1 月

应借科目		生产工时(小时)	分配率	分配金额(元)
生产成本	甲产品	3 000	4	12 000
	乙产品	2 000	4	8 000
合计		5 000	4	20 000

会计主管: 记账: 出纳: 审核: 制证:

上述原始凭证的分类可以归纳如图 5-1 所示。

- 原始凭证
  - 按来源不同分类
    - 自制原始凭证
    - 外来原始凭证
  - 按填制手续不同分类
    - 一次凭证
    - 累计凭证
    - 汇总原始凭证
  - 按格式不同分类
    - 通用凭证
    - 专用凭证

图 5-1 原始凭证分类

(二) 记账凭证

记账凭证是指会计人员根据审核无误的原始凭证填制的,用来确定经济业务应借、应贷会计科目及其金额(会计分录)的,作为登记账簿直接依据的一种会计凭证。

原始凭证由于数量庞大,种类繁多,格式不一,不能清楚地反映会计科目的名称和方向。在登记账簿之前,需要根据原始凭证反映的不同经济内容加以归类和整理,编制具有统一格式的记账凭证,并将原始凭证附在记账凭证的背后。这样不仅可以简化记账工作,减少差错,还有利于原始凭证的保管,便于对账和查账,提高会计工作质量。

为了便于凭证管理,记账凭证可以作如下分类。

1. 记账凭证按其适用经济业务的不同,可分为专用记账凭证和通用记账凭证

(1) 专用记账凭证。专用记账凭证是专门用于记录某一类经济业务的记账凭证。专用记账凭证按其所记录的经济业务是否与库存现金和银行存款的收付有关,又可分为收款凭证、付款凭证和转账凭证。

收款凭证是用来记录库存现金和银行存款的货币资金收款业务的记账凭证,是根据库存现金和银行存款收款业务的原始凭证填制的。收款凭证又可分为现金收款凭证和银行收款凭证。收款凭证的格式和内容如表 5-8 所示。

表 5-8 收 款 凭 证

借方科目:银行存款　　　　20×9 年 1 月 18 日　　　　银收字第 19 号

摘　要	贷方科目		金　额	记账
	总账科目	明细科目		
销售商品一批	主营业务收入		20 000.00	√
	应交税费	应交增值税(销项税额)	2 600.00	√
合　　计			¥22 600.00	

附件 1 张

会计主管:　　记账:　　出纳:　　审核:　　制证:

付款凭证是用来记录现金和银行存款等货币资金付款业务的记账凭证,是根据库存现金和银行存款付款业务的原始凭证填制的。付款凭证又可分为现金付款凭证和银行付款凭证。付款凭证的格式和内容如表 5-9 所示。

表 5-9 付 款 凭 证

贷方科目:库存现金　　　　20×9 年 1 月 18 日　　　　现付字第 3 号

摘　要	借方科目		金　额	记账
	总账科目	明细科目		
林宇借差旅费	其他应收款	林宇	3 000.00	√
合　　计			¥3 000.00	

附件 1 张

会计主管:　　记账:　　出纳:　　审核:　　制证:

收款凭证和付款凭证是用来记录货币资金收付业务的凭证,是登记现金日记账、银行存款日记账、明细分类账及总账的依据,也是出纳人员收付款项的依据。在会计实务中,为了避免重复记账,对于库存现金和银行存款之间的收付款业务,企业一般只编制付款凭证,不编制收款凭证,如表 5-10 所示。

表 5-10 付款凭证

贷方科目：银行存款　　20×9 年 1 月 20 日　　银付字第 5 号

摘　要	借方科目		金　额	记账
	总账科目	明细科目		
提取现金	库存现金		5 000.00	√
合　计			¥5 000.00	

附件 1 张

会计主管：　　记账：　　出纳：　　审核：　　制证：

转账凭证是用来记录与库存现金和银行存款等货币资金收付业务无关的转账业务的凭证，它是根据有关转账业务的原始凭证填制的。转账凭证是登记总分类账及有关明细分类账的依据。转账凭证的格式和内容如表 5-11 所示。

表 5-11 转账凭证

20×9 年 1 月 20 日　　转字第 22 号

摘要	总账科目	明细科目	借方金额	贷方金额	记账
生产甲产品领用 A	生产成本	甲产品	2 000.00		√
材料	原材料	A 材料		2 000.00	√
合　计			¥2 000.00	¥2 000.00	

附件 1 张

会计主管：　　记账：　　审核：　　制证：

(2) 通用记账凭证。通用记账凭证不分收款、付款、转账业务，而是全部业务均采用统一格式的一种记账凭证，如表 5-12 所示。在经济业务比较简单的经济单位，可以使用通用记账凭证。

表 5-12 记账凭证

20×9 年 1 月 23 日　　记字第 2 号

摘要	总账科目	明细科目	借方金额	贷方金额	记账
从新新公司赊购 M 材料	原材料	M 材料	10 000.00		√
	应交税费	应交增值税（进项税额）	1 300.00		√
	应付账款	新新公司		11 300.00	√
合　计			¥11 300.00	¥11 300.00	

附件 1 张

会计主管：　　记账：　　审核：　　制证：

2. 记账凭证按其是否经过汇总,可分为汇总记账凭证和非汇总记账凭证

(1) 汇总记账凭证。汇总记账凭证是根据一定期间的若干张记账凭证按一定的方式汇总编制据以登记总分类账的凭证。按汇总方法的不同,可分为分类汇总记账凭证和全部汇总记账凭证两种。

分类汇总记账凭证是根据一定时期的记账凭证按其种类分别汇总填制的汇总凭证,可分为汇总收款凭证、汇总付款凭证和汇总转账凭证。

全部汇总记账凭证是根据一定期间的记账凭证全部汇总填制的,科目汇总表即为全部汇总记账凭证。

(2) 非汇总记账凭证。非汇总记账凭证是指没有经过汇总的记账凭证,上述收款凭证、付款凭证、转账凭证、通用凭证、单式凭证、复式凭证等都是非汇总记账凭证。

综上所述,原始凭证与记账凭证之间存在着密切的联系。原始凭证是记账凭证的基础,记账凭证是根据原始凭证编制的。记账凭证是对原始凭证内容的概括和说明;原始凭证有时是登记明细账户的依据。记账凭证的分类如图 5-2 所示。

- 记账凭证
  - 按适用经济业务分类
    - 专用记账凭证
      - 收款凭证
      - 付款凭证
      - 转账凭证
    - 通用记账凭证
  - 按是否经过汇总分类
    - 汇总记账凭证
    - 非汇总记账凭证

图 5-2　记账凭证的分类

第二节　原始凭证的填制与审核

一、原始凭证的基本要素

各经济单位日常发生的经济业务是多种多样的,由于各项经济业务的内容和经济管理的要求不同,各个原始凭证的名称、格式和内容也是多种多样的。但是,所有的原始凭证(包括自制和外来的凭证)都是作为经济业务的原始证据,必须详细载明有关经济业务的发生或完成情况,必须明确经办单位和人员的经济责任。因此,各种原始凭证都应具备一些共同的基本要素。

(1) 填制单位的名称,如“××公司”“××学院”“××商场”等。

(2) 原始凭证的名称,如“收料单”“领料单”“发票”等。

(3) 填制凭证的日期,如在领料单上要写明填制日期(一般是领料的日期),以备查考。

(4) 对外凭证要有接受单位的名称(俗称抬头),如发票上要写明购货单位的名称,单位名称要写全称,不得省略。

(5) 经济业务的内容摘要,如在领料单上要写明领用材料的用途、名称、规格等。

(6) 经济业务所涉及的财物数量、单价和金额,如领料单上要写明计量单位、数量、单价和金额等。这不仅是记账必需的资料,也是检查业务的真实性、合理性和合法性所必需的。

(7) 经办人员的签名或盖章,如领料单上应有主管人员、记账人员、领料单位负责人、领料人和发料人的签名或盖章。

此外,有的原始凭证为了满足计划、业务、统计等职能部门管理的需要,还需列入计划、定额、合同号码的项目,这样可以更加充分地发挥原始凭证的作用。对于国民经济一定范围内经常发生的同类经济业务,应由主管部门制定统一的凭证格式。

二、原始凭证的填制方法

下面以收料单和领料单的填制为例,说明原始凭证的填制方法。

(一) 收料单的填制方法

收料单是企业购进材料验收入库时,由仓库保管人员根据购入材料的实际验收情况填制的一次性原始凭证。企业外购材料都应履行入库手续,由仓库保管人员根据供应单位开具的发票账单,严格审核,对运达入库的材料认真计量,并按实收数量认真填制收料单。收料单一式三联,一联留仓库据以登记材料物资明细账和材料卡片,一联随发票账单到会计处报账,一联交采购人员存查。具体格式和内容如表 5-1 所示。

(二) 领料单的填制方法

领料单是在经济业务发生或完成时由经办人员填制的,一般只反映一项经济业务,或者同时反映若干项同类性质的经济业务。例如,企业、车间或部门从仓库中领用各种材料,都应履行出库手续,由领料经办人根据需要材料的情况填写领料单,并经该单位主管领导批准后到仓库领用材料。仓库保管员根据领料单,审核其用途,认真计量发放材料,并在领料单上签名盖章。领料单一式三联,一联留领料部门备查,一联留存仓库据以登记材料物资明细账和材料卡片,一联转交会计部门或月末经汇总后转交会计部门据以进行总分类核算。具体格式和内容如表 5-4 所示。

三、原始凭证填制的要求

原始凭证填制的总体要求是真实可靠、内容完整、书写清楚、填制及时。

(一) 真实可靠

凭证所反映的经济业务必须合法,必须符合国家有关政策、法令、规章、制度的要求,不符合以上要求的不得列入原始凭证。凭证上的内容和数字必须真实可靠,要符合有关经济业务的实际情况。

(二) 内容完整

各种凭证的内容必须逐项填写齐全,不得遗漏,必须符合手续完备的要求,经办业务的有关部门和人员要认真审查,签名盖章。有的原始凭证需填制一式几联的,联次不能缺少。

(三) 书写清楚

各种凭证的书写要用蓝黑墨水,文字要言简意赅,字迹要清楚,易于辨认。不得使用未经国务院公布的简化字;对阿拉伯数字要逐个写清楚,不得连写;在数字前应填写人民币符号“¥”。大小写金额数字要符合规格,正确填写。大写金额数字应一律用如壹、贰、叁、肆、伍、陆、柒、捌、玖、拾、佰、仟、万、亿、元、角、分、零、整等,不得乱造简化字;金额数字中间有“0”时,如小写金额¥5 003.60,大写金额中可以只写一个“零”字,为“伍仟零叁元陆角整”;大写金额数字到元或者角为止的,在“元”或者“角”字之后应当写“整”或“正”字;大写金额数字有分的,分字后面不再写“整”或“正”字。小写金额数字一律填写到角分,无角分的,角位和分位填写“0”,不得留空格。需要填列大写金额的各种凭证,必须有大写的金额,不得只填小写金额,不填大写金额。大小写金额不一致的原始凭证视为无效凭证,应重新填写。各种凭证不得随意涂改、刮擦、挖补,填写错误需要更正时,应用划线更正法,即将错误的文字和数字用红色墨水划线注销,再将正确的数字和文字用蓝字写在划线部分的上面,并签字盖章。各种凭证必须编号,以便查考。各种凭证如果已预先印定编号,在写坏作废时,应当加盖“作废”戳记,全部保存,不得撕毁。

(四) 填制及时

各种凭证必须及时填制,一切原始凭证都应按照规定程序及时送交财会部门,由财会部门加以审核并据以编制记账凭证。

四、原始凭证的审核

为了正确地反映和监督各项经济业务,保证核算资料的真实、完整、准确和合法,会计人员和经授权的审核人员,必须对各种原始凭证进行严格认真的审核。只有经过审核无误的原始凭证才能作为编制记账凭证和登记账簿的依据。

审核会计凭证是正确组织会计核算和进行会计检查的一个重要方面,也是实行会计监督的一种重要手段。

会计凭证的审核主要是对各种原始凭证的审核。各种原始凭证,除由经办业务的有关部门审核外,最后要由会计部门进行审核。及时审核原始凭证是对经济业务进行的事前监督。审核原始凭证主要是审查以下两方面的内容。

(一) 合法性审核

审查发生的经济业务是否符合国家的政策、法令、制度和计划的规定,有无违反财政纪律等违法乱纪行为。如有违反,要向本单位领导汇报,提出拒绝执行的意见,必要时,可向上级领导机关反映有关情况。对于弄虚作假、营私舞弊、伪造涂改凭证等违法乱纪行为,会计人员应扣留原始凭证,及时揭露,并向领导汇报。对于违反制度和法令的一切收支,会计人员应拒绝付款、拒绝报销或拒绝执行,并向本单位领导报告。

(二) 合规性审核

审查原始凭证填写的内容是否符合规定的要求,如查明凭证所记录的经济业务是否符合实际情况、应填写的项目是否齐全、数字和文字是否正确、书写是否清楚、有关人员是否已签名盖章等。如有手续不完备或数字错误的凭证,应由经办人员补办手续或更正错误。审核原始凭证的真实性,如业务发生的日期、计量单位、经办人员、数量和单价、业务经手人等是否真实。审核原始凭证的完整性,如各项内容是否填写齐全、手续是否完备、文字和数字是否填写清楚等。审核原始凭证的正确性,如是否填写清楚、正确,数量、单价、金额的计算有无差错,大写和小写金额是否相符等。

原始凭证的审核是一项严肃而细致的工作，会计人员必须坚持制度、坚持原则，履行会计人员的职责。《中华人民共和国会计法》规定，会计机构、会计人员必须按照国家统一的会计制度的规定对原始凭证进行审核，对不真实、不合法的原始凭证有权不予接受，并向单位负责人报告；对记载不准确、不完整的原始凭证应予以退回，并要求按照国家统一的会计制度的规定更正、补充。

第三节 记账凭证的填制与审核

一、记账凭证的基本要素

记账凭证种类甚多，格式不一，但其主要作用在于对原始凭证进行分类、整理，按照复式记账的要求，运用会计科目，编制会计分录，据以登记账簿。因此，记账凭证必须具备以下基本要素：

(1) 填制单位的名称。

(2) 记账凭证的名称。

(3) 凭证的填制日期和编号。

(4) 经济业务的内容摘要。

(5) 应借、应贷账户名称、记账方向和金额(包括一级账户、二级或明细账户)。

(6) 记账备注(不是必要内容)。

(7) 所附原始凭证的张数。

(8) 会计主管、复核人员、记账人员、制证人员的签名或盖章；收付款凭证还要有出纳人员的签名或盖章。

二、记账凭证的填制方法

下面以专用记账凭证为例，说明记账凭证的填制方法：

(1) 收款凭证的填制方法。收款凭证是用来记录货币资金收款业务的凭证，它是由出纳人员根据审核无误的原始凭证收款后填制的。在收款凭证左上方所填列的借方科目应是“库存现金”或“银行存款”科目，在凭证内所反映的贷方科目应填列与“库存现金”或“银行存款”相对应的总账科目及其所属的明细科目。摘要栏内登记经济业务的简要说明。金额栏填列经济业务实际发生的数额。在凭证的右侧填写所附原始凭证张数，防止凭证失落，以便日后查阅，并在出纳及制单处签名或盖章。“记账符号”栏应填写记入总账与日记账或明细账的页次，也可打“√”表示已登记入账，这样可避免重记或漏记，也便于查对账目。

(2) 付款凭证的填制方法。付款凭证是用来记录货币资金付款业务的凭证，它是由会计人员根据审核无误的原始凭证付款后填制的。其填制方法与收款凭证基本相同。在付款凭证左上方所填列的贷方科目应是“库存现金”或“银行存款”科目，凭证借方科目应是与“库存现金”或“银行存款”相对应的科目。金额栏填列经济业务实际发生的数额。在凭证的右侧填写所附原始凭证的张数，并在出纳及制单处签名或盖章。涉及库存现金和银行存款之间的划转业务，只需填制一张付款凭证，以免重复记账。例如，库存现金存入银行只需填制现金付款凭证，从银行提取现金只需填制银行付款凭证。

出纳人员应对已经收讫和付讫的收付款凭证及其原始凭证加盖“收讫”和“付讫”的戳记，以免重收、重付。

(3) 转账凭证的填制方法。转账凭证是用来记录与货币资金收付无关的转账业务的凭证，它是由会计人员根据审核无误的转账原始凭证填制的。与收款、付款凭证格式上的主要区别是：左上方没有借贷科目，将经济业务所涉及的会计科目全部填列在凭证内，借方科目在先，贷方科目在后；将各会计科目所记应借应贷的金额填列在“借方金额”或“贷方金额”栏内。转账凭证上其他栏目的填列与收付款凭证相同。

三、记账凭证的填制要求

记账凭证是登记账簿的直接依据，记账凭证填制得正确与否，直接关系到账簿记录的真实性和正确性。正确填制记账凭证是保证账簿记录质量的基础。填制记账凭证的具体要求如下：

(1) 填制记账凭证必须以审核无误的原始凭证及有关资料为依据。记账凭证上应注明所附的原始凭证张数，以便检查经济业务的内容和已编制会计分录的正确与否。如果根据同一原始凭证填制数张记账凭证时，则应在未附原始凭证的记账凭证上注明“附件××张，见第××号记账凭证”。如果原始凭证需要另行保管时，则应在附件栏目内加以注明，以便查阅。但更正错账和结账的记账凭证可以不附原始凭证。

(2) 正确填写摘要。摘要应简明扼要地说明每项经济业务的内容。

(3) 正确编制会计分录。会计分录必须按照会计制度统一规定的会计科目，根据经济业务的性质进行编制，不得自造或简化会计分录。应用借贷记账法编制会计分录时，一般只编制一借一贷、一借多贷和一贷多借的会计分录，不编制多借多贷的会计分录。

(4) 记账凭证的日期。收付款业务因为要登入当天的日记账，记账凭证的日期应是货币资金收付的实际日期，但是不一定与原始凭证所记的日期一致。转账凭证以收到原始凭证的日期为准，但在摘要栏要注明经济业务发生的实际日期。

(5) 记账凭证的编号。记账凭证要根据不同的情况采用不同的编号方法。通常有三种情况：①采用一种格式(通用格式)的记账凭证，则凭证的编号可采用顺序编号法，即按月编顺序号，业务极少的单位可按年编顺序号；②采用三种格式或五种格式的记账凭证，则凭证的编号应采用字号编号法，即把不同类型的记账凭证用字加以区别，再把同类记账凭证按顺序连续编号，如三种格式的记账凭证，采用字号编号法时，具体编为“收字第××号”“付字第××号”“转字第××号”；③某笔经济业务需要填制一张以上的记账凭证时，则凭证的编号可采用分数编号法，如第10笔转账业务需填制两张凭证，则其编号为转字$10\frac{1}{2}$号(第1张)和转字$10\frac{2}{2}$号(第2张)。

(6) 记账凭证必须有签章，以明确经济责任。制单人员、审核人员、记账人员和会计主管必须在记账凭证上签章。出纳人员根据收款凭证收款或根据付款凭证付款时，均要在凭证上加盖“收讫”“付讫”的戳记，以免重收、重付，防止差错。

四、记账凭证的审核

如前所述，记账凭证是根据审核无误的原始凭证填制的，是登记账簿的直接依据。为了保证账簿记录的正确性，必须在登记账簿前认真审核记账凭证。除编制记账凭证的人员自审以外，同时还应建立专人审核或互审制度。因此，记账凭证审核的内容主要有以下几点：

（1）审核记账凭证是否附有原始凭证，原始凭证是否齐全，内容是否合法，记账凭证所记录的经济业务与所附原始凭证反映的经济业务是否相符。

（2）审核记账凭证的会计分录是否正确，账户对应关系是否清晰，金额计算是否准确，会计处理是否符合会计制度的规定。

（3）审核记账凭证的摘要是否填写清楚、项目填写是否齐全，如日期、凭证编号、二级和明细会计科目、附件张数以及有关人员签章等是否清楚、齐全。

对会计凭证进行审核是保证会计信息质量，发挥会计监督的重要手段。在审核过程中，如果发现凭证填制错误，应查明原因，按规定办法及时处理和更正。只有经过审核无误的记账凭证，才能作为登记账簿的依据。

第四节　会计凭证的传递与保管

一、会计凭证传递的意义和要求

会计凭证的传递是指会计凭证从填制到归档保管的整个过程中，在单位内部各有关部门和人员之间的传递。正确地组织会计凭证的传递，对于及时地反映和监督经济业务的发生和完成情况，合理地组织经济活动，加强经济管理责任，提高会计工作效率具有重要意义。

（一）会计凭证传递的意义

（1）有利于及时提供对经济业务核算和监督的信息。会计凭证从填制到归档保管的整个过程中，需要在单位内部各有关部门和人员之间进行传递，而传递程序和传递时间又直接影响信息的及时披露。科学的传递程序应该使会计凭证沿着最迅速、最合理的流向运行。只有这样，才能够保证会计核算和监督的及时性，才能为信息需求者提供及时可靠的经济信息。

（2）有利于经济责任制的建立和完善。会计凭证传递程序作为会计制度的一部分，可以通过会计凭证在组织内部的有序流动，有效考核经办业务的有关部门和人员是否按章办事，从而相互牵制、相互制约，及时正确地完成各项经济业务，加强经营管理上的责任制。

由此可见，建立科学合理的会计凭证传递制度是企业会计管理的重要工作，应由会计部门会同有关部门在调查研究的基础上，协同制定。

（二）会计凭证传递的要求

（1）应当根据经济业务的特点，结合企业内部机构的设置和人员分工的情况以及管理上的需要，规定各种会计凭证的联次及其传递程序，使各有关部门和人员能够按照规定程序处理和审核会计凭证，提高凭证传递速度。

(2) 应当根据有关部门和人员办理经济业务的必要时间确定凭证在各个环节的时间，既要保证业务手续的顺利完成，又要尽可能地使会计凭证以最快的速度传递。

(3) 应当加强会计凭证传递过程中的衔接，建立凭证交接的签收制度，确保手续的完备、严密和简便易行。这样不仅可以保证会计凭证的安全和完整，还能够做到在各个环节中的责任明确。

二、会计凭证的保管

会计凭证的保管是指会计凭证登账后的整理、装订和归档存查。会计凭证既是记录经济业务、明确经济责任的书面证明，又是登记账簿的依据。因此，作为重要的经济档案和历史资料，必须对会计凭证由专人定期整理、妥善保管，不得丢失或任意销毁。会计凭证的保管工作，既要遵循会计凭证的安全和完整原则，又要遵循凭证日后查阅的方便原则。会计凭证归档保管的主要方法和要求如下：

(1) 各单位的会计部门每月记账完毕后，要将本月的各种记账凭证连同所附原始凭证加以整理，按顺序号排列，装订成册。先检查有无缺号和附件是否齐全，再折叠整齐，加具封面、封底，装订成册。封面上应注明：单位的名称、所属的年度和月份、起讫的日期、记账凭证的种类、起讫号数、总计册数等，并由有关人员签章。如果凭证数量过多，可分装成若干册，在封面上加注“共几册”字样。为了防止任意拆装，在装订线上要加贴封签，并由会计主管人员盖骑缝章。会计凭证封面的格式如表 5-13 所示。

表 5-13　会计凭证封面

单位名称	
凭证类别	××凭证
册数	第　　册　　共　　册
起讫编号	自第　　　号到　　　号止共计　　　张 附：原始凭证　　　张
起讫日期	自　　年　　月　　日至　　年　　月　　日

会计主管：　　　　　　　　　　复核：　　　　　　　　　　装订：

(2) 如果某些记账凭证所附原始凭证数量过多，也可以单独装订成册进行保管，但应在有关记账凭证上注明“附件另订”和原始凭证的名称和编号。尤其对合同、契约、押金收据以及需要随时查阅的收据等需要单独保管，以便查核。

(3) 装订成册的会计凭证应集中保管，并指定专人负责。对于调阅会计凭证应有严格的制度。本单位人员调阅需经会计主管同意；其他单位人员调阅要有正规的介绍信，经会计主管或单位领导同意；为避免抽出原始凭证，也可采用复制方法，但应有严格手续。调阅时，要在专门的登记簿上进行登记。

(4) 会计凭证作为重要的档案资料，年度终了时，应送交会计档案室或单位综合档案室归档。会计凭证归档后，应按年月顺序排列，妥善保管。在保管过程中，应防止鼠咬虫蛀、破损霉变，保证其安全和完整。

(5) 会计凭证的保管期限和销毁手续，必须严格执行《会计档案管理办法》的规定。原始凭证、记账凭证和汇总记账凭证保管期限为30年，涉外凭证和一些重要凭证应永久保存。会计凭证未到期限，任何人不得随意销毁；保存期满后，也必须按规定手续，报经批准后方能销毁。

总结案例

李阳于20×8年从某财经学校毕业后，进入华洋公司财务处担任现金会计。20×8年12月5日，公司某业务部门郑经理持一张金额为500元的发票前来报销，发票上注明系电脑桌，经李阳审核，发票上内容应填写齐全，当即用现金付讫。12月8日，公司王主任持一张金额为850元，开票日期为当年1月的发票前来报销，并称这是当时出差回来后遗失而现在找到的发票。经李阳审核，发票上应填的内容齐全，于是用现金付讫。12月13日，公司财务处处长与总账会计一同外出开会，公司领导决定由李阳临时兼管总账会计。12月14日，公司某业务部门刘经理前来财务处领取24 708.36元现金支票一张。李阳在填写支票时，将支票上的大写金额写成：贰万肆仟柒佰捌元叁角陆分整。12月15日，李阳将前15天编制的所有记账凭证汇总编制成一张科目汇总表，并据以登记总账。

要求：

(1) 上述事项中分别涉及哪些会计凭证？哪些是原始凭证？哪些是记账凭证？哪些是汇总记账凭证？

(2) 对这些原始凭证应如何审核？

(3) 郑经理与王主任的发票能否报销？为什么？

(4) 根据会计工作规范的要求，李阳能否兼管总账会计？

(5) 李阳填写的支票金额是否正确？应如何填写？

分析提示

重点结合会计凭证的分类以及填制与审核会计凭证的知识内容进行分析。

思政德育课堂

本章小结

会计凭证是记录经济业务、明确经济责任的书面证明，是登记账簿的依据。填制和审核会计凭证是会计核算的一种专门方法。会计凭证分为原始凭证和记账凭证。原始凭证是经济业务发生时填制或取得的，用来记录和证明经济业务发生或完成情况的原始书面证明，分为自制和外来原始凭证两种。记账凭证是由会计人员根据审核后的原始凭证编制的，是登记账簿的直接依据。记账凭证分为通用记账凭证和专用记账凭证。专用记账凭证又分为收款凭证、付款凭证和转账凭证三种。会计凭证的填制必须符合有关的规定和要求。只有审核无误的会计凭证才能作为登记账簿的依据。企业应规定会计凭证的传递程序和时间。会计凭证作为重要的经济档案，必须按规定妥善保管。

思 考 题

1. 什么是会计凭证？会计凭证有哪些种类？
2. 什么是原始凭证？其基本内容是什么？
3. 填制原始凭证应遵循哪些要求？
4. 原始凭证审核的主要内容是什么？
5. 什么是记账凭证？记账凭证应具备哪些内容？
6. 收款凭证、付款凭证和转账凭证的填制方法如何？
7. 涉及现金、银行存款之间的收付业务，应填制哪种记账凭证？为什么？
8. 填制记账凭证有哪些具体要求？
9. 审核记账凭证的主要内容是什么？
10. 组织会计凭证传递的意义是什么？
11. 会计凭证保管的方法和一般要求是什么？

巩 固 训 练

一、单项选择题

1. 填制会计凭证是(　　)的前提和依据。

A. 设置账户　　B. 成本计算　　C. 编制会计报表　　D. 登记账簿

2. 用于办理业务手续，记载业务发生或完成情况，明确经济责任的会计凭证是(　　)。

A. 原始凭证　　B. 记账凭证　　C. 收款凭证　　D. 付款凭证

3. 将现金送存银行，一般应根据有关原始凭证填制(　　)。

A. 现金收款凭证　　B. 银行存款收款凭证

C. 现金付款凭证　　D. 转账凭证

4. 下列单据中，不能作为记账使用的原始凭证是(　　)。

A. 购销合同　　B. 产品制造费用分配表

C. 现金支票存根　　D. 出差车票

5. 企业外购材料一批，货款尚未支付，根据有关原始凭证，应填制的记账凭证是(　　)。

A. 收款凭证　　B. 付款凭证　　C. 转账凭证　　D. 累计凭证

6. 材料入库单属于(　　)。

A. 记账凭证　　B. 自制原始凭证　　C. 外来原始凭证　　D. 累计凭证

7. 原始凭证按其取得的来源不同，可分为(　　)。

A. 外来原始凭证和自制原始凭证　　B. 单式记账凭证和复式记账凭证

C. 一次凭证和累计凭证　　D. 收款凭证、付款凭证、转账凭证

8. 记账凭证按其用途作用的不同，可分为(　　)。

A. 专用记账凭证和通用记账凭证　　B. 复式记账凭证和单式记账凭证

C. 汇总记账凭证和非汇总记账凭证　　D. 收款凭证和付款凭证

9. 下列项目中，属于外来原始凭证的是(　　)。

A. 收料单　B. 销货发票　C. 购货发票　D. 订货合同

10. 发出材料汇总表的是(　　)。

A. 汇总原始凭证　B. 汇总记账凭证　C. 累计凭证　D. 转账凭证

二、多项选择题

1. 限额领料单同时属于(　　)。

A. 自制原始凭证　　B. 累计凭证

C. 汇总原始凭证　　D. 记账编制凭证

2. 原始凭证的审核内容主要有(　　)。

A. 合法性　B. 正确性　C. 合理性　D. 完整性

3. 下列各项中，属于外来原始凭证的有(　　)。

A. 领料单　B. 购货发票　C. 银行对账单　D. 银行存款通知

E. 银行存款余额调节表

4. 在原始凭证上书写阿拉伯数字，符合书写要求的有(　　)。

A. 金额数字一律填写到角、分

B. 无角分的，角位和分位可写“00”或者符号“—”

C. 有角无分的，分位应当写“0”

D. 有角无分的，分位也可以用符号“—”代替

5. 记账凭证填制的依据有(　　)。

A. 收款凭证　　B. 付款凭证

C. 原始凭证　　D. 原始凭证汇总表

E. 结账等账簿资料

6. 企业购入材料一批 6 000 元，以转账支票支付 4 000 元，余款暂欠，应填制(　　)。

A. 一张转账凭证　　B. 一张转账凭证和一张付款凭证

C. 一张付款凭证　　D. 一张转账凭证和一张收款凭证

7. 差旅费报销单属于(　　)。

A. 自制凭证　B. 外来凭证　C. 记账凭证　D. 一次凭证

8. 记账凭证是(　　)填制的。

A. 经办人员　　B. 会计人员

C. 经济业务发生时　　D. 根据审核无误的原始凭证

9. 下列业务中，应该填制转账凭证的有(　　)。

A. 材料入库　B. 生产领用原材料　C. 购料付款　D. 偿还货款

10. 会计凭证的保管应做到(　　)。

A. 定期归档、装订、以便查阅

B. 查阅会计凭证要有手续

C. 装订成册的会计凭证应集中由专人负责保管

D. 按会计制度规定的程序办理销毁手续

三、判断题

1. 原始凭证是登记明细分类账的依据,记账凭证是登记总分类账的依据。 (　　)
2. 外来原始凭证都是一次凭证。 (　　)
3. 发料凭证汇总表属于累计凭证。 (　　)
4. 将现金存入银行的业务,可以既编制现金付款凭证,又编制银行存款收款凭证,然后分别据以登记入账。 (　　)
5. 会计凭证按其来源不同可分为外来会计凭证和自制会计凭证两种。 (　　)
6. 记账凭证只能根据一张原始凭证填制。 (　　)
7. 凭证编号的 $10\frac{1}{3}$ 表示第10笔业务需要填制三张记账凭证,共有三张原始凭证,该记账凭证是根据其中的第一张原始凭证编制的。 (　　)
8. 收款凭证和付款凭证是用来记录货币资金收付业务的凭证。 (　　)
9. 收款凭证左上方"贷方科目"栏应填写"库存现金"或"银行存款"科目。 (　　)
10. 会计凭证在保管期满后,可由财会人员自行销毁。 (　　)

四、业务题

1. 目的:收款凭证、付款凭证和转账凭证的编制。

2. 资料:某企业20×9年4月份发生下列经济业务:

(1) 3日,从天星公司购入甲、乙两种材料,甲材料15 000元,乙材料10 000元,取得增值税专用发票,发票上注明货款为25 000元,增值税税额为3 250元,立即用银行存款支付。

(2) 5日,仓库发出甲材料1 000千克,每千克15元,发出乙材料200千克,每千克10元,用于生产A产品。

(3) 7日,销售A产品600件,每件售价为50元,共计30 000元,开出增值税专用发票,增值税税额3 900元,货款收到存入银行存款户。

(4) 8日,收到上月应收账款15 000元,存入银行存款户。

(5) 10日,以银行存款支付上月的应付账款为13 500元。

(6) 13日,售出B产品100件,每件售价200元,开出增值税专用发票,发票上注明货款为20 000元,增值税税额为2 600元,货款尚未收到。

(7) 15日,从银行提取现金8 000元,以备发放工资。

(8) 17日,以现金支付职工本月工资8 000元。

(9) 18日,用银行存款支付本月电话费800元。

(10) 22日,收到4月13日所售B产品货款,存入银行存款户。

(11) 24日,以现金支付厂部办公用品费200元。

(12) 28日,按规定提取固定资产折旧5 000元,其中,生产车间固定资产折旧3 600元,管理部门固定资产折旧1 400元。

(13) 29日,计提本月短期借款利息500元。

(14) 30日,结转本月职工工资8 000元,其中,生产工人工资4 000元,车间管理人员工资2 000元,厂部管理人员工资2 000元。

3. 要求:根据上述业务填制收款凭证、付款凭证和转账凭证。

第六章
会 计 账 簿

导入案例

京东集团电子会计账簿系统的应用

2022年，京东集团全面上线了电子会计账簿系统，依托云计算和大数据技术，实现了财务信息的智能化和精细化管理。电子会计账簿系统不仅可以记录财务数据，还集成了数据分析功能，能够自动生成财务会计报表、分析经营状况，为管理层提供精准的决策支持。该系统具有完整的审计追踪功能，可以详细记录账簿操作的每一步骤，确保所有财务数据的透明性和可追溯性，满足内部控制和外部监管的要求。会计账簿是财务数据的组织载体，可以准确记录和反映企业的财务活动。那么会计账簿是如何设置、登记以及使用的？

本章学习目标

1. 了解：会计账簿的概念和设置原则；账簿的种类和基本内容。
2. 理解：会计账簿的概念和作用。
3. 掌握：账簿的登记方法及要求；错账更正方法；结账和对账的内容和方法。

第一节　会计账簿概述

一、会计账簿的含义

会计账簿简称账簿,是指以会计凭证为依据,由一定格式、相互联系的账页组成,用来序时地、分类地、全面连续地反映企业各项经济业务内容及其变动情况的会计簿籍。

从原始凭证到记账凭证的过程,也是按照一定的会计科目和复式记账法,将大量经济信息转化为会计信息的过程。通过填制和审核原始凭证、记账凭证,会计主体将生产经营活动中所发生的全部经济业务都记录到了会计凭证中。而记账凭证只能零散地反映某项经济业务内容,不能全面、系统、连续地反映企业生产经营过程的变动情况,不能够满足经济管理的需要。因此,还需要对记账凭证所反映的经济业务内容作进一步的加工和处理,即将记账凭证上所记录的内容在账户中进行分门别类的登记。这就需要设置会计账簿,把记账凭证提供的大量零散的资料加以归类、整理、集中,登记到账簿中,使这些资料系统化、条理化,从而为经济管理提供系统、全面的会计信息。

账簿的设置和登记,对于全面、系统、序时、分类地反映各项经济业务,充分发挥会计在经济管理中的作用,具有重要意义。

二、会计账簿的作用

设置和登记账簿是会计核算工作的基本方法之一。登记账簿在会计信息的加工处理过程中,居于中枢环节。它在会计核算工作中具有如下重要作用。

(一) 为经济管理提供系统、全面、连续的会计资料,为管理和决策提供重要的会计信息

登记账簿时,应分不同的账户、按照经济业务发生的时间顺序、毫无遗漏地进行记录。通过登记账簿,既可以按照经济业务发生的先后进行序时核算,提供某项业务活动的资料;又可以按照经济业务性质的不同,在有关的分类账中进行归类核算,为经济管理提供总括和明细的会计信息。因此,通过账簿的记录,可以把记账凭证提供的零散资料加以归类汇总,形成系统、全面、连续的会计核算资料,集中反映企业资金使用及其变动情况,满足企业经营管理的需要。

(二) 反映企业的财务状况和经营成果,有利于加强财产物资的管理与核算

通过账簿的设置和登记可以确定企业经营成果的形成,了解企业的财务状况,有利于合理地筹集和使用各项资金,提高资金的使用效果;有利于促进增收节支,及时、有效地控制成本费用,提高会计主体的盈利水平和经济效益;为进行会计分析、会计检查以及考核企业经营成果提供重要依据。

(三) 为编制会计报表提供综合和详细的资料,为会计检查提供依据

企业经营到一定时期,为了总结其经营活动情况,就必须在账簿中进行结账和对账,使账簿记录数与实有数核对相符,为编制会计报表提供可靠的依据。同时,账簿可以衔接各项会计核算资料,有利于实施会计检查和会计监督。

三、会计账簿的分类

为了满足经济管理的需要，每一账簿体系中包含的账簿是多种多样的。这些账簿可以按照不同的标准进行分类，主要有以下三种。

(一) 按账簿的性质和用途分类

按账簿的性质和用途分类，可将账簿分为序时账簿、分类账簿、备查账簿。

(1) 序时账簿亦称日记账簿或日记账，是指按照经济业务发生或完成情况的先后顺序，逐日逐笔、连续登记的账簿。它是按时间顺序记载经济业务的发生或完成情况的原始记录簿。它可以是序时登记全部经济业务的账簿，即普通日记账；也可以是序时登记某类经济业务的账簿，即特种日记账。通常记录某一类比较重要的经济业务，如现金日记账、银行存款日记账。至于是否需要设置普通日记账，各单位可以根据自身的业务特点和管理要求来决定。各单位都要设置现金日记账和银行存款日记账，以便加强货币资金的核算和管理。

(2) 分类账簿是指对全部经济业务按照总分类账户和明细分类账户进行分类登记的账簿，也称分类账。按照分类的概括程序不同，分类账簿又可分为总分类账和明细分类账两种。总分类账简称总账，是按照总分类账户进行设置和登记，用来登记全部经济业务，提供总括核算指标的分类账簿。明细分类账简称明细账，是根据总分类账户设置，按其所属的明细分类账户开设，用来登记某一类经济业务，提供详细核算指标的分类账簿。

总分类账和明细分类账包括除序时账之外的全部账户，整个企业的生产经营过程和财务情况都能从分类账簿中得到反映。同时，分类账簿可以对经济活动过程中的违法行为进行监督，也可以为编制会计报表提供依据。因此，分类账簿在会计核算工作中十分重要。

(3) 备查账簿又称辅助账簿，是指用来对某些在日记账簿和分类账簿中不便记录或未能记录的有关事项进行补充登记的账簿，是属于备查性质的一种辅助登记账簿。它是根据表外科目设置的，如以经营租赁方式租入固定资产登记簿、受托加工材料登记簿等。设置备查账簿的目的是便于日后对有关事项进行查考。备查账簿不是每个单位都需要设置的，各单位可以根据自己的实际情况而设置。备查账簿没有固定的格式，可以由各单位根据管理的需要自行设计，也可以使用分类账簿的账页格式。

(二) 按账簿的外表形式分类

按账簿的外表形式分类，可将账簿分为订本式账簿、活页式账簿和卡片式账簿三种。

(1) 订本式账簿简称订本账，是指在未使用前就固定地装订成册并编订页码的账簿。其优点是在使用中账页不会散失，并能防止抽换账页等舞弊行为的发生，有利于保证会计资料和会计档案的完整性和严肃性。其缺点是由于账页固定，不能增减，开设账户时需预留账页，容易出现账页的余缺，造成浪费或影响连续记账。订本账不便于各账户的账页调整，也不便于同时分工记账，不便于用电子计算机记账。订本式账簿主要适用于总分类账和现金、银行存款日记账。

(2) 活页式账簿简称活页账，是指由若干零散的，具有专门格式的账页组成的账簿。这种账簿可以根据需要随时添加抽减账页，有利于分工记账，提高登账工作效率。活页账的特点是在启用之前不固定地装订在一起，期末时才装订成册。其缺点是账页容易散失和被抽换，必须注意保存。活页账的账页必须编号并由有关人员在账页上签章，平时可装置在账夹中保管使用；年度终了，还要装订成固定本、册并归档保管。活页式账簿主要适用于各种明细账的设置。

(3) 卡片式账簿简称卡片账,是指由若干零散的、具有专门格式的卡片组成的,存放在卡片箱中可随时取用的账簿。卡片账在使用中要防止散失及非法抽换。因此对启用的卡片要逐张盖章编号。卡片账可以长期使用,不需逐年更换。其优缺点和活页式账簿相同。卡片式账簿主要适用于记录比较复杂的财产明细账,如固定资产卡片。

(三) 按账页格式分类

按账页格式分类,可将账簿分为三栏式账簿、多栏式账簿、数量金额式账簿。

(1) 三栏式账簿。三栏式账簿是会计账簿的一般通用格式。三栏是指格式的基本结构有借方、贷方和余额三个金额栏。其格式如表 6-1 所示。

表 6-1 三 栏 式

年		凭证		摘要	借方	贷方	借或贷	余额
月	日	种类	号数					

(2) 多栏式账簿。多栏式账簿是在三栏式账簿的基础上设置的,可在借方和贷方下设若干金额栏,或在金额下设多栏,具体可根据核算的实际需要确定。其格式如表 6-2 和表 6-3 所示。

表 6-2 借项多栏式

年		凭证		摘要	借方						贷方	余额
月	日	种类	号数							合计		

表 6-3 贷项多栏式

年		凭证		摘要	借方	贷方						余额
月	日	种类	号数								合计	

(3) 数量金额式账簿。数量金额式账簿是指为了各类物资核算工作需要而设计特定格式的账簿。除金额栏外,数量金额式账簿还增设数量及单价专栏,要求在记录各类物资金额时,同时登记相应的数量和单价,其格式如表 6-4 所示。

表 6-4 数量金额式

年		凭证		摘要	收入			发出			结存		
月	日	种类	号数		数量	单价	金额	数量	单价	金额	数量	单价	金额

第二节　会计账簿的设置与登记

一、会计账簿的基本要素

各种账簿所记录的经济内容不同，账簿的格式又多种多样，各种账簿均应具备以下基本要素。

（一）封面

在封面上应注明账簿名称和记账单位名称。账簿名称有总分类账、现金日记账、原材料明细账等。

（二）扉页

在扉页上应填制账簿启用及经管人员一览表、科目索引表，在账簿启用及经管人员一览表中应填明账簿名称、编号、页数、启用日期、经管人员姓名及交接日期、主管会计人员签章等。其一般格式如表 6-5 和表 6-6 所示。

表 6-5　账簿启用及经管人员一览表

<table>
<tr><td colspan="2">单位名称</td><td colspan="2"></td><td colspan="3" rowspan="5">印　鉴</td></tr>
<tr><td colspan="2">账簿名称</td><td colspan="2"></td></tr>
<tr><td colspan="2">账簿编号</td><td colspan="2"></td></tr>
<tr><td colspan="2">账簿页数</td><td colspan="2"></td></tr>
<tr><td colspan="2">启用日期</td><td colspan="2"></td></tr>
<tr><td rowspan="2">责任人</td><td>主管</td><td>会计</td><td colspan="2">记账</td><td colspan="2">审核</td></tr>
<tr><td></td><td></td><td colspan="2"></td><td colspan="2"></td></tr>
<tr><td rowspan="8">经管人员及交接期</td><td rowspan="2"></td><td colspan="2">经管　　年　月　日</td><td colspan="2" rowspan="2"></td><td rowspan="2"></td></tr>
<tr><td colspan="2">交出　　年　月　日</td></tr>
<tr><td rowspan="2"></td><td colspan="2">经管　　年　月　日</td><td colspan="2" rowspan="2"></td><td rowspan="2"></td></tr>
<tr><td colspan="2">交出　　年　月　日</td></tr>
<tr><td rowspan="2"></td><td colspan="2">经管　　年　月　日</td><td colspan="2" rowspan="2"></td><td rowspan="2"></td></tr>
<tr><td colspan="2">交出　　年　月　日</td></tr>
<tr><td rowspan="2"></td><td colspan="2">经管　　年　月　日</td><td colspan="2" rowspan="2"></td><td rowspan="2"></td></tr>
<tr><td colspan="2">交出　　年　月　日</td></tr>
<tr><td>备注</td><td colspan="6"></td></tr>
</table>

表6-6 科目索引表

页数	科目	页数	科目	页数	科目	页数	科目

(三) 账页

账页是账簿的主要内容。账页结构因反映的经济业务不同而不同,但都应包括以下基本内容:

(1) 账户名称(包括一级会计科目、二级或明细会计科目)。

(2) 登账日期。

(3) 凭证种类和字号。

(4) 摘要栏。

(5) 金额栏(借、贷方金额及余额方向、金额)。

(6) 总页次和分页次。

二、会计账簿设置的原则

设置和登记会计账簿是会计核算的一种基本方法,是会计核算工作的重要环节,设置账簿是登记账簿的前提。企业应根据自己的实际情况和经营管理的需要,设置不同的账簿。设置账簿一般应遵循以下基本原则:

(1) 设置账簿要统一性与实用性相结合,确保全面、系统地核算各项经济业务,为经营管理提供系统、分类的会计资料。

(2) 在账簿的设置方面要组织严密,在满足需要的前提下,尽量节约人力、物力。

(3) 账簿的设置要有利于会计部门内部的合理分工,充分发挥整体效应,提高会计工作效率和水平。

(4) 账簿格式力求简明实用,能够提供经营管理所需的各项指标。

三、日记账的设置与登记

日记账是根据全部经济业务发生或完成的先后顺序,逐日、逐笔、连续地进行登记的账簿;或者是用来序时地记录和反映某一类或某一项经济业务的发生和完成情况的账簿。因此,日记账又分为普通日记账和特种日记账。下面将着重介绍特种日记账的结构和登记方法。普通日记账的有关内容将在第十章进行讲解,这里不再重复。

特种日记账一般分为现金日记账和银行存款日记账。

(一) 现金日记账

现金日记账,是逐日、逐笔、序时记录和反映库存现金的收入、支出及结存情况的账簿。通过现金日记账的记录,能全面了解现金的增减变动是否符合国家有关现金管理的规定。

现金日记账的账页格式一般采用三栏式或多栏式。格式不同，其登记方法也有不同的差异。

（1）三栏式现金日记账。现金日记账一般采用三栏式账页，基本结构为收入、支出和结余三栏，其格式如表 6-7 所示。

表 6-7 现金日记账（三栏式）

单位：元

20×9 年		凭证		摘要	对方科目	收入	支出	结余
月	日	字	号					
3	1			期初余额				2 000
	1	现付	1	支付水电费	管理费用		300	1 700
	1	现付	2	预借差旅费	其他应收款		200	1 500
	1	现收	1	收回欠款	应收账款	800		2 300
3	1			本日合计		800	500	2 300

现金日记账通常由出纳人员根据审核后的现金收款凭证、现金付款凭证逐日、逐笔、序时登记。收入栏金额根据现金收款凭证登记，支出栏金额根据现金付款凭证登记。每日终了，必须结出当日现金结余金额。现金收支业务量较大的单位，还可以结出当日的现金收入合计数、支出合计数，并在摘要栏注明“本日合计”字样，为了便于识别，可在该行的下线处划一条通栏单红线。结出的现金收、支合计数和结余数应在紧接最后一行业务记录的次行登记，不得隔页跳行。每日结出的账面结余数应与库存现金实际数核对，做到账实相符。

（2）多栏式现金日记账。现金日记账也可采用多栏式，其基本结构是将收入和支出按对应科目分设专栏，登账时将其对应科目填写在收入栏或者支出栏下空格内。常用的对应科目也可在制作账页时预先印制。其格式如表 6-8 所示。

表 6-8 现金日记账（多栏式）

单位：元

20×9 年		凭证号数	摘要	收入					收入合计	支出					支出合计	结存
				应贷科目		其他				应借科目		其他				
月	日			银行存款	营业外收入	名称	金额	过账		银行存款	管理费用	名称	金额	过账		
3	1		期初余额													1 300
	3	现付 1	支付水电费								150				150	1 150
	3	现付 2	付购料运费									材料采购	300		300	850
	3	银付 1	提现	500					500							1 350
	3	现收 1	罚款收入		700				700							2 050
3	31		本期发生额及期末余额	500	700				1 200		150		300		450	2 050

期末,可根据各栏目会计科目合计数登记相应的总分类账户,但银行存款账户除外。因为现金日记账中银行存款的收入、支出在银行存款日记账中也进行了记录,为避免重复过账,现金日记账中银行存款的金额不再记入银行存款总账。

(二)银行存款日记账

银行存款日记账通常由出纳人员根据审核后的银行存款收款凭证和银行存款付款凭证逐日、逐笔、顺序登记。“借方”栏金额根据银行存款收款凭证登记,“贷方”栏金额根据银行存款付款凭证登记。但对于现金存入银行或者从本单位其他存款户转入本存款户的银行存款的业务,只需填制现金付款凭证或其他存款户的银行存款付款凭证,不再填制收款凭证。因此,对于将现金送存银行或从本单位其他存款户转入本存款户的银行存款收入数额,应根据现金付款凭证或本单位其他存款户的银行存款付款凭证登记银行存款日记账。每日终了,银行存款日记账必须结出存款余额。银行存款日记账应定期与银行对账单核对,至少每月核对一次。月份终了,本单位账面结余数与银行对账单如有差额,必须逐笔查明原因进行处理,并按月编制银行存款余额调节表,试算调节相符。银行存款日记账的格式一般也采用三栏式或多栏式。为便于与银行对账,也便于反映银行存款的收付所采用的结算方式,银行存款日记账增设了银行结算凭证种类和号数栏,如表 6-9 所示。其登记方法与现金日记账的登记方法基本相同,在此不再重述。

表 6-9　银行存款日记账(三栏式)　　单位:元

20×9 年		凭证		摘要	银行结算凭证		对方科目	收入	支出	结余
月	日	字	号		种类	号数				
8	1			期初余额						89 000
8	3	银付	1	支付水电费	转支	1 015	管理费用		1 500	87 500
8	9	银收	1	收到前欠款	电汇	2 066	应收账款	22 600		110 100
8	12	银付	2	提取现金	现支	2 008	库存现金		5 000	105 100

四、分类账的设置与登记

(一)总分类账的设置与登记

总分类账是指按照总分类账户分类登记全部经济业务的账簿。在会计核算中,应按照会计科目的编码顺序分设账户,并为每个账户预留若干账页。总分类账能够全面、总括地反映经济活动情况及其结果,对明细账起着统驭和控制作用,为编制会计报表提供总括资料。因此,任何单位都要设置总分类账。

由于总分类账只要求提供金额指标,总分类账账页的格式一般设借方金额、贷方金额、余额三个主要栏目,且只记金额,不记数量。其格式如表 6-10 所示。

(二)明细分类账的设置与登记

由于总分类账只能提供总括的资料,而明细分类账能够详细地、具体地反映经济活动情况和结果,对总分类账起着辅助补充的作用,任何单位都要根据具体情况设置必要的明细分类账,为编制会计报表提供必要的明细资料。

表 6-10 总 分 类 账

会计科目:应收账款　　　　第××页

20×9 年		凭证		摘　要	借方金额	贷方金额	借或贷	余额
月	日	字	号					
3	1			期初余额			借	20 000
3	2	转	1	赊销	23 400		借	43 400
3	5	银收	1	账款收现		11 700	借	31 700
3	8	转	1	赊销	10 000		借	41 700
3	8			本期发生额及余额	33 400	11 700	借	41 700

不同明细分类账所记录内容的性质和管理要求不尽相同,有的只需反映金额的变化情况及其结果,有的除了要反映金额的变化情况及其结果,还需要反映实物数量的变化情况及其结果。与此相适应,明细分类账的格式也就有所不同,主要有三栏式、数量金额式、多栏式。

1. 三栏式明细分类账的设置与登记

(1) 三栏式明细分类账的设置。三栏式明细分类账设置借方金额、贷方金额和余额三个栏目,分别用来登记金额的增加、减少和结余,不设数量栏,其格式如表 6-11 所示。

表 6-11 (账户名称)明细账

会计科目:　　　　第　页

年		凭证		摘　要	借方金额	贷方金额	借或贷	余额
月	日	字	号					
				本期发生额及余额				

这种格式的明细账适用于只登记金额不登记数量的债权、债务的结算科目,如“应收账款”“应付账款”等账户。

(2) 三栏式明细分类账的登记。根据有关原始凭证和记账凭证逐日、逐笔进行借方、贷方金额登记,每笔登记完后结出余额。如为借方余额,在“借或贷”栏目中填写“借”字;如为贷方余额,在“借或贷”栏目中填写“贷”字。每月终了,计算出全月借方发生额合计和贷方发生额合计,并结算出月末余额。

2. 数量金额式明细分类账的设置与登记

(1) 数量金额式明细分类账的设置。数量金额式明细分类账是对具有实物形态的财产物资进行明细分类核算的账簿。该账簿账页在收入、发出、结余栏内,分设数量、单价、金额三个栏次。这种账簿适用于既需要核算金额又需要核算数量的各种财产物资科目,如原材料明细账、库存商品明细账、包装物明细账,其具体格式如表 6-12 所示。

表 6-12 (账户名称)明细账

第 页

一级科目： 计量单位:件

品名及规格： 存放地点:仓库

年		凭证		摘要	收入(借方)			发出(贷方)			结存		
月	日	字	号		数量	单价	金额	数量	单价	金额	数量	单价	金额

(2) 数量金额式明细分类账的登记。根据有关凭证进行登记收入、发出栏的数量、单价，同时计算出金额填入金额栏。每笔收入或发出数量、金额登记完毕后，计算出结存的数量和金额，填入其数量和金额栏。每月终了，计算全月收入和发出的数量和金额合计，并结算出月末结存数量和金额。

3. 多栏式明细分类账的设置与登记

(1) 多栏式明细分类账的设置。多栏式明细分类账是根据企业经济业务和经营管理的需要以及业务的性质、特点，在一张账页内设若干专栏，集中反映某一总账的各明细核算的详细资料。这种格式适用于成本费用、收入、利润科目，如“管理费用”“生产成本”“主营业务收入”等科目。其格式如表 6-13 和表 6-14 所示。

表 6-13 生产成本明细账

单位:元

年		凭证		摘要	借方					贷方	借或贷	余额
月	日	字	号		直接材料	直接人工	其他直接费用	制造费用	合计			

表 6-14 主营业务收入明细账

单位:元

年		凭证		摘要	借方	贷方					借或贷	余额
月	日	字	号			甲产品	乙产品	丙产品	……	合计		

(2) 多栏式明细分类账的登记。多栏式明细分类账是根据有关原始凭证、记账凭证、费用分配计算表进行登记的。其登记方法同前面讲述过的多栏式日记账登记方法相同，在此不再重述。

(三) 总分类账与明细分类账的关系和平行登记

总分类账是指根据总分类账户开设,用来提供总括指标的账簿;明细分类账是指根据明细分类账户开设,用来提供明细指标的账簿。两者反映的经济内容是相同的,只不过提供核算指标的详细程度不同;前者提供某类经济业务总括的核算指标,后者则提供某类经济业务详细的核算指标。总分类账控制、统驭明细分类账,即总分类账控制着明细分类账的核算内容和核算数据;明细分类账则对总分类账起着辅助和补充的作用。

为了使总分类账与其下属的明细分类账之间能起到统驭与补充的相互作用,便于账户核对,并确保核算资料的正确、完整,必须采用平行登记的方法,在总分类账及其下属的明细分类账中进行记录。平行登记是指根据记账凭证在登记有关总分类账的同时,登记该总分类账下属的明细分类账。平行登记的要点如下:

(1) 同期登记。同一会计期间,对每一项经济业务,在有关的总分类账中进行总括登记的同时,要在有关的明细分类账中进行明细登记。

(2) 方向一致。对每一项经济业务,如果在总分类账中登记借方金额,则在有关明细分类账中也登记借方金额;如果在总分类账中登记贷方金额,则在有关明细分类账中也应登记贷方金额。有时需要在总分类账中登记某一方向,而在有关明细分类账中用红字登记相反方向,也属于记账上的方向一致。

(3) 金额相等。对每一项经济业务,记入总分类账的金额必须与记入有关明细分类账的金额之和相等。

(4) 依据相同。登记总分类账是以记账凭证(或记账凭证汇总表、科目汇总表)为依据的,登记明细分类账必然以同一记账凭证为依据。

根据平行登记规则记账后,总分类账与明细分类账之间产生下列数量关系:总分类账的借方(或贷方)本期发生额等于所属明细分类账借方(或贷方)本期发生额之和;总分类账期末余额等于所属明细分类账期末余额之和。在会计核算工作中,可以利用上述数量关系检查账簿记录的正确性。

【例 6-1】 20×9 年 12 月 1 日,东方实业公司Ⅰ型产品完工入库 1 000 件,单位成本 528.6 元,总成本 528 600 元;Ⅱ型产品完工入库 800 件,单位成本 703 元,总成本 562 400 元。当月 31 日,Ⅰ型产品销售 1 000 件,单位成本 528.6 元,总成本 528 600 元;Ⅱ型产品销售 700 件,单位成本 703 元,总成本 492 100 元。

库存商品的总分类账与明细分类账的登记如表 6-15、表 6-16 和表 6-17 所示。

表 6-15 库存商品总分类账

会计科目:库存商品　　单位:元

20×9 年		凭证		摘 要	借方	贷方	借或贷	余额
月	日	字	号					
12	1			期初余额			借	128 500
12	31				1 091 000		借	1 219 500
12	31					1 020 700	借	198 800
12	31			期末余额			借	(略)

表 6-16　库存商品明细分类账

产品名称：Ⅰ型产品　　单位：元

20×9 年		凭证字号	摘要	收入			发出			结存		
月	日			数量	单价	金额	数量	单价	金额	数量	单价	金额
12	1		期初余额							150	528.6	79 290
12	31	(略)		1 000	528.6	528 600				1 150	528.6	607 890
12	31	(略)					1 000	528.6	528 600	150	528.6	79 290
12	31		期末余额	1 000	528.6	528 600	1 000	528.6	528 600	150	528.6	79 290

表 6-17　库存商品明细分类账

产品名称：Ⅱ型产品　　单位：元

20×9 年		凭证字号	摘要	收入			发出			结存		
月	日			数量	单价	金额	数量	单价	金额	数量	单价	金额
12	1		期初余额							70	703	49 210
12	31	(略)		800	703	562 400				870	703	611 610
12	31	(略)					700	703	492 100	170	703	119 510
12	31		期末余额	800	703	562 400	170	703	492 100	170	703	119 510

第三节　会计账簿的使用规则

一、会计账簿的启用规则

启用会计账簿时，应当在账簿封面上写明单位名称和账簿名称。在账簿扉页上应当附启用表，内容包括：启用日期、账簿使用页数、记账人员和会计机构负责人、会计主管人员姓名，并加盖姓名章和单位公章、记账人员或者会计机构负责人。会计主管人员调动工作时，应当注明交接日期、接办人员或者监交人员姓名，并由交接双方人员签名或者盖章。

启用订本式账簿时，应当按顺序编订的页数使用，不得跳页、缺号。使用活页式账页，应当按账户顺序编号，并须定期装订成册。年度终了再按实际使用的账页顺序编定页码，另加账户目录，记明每个账户的名称和页次。

二、会计账簿的登记规则

(1) 登记账簿时，应当将会计凭证日期、编号、业务内容摘要、金额和其他有关资料逐项记入账内，做到数字准确、摘要清楚、登记及时、字迹工整。

(2) 登记完毕后，要在记账凭证上签名或者盖章，并注明已经登账的符号(如“√”)，表示已经记账。

(3) 账簿中书写的文字和数字上方要留有适当空格。不要写满格，一般应占格距的二分之一。书写阿拉伯数字时,字体要自右上方斜向左下方,有倾斜度。

(4) 登记账簿要用蓝黑墨水或者碳素墨水书写,不得使用圆珠笔或者铅笔书写。这是因为,各种账簿的归档保管年限一般都在10年以上,有些关系到重要经济资料的账簿更要长期保管,因此,要求账簿记录必须保持清晰、耐久,以便长期查核使用,防止涂改。但是下列情况可以用红色墨水记账:①按照红字冲账的记账凭证,冲销错误记录;②在不设借贷栏的多栏式账页中,登记减少数;③在三栏式账户的余额栏前,如未印明余额的方向,在余额栏内登记负数金额;④会计制度中规定用红字登记的其他记录。

(5) 各种账簿按页次顺序连续登记,不得跳行、隔页。如果发生跳行、隔页,应当将空行、空页的金额栏由右上角向左下角用红笔划一条对角斜线注销,同时在摘要栏内注明"此行空白""此页空白"字样,并由会计人员和会计机构负责人(会计主管人员)压线盖章。

(6) 凡需要结出余额的账户,结出余额后,应当在"借或贷"等栏内写明"借"或"贷"等字样。没有余额的账户,应当在"借或贷"等栏内写"平"字,并在余额栏内元位上用"θ"表示。现金日记账和银行存款日记账必须逐日结出余额。

(7) 每一账页登记完毕结转下页时,应当结出本页合计数及余额,写在本页最后一行和下页第一行有关栏内,并在摘要栏内注明"过次页"或"承前页"字样。如果不做"过次页",则将本页合计数及余额写在下页第一行有关栏内,并在摘要栏内注明"承前页"字样。

(8) 实行会计电算化的单位,应当定期打印总账和明细账。

三、错账的查找方法和更正规则

在记账过程中,可能发生各种各样的差错,产生错账,如重记、漏记、数字颠倒、数字记错,科目记错、借贷方向颠倒等。这些差错会造成账证、账账、账实不符,进而影响会计信息的准确性,因此,应及时找出差错,并予以更正。

(一) 错账的查找方法

查找错账的方法一般有逆查法、余数复核法、尾数法、二除法、九除法等。

1. 逆查法

逆查法又称反查法,即与记账的顺序相反,从账户余额试算表到原始凭证,从尾到头进行普遍检查的方法。其检查程序如下:

(1) 检查账户余额试算表的余额合计是否正确。

(2) 检查各账户的余额计算是否正确。

(3) 将总分类账与所属明细分类账进行核对,检查其记录是否正确、相符。

(4) 逐笔核对账簿记录是否与记账凭证相符。

(5) 逐笔核对记账凭证是否与原始凭证相符,以及凭证中的数字计算是否正确。

在实际工作中,采用该种方法通常能准确、快速地查出错账的所在之处。

2. 余数复核法

余数复核法是用于查找总账余额计算是否正确的方法之一,其步骤如下:

(1) 逐笔复算结出的余额是否正确,注意上下页余额有无过账和错误。

(2) 检查各总分类账户及其所属明细分类账户的发生额及余额是否相符。

(3) 检查分析某些账户的余额有无不正常的现象,从中找出问题。

3. 尾数法

对于发生的角、分的差错,可以只查找小数部分,以提高查错的效率。

4. 二除法

二除法是用于查找因数字方向记反而发生错账的一种方法。如果将应记入借方的数字误记入了贷方,或者相反,便会导致一方的合计数加大,而另一方的合计数减少,并且其差异数字恰好是记错了方向数字的一倍,同时,差异数字也必定是个偶数。如果将这个差异数除以 2,则商数就可能是记错的数字,然后在账簿中查找与这个商数相同的数字,看其是否记错了方向,即可找到错账的所在之处。例如,应记入"银行存款"科目借方的 4 000 元误记入贷方,则该期间借方合计数小于贷方合计数 8 000 元,被 2 除得出的商 4 000 即为结算方向相反的金额。

5. 九除法

九除法主要适用于以下三种情况:

(1) 将数字写小。例如,将 400 元错记为 40 元,错位的差异数是 360 元(400－40),它是原数 400 元的 90%,将差异数除 9 得 40 元。40 即为错误数字,扩大 10 倍为正确数字。

(2) 将数字写大。例如,将 60 元错记为 600 元,错位的差异数是 540 元(600－60),它使原数 60 元扩大 9 倍,将差异数除 9 得 60 元,这 60 元就是正确数字,扩大 10 倍为错误数字。

(3) 邻数颠倒。例如,将 89 误写为 98,颠倒的两个数字之差最小为 1,最大为 8,将差数 9(即 98－89)除以 9,得出的商为 1,连续加 11 为 12、23、34、45、56、67、78、89,从这些数字中就能找出颠倒的数字。

(二) 错账的更正规则

在记账过程中,如果账簿记录发生错误,必须按照规定的方法进行更正。不准采用涂改、挖补、刮擦或者用药水消除字迹、重新抄写等方法。

1. 划线更正法

划线更正法又称红线更正法,适用于在结账前发现账簿记录中文字、数字有错误,而其所依据的记账凭证并无错误的情况。更正的方法是:将错误的文字或者数字划一条红线注销,但必须使原有字迹仍可辨认,以备考查;然后在划线上方用蓝字或黑字填写正确的文字或者数字,并由会计人员和会计机构负责人在更正处盖章。对于错误的数字,应当全部划线更正,不得只更正其中的错误数字。例如,把 1234 误写成 1254 时,应将错误数字 1234 全部用红线注销并写上正确的数字,而不能只删改一个"5"字。对于文字错误,则可只划去错误部分,不必将与错字相关联的其他文字划去。例如,把预收账款误写为预付账款时,仅划去"付"字更正为"收"字即可。

2. 红字更正法

红字更正法又称红字冲销,即用红字记录表明对原有记录的冲减。一般适用于以下两种情况:

(1) 记账以后,发现记账凭证中应借、应贷记账方向,会计科目或金额有错误时,可采用红字更正法更正。更正时,应用红字金额填制一份与原错误记账凭证会计科目、记账方向和金额相同的记账凭证,摘要栏内注明"订正×月×日×号凭证",并据以用红字登记账簿,从而冲销原来的错误记录；然后用蓝字金额重新填制一份正确的记账凭证，在“摘要”栏注明“补记×月×日×号凭证”并据以登记账簿。

【例 6-2】 东方实业公司以银行存款偿还前欠华联企业的账款 10 000 元。该笔业务本应借记“应付账款”科目，但在编制记账凭证时，却误借记为“应收账款”科目，并已过账，其错误记账凭证反映的会计分录如下：

借：应收账款　　10 000
　贷：银行存款　　10 000

（1）对上述错误更正时，应先填制一张与原记账凭证内容完全相同的红字凭证，并据此过账。

借：应收账款　　[10 000]
　贷：银行存款　　[10 000]

注：[　　] 表示框内数字为红字，下同。

（2）再按正常程序编制一张正确的记账凭证，并据此过账。

借：应付账款　　10 000
　贷：银行存款　　10 000

（3）过账结果如图 6-1 所示。

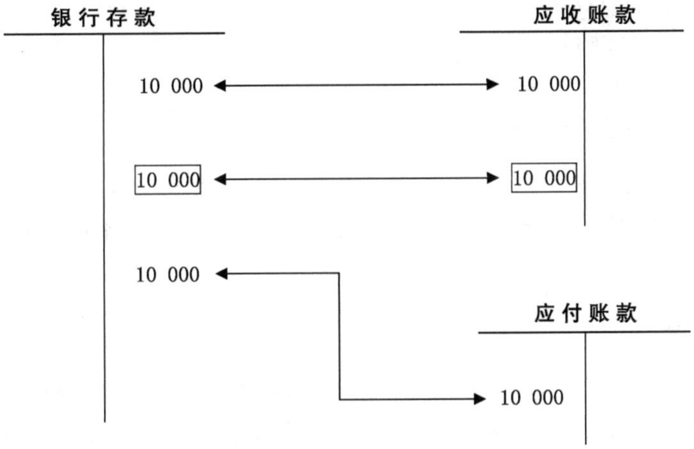

图 6-1　红字更正法

（2）在记账以后，发现记账凭证中应借、应贷会计科目并无错误，而记账凭证和账簿记录的金额有错误，且所记金额大于应记金额。这时，可采用红字更正法，将多记的金额（即正确数与错误数之间的差额）用红字填写一张与原错误记账凭证记账方向，应借、应贷会计科目相同的记账凭证，摘要栏内注明“冲销×月×日×号记账凭证多记金额”，并据以记入账户，冲销多记金额，求得正确金额。

【例 6-3】 东方实业公司以银行存款支付本月管理部门的水电费 400 元。该笔业务在

填制记账凭证时,误记为 4 000 元,但会计科目、借贷方向均无错误,并已过账,其错误记账凭证反映的会计分录如下:

借:管理费用　　4 000
　贷:银行存款　　4 000

该分录借贷方向和会计科目正确,只是金额多记 3 600 元。这时,只需填制一张与原记账凭证会计科目、借贷方向相同,金额为 3 600 元的红字凭证过账即可。过账结果如图 6-2 所示。

借:管理费用　　3 600
　贷:银行存款　　3 600

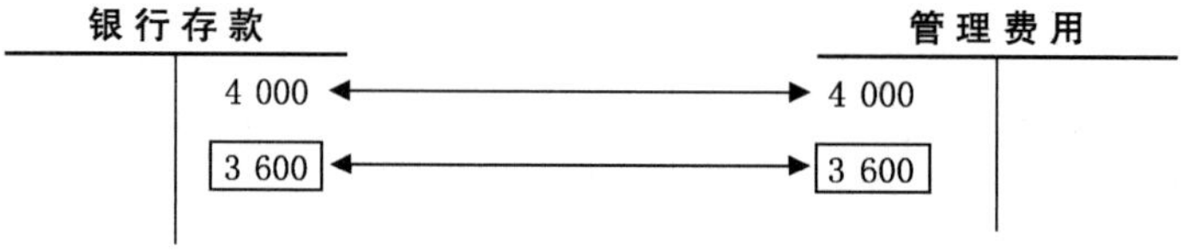

图 6-2　红字更正法

3. 补充登记法

补充登记法又称蓝字补记法。在记账以后,发现记账凭证中应借、应贷会计科目并无错误,而记账凭证账簿记录的金额有错误,且所记金额小于应记金额。这时,可采用补充登记法。将少记的金额(即正确数与错误数之间的差额)用蓝字填写一张与原错误记账凭证会计科目、借贷方向相同的记账凭证,摘要栏内注明“补记×月×日×号记账凭证少记金额”,并据以记入账户,补记少记金额,求得正确金额。

【例 6-4】　东方实业公司从银行提取现金 500 元。该笔业务在填制记账凭证时,误记为 50 元,但会计科目、借贷方向均无错误,并已过账,其错误记账凭证反映的会计分录如下:

借:库存现金　　50
　贷:银行存款　　50

该会计分录借贷方向和会计科目正确,只是金额少记 450 元。这时,只需填制一张与原记账凭证会计科目、借贷方向相同,金额为 450 元的蓝字凭证入账即可。过账结果如图 6-3 所示。

借:库存现金　　450
　贷:银行存款　　450

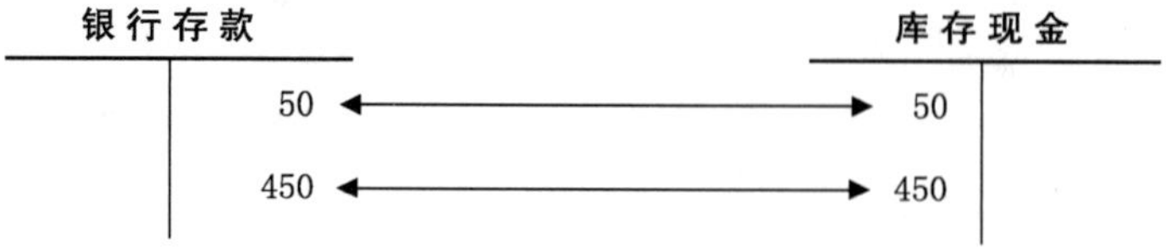

图 6-3　补充登记法

第四节 对账和结账

一、对账

对账，就是核对账目，是将账簿上所记载的资料进行内部核对、内外核对、账实核对，以保证会计核算资料正确可靠的一项会计工作。通过对账，可以使各种账簿记录完整和正确，如实地反映和监督经济活动情况，为编制会计报表提供真实可靠的数据资料。

（一）账证核对

账证核对是各种账簿（包括总账、明细账以及现金、银行存款日记账）的记录与有关的记账凭证和原始凭证进行核对，要求做到账证相符，通常是在日常工作中进行。会计凭证是登记账簿的依据，账证核对主要检查登账中的错误。核对时，将凭证和账簿的记录内容、数量、金额和会计科目等相互对比，保证两者相符。

（二）账账核对

账账核对，是各种账簿之间的有关记录互相核对，要求做到账账相符。具体核对的方法如下：

（1）各账户的期末借方余额合计数与期末贷方余额合计数应核对相符。

（2）有关总账的借、贷方本期发生额及余额与所属明细账的借、贷方本期发生额及余额之和应核对相符。

（3）现金日记账和银行存款日记账的余额与总账的有关账户余额应核对相符。

（4）会计部门财产物资明细账期末余额与财产物资保管和使用部门的明细账期末余额应核对相符。

（三）账实核对

账实核对是在账账核对的基础上，各种财产物资的账面余额应与实存数额核对相符。具体核对的方法如下：

（1）现金日记账的账面余额应每天同现金实际库存数相核对，不准以借条抵充现金或挪用现金。

（2）银行存款日记账的账面余额应定期（一般每月核对一次）与开户银行的对账单相核对。

（3）各种财产物资明细账（如原材料、产成品、固定资产等明细账）的账面余额应与保管部门或使用部门的实物数量核对相符。

（4）各种债权、债务、缴纳税金等明细分类账户（如应收账款、应收票据、应付账款、应付票据及应交税费等）应定期与有关往来单位、个人或财政、税务部门等单位核对相符。

二、结账

结账，就是把一定时期内所发生的经济业务在全部登记入账的基础上，在会计期末结算出本期发生额合计数和期末余额，对该会计期间的经济活动进行总结的账务工作。及时结账有利于及时、正确地确定当期的经营成果,了解会计期间内的资产、负债、所有者权益的增减变化及其结果,同时为编制会计报表提供所需资料。会计分期一般实行日历制,月末进行计算,季末进行结算,年末进行决算。结账工作于各会计期末进行,可以分为月结、季结、年结。

(一) 结账前的准备工作

检查本期内日常发生的经济业务是否已全部登记入账,若发现漏账、错账,应及时补记、更正。

在实行权责发生制的单位,应按照权责发生制的要求,进行账项调整的账务处理,以计算确定本期的成本、费用、收入和财务成果。账项调整包括几个方面:

(1) 成本类账户转账。为了正确计算产品成本,期末,制造费用应按企业成本核算的有关规定,分配记入有关成本核算对象,同时将本账户本期发生额分配转入“生产成本”账户;“生产成本”账户汇集的费用应在完工产品和在产品之间分配,计算出完工产品的生产成本,并通过本账户贷方转到“库存商品”账户借方。

(2) 本期未收到或支付款项但应在本期确认收入、费用等转账业务,如待摊费用、预提费用、固定资产折旧、无形资产摊销等,也应填制记账凭证,据以转入有关的成本和账户中。

(3) 有关损益、权益类账户转账。期末,将“主营业务收入”“其他业务收入”“营业外收入”等收入账户的本期发生额合计数转入“本年利润”账户中;同时,将“主营业务成本”“管理费用”“财务费用”“销售费用”“其他业务成本”“税金及附加”“营业外支出”“所得税费用”等费用账户的本期发生额的合计数转入“本年利润”账户中,计算本期利润;年度终了时,应将全年实现的净利润总额,从“本年利润”账户转入“利润分配——未分配利润”账户;将全年利润分配总额,从“利润分配”其他明细账户转入“利润分配——未分配利润”账户。

(二) 结账的方法

在本期全部经济业务登记入账的基础上,结算出所有账户的本期发生额和期末余额。计算登记各种账簿的本期发生额和期末余额。

(1) 月结。按月进行,称为月结。办理月结,应在各账户最后一行数字下面划一条通栏红线,在红线下结算出本月发生额及月末余额(如无余额,应在“借或贷”栏内登记“平”字,在余额栏中注明“θ”符号),在摘要栏中注明“本月合计”或“月份发生额及余额”字样,然后在下面再划一条通栏红线,表示月结完毕。

(2) 季结。按季结算,称为季结。办理季结,应在本季度最后1个月的月结下面结算出本季度的发生额和季末余额,并在摘要栏中注明“第×季度发生额及余额”或“本季合计”字样,然后在下面划一条通栏红线,表示季结完毕。

另外,对于需要反映年初至各月月末累计发生额的账户,应在月结(或季结)的下面,结算出年初至本月月末的累计发生额,在摘要栏中注明“本年累计”字样,并在下面划一条通栏红线。

(3) 年结。年度终了,还应进行年度结账,称为年结。办理年结,应在12月份月结或第四季度季结记录的下一行,结算出全年12个月的发生额及年末余额,并在摘要栏注明“年度发生额及余额”或“本年合计”字样。最后在下面划通栏双红线,表示完成年结工作。对有余额的账户，应将其余额结转下年，并在摘要栏中注明“结转下年”字样。对于需要更换新账的，应在办理年结的同时，在新账中有关账户的第一行的摘要栏中注明“上年转入”或“年初余额”字样，并将上年余额记入余额栏中。年末余额转入新账，不必填制记账凭证。

第五节　会计账簿的更换与保管

为了清楚地反映各会计年度的财务状况和经营成果，每个会计年度开始时，一般都要启用新账，并把上年度的会计账簿归档保管。

一、会计账簿的更换

总分类账、日记账和大部分明细分类账均需每年更换一次，只有少部分明细分类账，如固定资产明细账，不必每年更换，可以继续使用。各种账簿在年度终了结账时，各个账户的年终余额都直接记入新年度启用的有关新账中去，在摘要栏内注明“上年结转”或“年初余额”字样。新旧账有关账户之间转记余额时，不需编制记账凭证。

二、会计账簿的保管

账簿同会计凭证一样，都是重要的会计档案，都应按照规定妥善保管。正在使用的账簿应由经管账簿的有关人员负责保管，保证其安全、完整。

（一）会计账簿的装订整理

在年度终了更换新账簿后，应将使用过的各种账簿（跨年度使用的账簿除外）按时装订、整理立卷。

（1）装订前，首先要按账簿启用和经管人员一览表的使用页数核对各个账户是否相符、账页数是否齐全、序号排列是否连续，其次按会计账簿封面→账簿启用表→账户目录→按页数顺序排列的账页→封底的顺序装订。

（2）对于活页账簿，要保留已使用过的账页，将账页数填写齐全，除去空白页，做封面和封底，装订成册。多栏式、三栏式、数量金额式等活页账不得混装，应按同类业务、同类账页装订在一起。装订好后，应在封面上填明账目的种类并编卷号，由会计主管人员和装订人员签章。

（3）装订后，会计账簿的封口要严密，封口处要加盖有关印章。封面要齐全、平整，并注明所属年度和账簿名称、编号，不得有折角、缺角、错页、掉页、加空白纸的现象。会计账簿要按保管期限分别编制卷号。

（二）按期移交档案部门进行保管

年度结账后，更换下来的账簿可暂由本单位会计部门保管 1 年，期满后，原则上应由会计部门移交本单位档案部门保管。移交时需要编制移交清册，填写会计账簿归档保管登记表，如表 6-18 所示。交接人员按移交清册和交接清单项目核查无误后签章，并在账簿使用日期栏内填写移交日期。

表 6-18　会计账簿归档保管登记表

××××年度

账簿名称	页数	经管人	保管期限	册数	备注

已归档的会计账簿作为会计档案供本单位使用,原件不得借出。如有特殊需要,须经上级主管单位或本单位领导、会计主管人员批准,在不拆散原卷册的前提下,进行查阅或者复制,并办理登记手续。

会计账簿是重要的会计档案之一,必须严格按《会计档案管理办法》规定的保管年限妥善保管,不得丢失和任意销毁。修订后的《会计档案管理办法》规定,自 2016 年 1 月 1 日起,各总分类账、日记账及明细账的保管期限均为 30 年,固定资产卡片在固定资产报废清理后保管 5 年。实际工作中,各单位可以根据实际利用的经验、规律和特点,适当延长有关会计档案的保管期限,但必须有较为充分的理由。

总结案例

北方公司是一家小型工业企业,小王在该企业担任会计一职。工作一段时间后,小王发现该企业在账簿使用上有几个与其他企业不同的地方:①企业所有账簿均使用活页账;②账簿记账时发生错误,允许使用涂改液,但是强调必须由责任人签字;③由于企业规模不大,人手不足,会计主管要求小王在登记现金、银行存款总账时兼任出纳。

如果你是小王,你认为该企业在账簿使用上的做法是否妥当? 为什么?

分析提示

参考账簿设置、使用的有关规定,分析该企业的做法是否妥当。

思政德育课堂

本 章 小 结

会计账簿是由一定格式、互有联系的若干账页所组成的。设置和登记账簿是会计核算的重要方法之一。本章主要阐述了会计账簿的设置、分类、格式、登记方法,其中重点阐述了日记账和分类账的种类、登记方法,同时也介绍了账簿启用、登记和保管规则。期末时,为使账簿登记告一段落,各账户要进行对账、结账,为此,本章介绍了对账、结账和错账更正的基本方法。

思 考 题

1. 什么是会计账簿? 会计账簿的作用有哪些?
2. 会计账簿有几种分类方法? 各包括什么内容?

3. 现金日记账和银行存款日记账的格式分别有几种？如何登记？
4. 总分类账和明细分类账的关系是什么？两者之间如何进行平行登记？
5. 在设置会计账簿时应遵循什么原则？
6. 会计账簿启用时应注意哪些事项？
7. 账簿在登记时有哪些基本要求？
8. 对账和结账在会计核算中具有哪些重要意义？
9. 什么是对账？对账包括哪些内容？其主要方法如何？
10. 什么是结账？结账主要包括几个方面的内容？
11. 查找错账的方法都有哪些？
12. 三种错账更正方法各适用于什么情况？如何更正？

巩固训练

一、单项选择题

1. 为了保证账簿记录的正确性，会计人员必须根据审核无误的(　　)记账。
A. 会计分录　　B. 会计凭证
C. 经济合同　　D. 领导批示

2. 租入固定资产登记簿属于(　　)。
A. 序时账　　B. 总分类账
C. 明细分类账　　D. 备查簿

3. 数量金额式明细账一般适用于(　　)账户。
A. "应收账款"　　B. "库存商品"
C. "制造费用"　　D. "固定资产"

4. "应收账款"明细账的格式一般采用(　　)。
A. 数量金额式　　B. 多栏式　　C. 订本式　　D. 三栏式

5. 企业在选购账簿时，总账、现金日记账、银行存款日记账适合选用(　　)。
A. 卡片账　　B. 活页账　　C. 订本账　　D. 备查账

6. 多栏式明细账格式一般适用于(　　)账户。
A. 债权债务类　　B. 财产物资类
C. 费用成本类和收入成果类　　D. 货币资产类

7. 在结账以前，如果发现账簿记录中的数字或文字错误，属于过账笔误和计算错误，可采用(　　)进行更正。
A. 划线更正法　　B. 红字更正法　　C. 补充登记法　　D. 撕掉重填

8. 会计人员在填制记账凭证时，将650元错记为560元，并且已登记入账，月末结账时发现此笔错账，更正时应采用的便捷方法是(　　)。
A. 划线更正法　　B. 红字更正法
C. 补充登记法　　D. 核对账目的方法

9. 下列项目中,(　　)是连接会计凭证和会计报表的中间环节。

A. 复式记账　　B. 设置会计科目和账户

C. 设置和登记账簿　　D. 编制会计分录

10. 用转账支票归还前欠 A 公司货款 5 000 元,会计人员编制的记账凭证为:借记"应收账款"科目 5 000 元,贷记"银行存款"科目 5 000 元,审核并已登记入账,该记账凭证(　　)。

A. 没有错误　　B. 有错误,使用划线更正法更正

C. 有错误,使用红字冲销法更正　　D. 有错误,使用补充登记法更正

二、多项选择题

1. 总分类账户和明细分类账户平行登记的基本要点有(　　)。

A. 登记的原始依据相同　　B. 登记的次数相同

C. 登记的方向相同　　D. 登记的会计期间相同

E. 登记的金额相同

2. 对账包括的主要内容有(　　)。

A. 账账核对　　B. 账证核对

C. 账表核对　　D. 账实核对

E. 会计与出纳核对

3. 账簿按其用途可以分为(　　)。

A. 分类账簿　　B. 活页账簿

C. 序时账簿　　D. 订本账簿

E. 备查账簿

4. 下列应采用多栏式明细账的有(　　)。

A. 原材料　　B. 生产成本

C. 管理费用　　D. 材料采购

E. 应付账款

5. 红字更正法适用于(　　)。

A. 记账前,发现记账凭证上的文字或数字有误

B. 记账后,发现原记账凭证上应借、应贷科目填错

C. 记账后,发现原记账凭证上所填金额小于应填金额

D. 记账后,发现原记账凭证上所填金额大于应填金额

E. 账簿上数字计算错误

6. 现金日记账由出纳人员根据现金的收、付凭证,逐日、逐笔、顺序登记,下列可以作为借方登记依据的有(　　)。

A. 现金收款凭证　　B. 现金付款凭证

C. 银行存款收款凭证　　D. 银行存款付款凭证

7. 明细分类账可以根据(　　)登记。

A. 原始凭证　　B. 汇总原始凭证

C. 累计凭证　　D. 记账凭证

8. 下列情况中，可以用红色墨水记账的有（ ）。
 A. 按照红字冲账的记账凭证，冲销错误记录
 B. 在不设借贷等栏的多栏式账页中，登记减少数
 C. 在三栏式账户的余额栏前，印明余额方向的，在余额栏内登记负数余额
 D. 在三栏式账户的余额栏前，未印明余额方向的，在余额栏内登记负数余额
9. 会计账簿的基本内容包括（ ）。
 A. 封面 B. 扉页 C. 账页 D. 账簿名称
10. 下列属于序时账的有（ ）。
 A. 现金日记账 B. 银行存款日记账
 C. 应收账款明细账 D. 主营业务收入明细账

三、判断题

1. 登记账簿是编制财务会计报告的前提和依据。 （ ）
2. 红色墨水只能在划线、改错和冲账时使用。 （ ）
3. 凡需要结出余额的账户，结出余额后，应当在"借或贷"栏内写明"借"或"贷"字样，以表示余额的方向。 （ ）
4. 备查账可以为某些经济业务的内容提供必要的补充资料，它没有统一的格式，各单位可根据实际工作的需要来设置。备查账的记录在年终时应列入本单位的会计报告。 （ ）
5. 在结账前若发现账簿记录有错而记账凭证无错，即过账笔误或账簿数字计算有错误，可用划线更正法进行更正。 （ ）
6. 所有的明细账，在年末时都必须更换。 （ ）
7. 新旧账有关账户之间转记余额，不必编制记账凭证。 （ ）
8. 总分类账必须采用订本式的三栏式账户。 （ ）
9. 现金日记账的借方是根据收款凭证登记的，贷方是根据付款凭证登记的。 （ ）
10. 明细分类账一般根据记账凭证直接登记，但个别明细分类账可以根据原始凭证登记。 （ ）

四、业务题

业务一

1. 目的：总账与明细账的平行登记。

2. 资料：某企业"应收账款"账户下设"甲公司""乙公司""丙公司"三个明细账户。20×9年3月月初，"应收账款"账户期初余额为4 500元。其中，应收甲公司2 000元，应收乙公司1 800元，应收丙公司700元。3月份，与"应收账款"账户相关的业务如下：

(1) 1日，销售价值1 000元的A产品给甲公司，甲公司尚未收到货款。

(2) 5日，甲公司偿还前欠货款1 200元，送存银行。

(3) 12日，销售价值4 200元的C产品给丙公司，丙公司暂未收到货款。

(4) 16日，销售价值3 200元的B产品给甲公司，销售价值2 100元的B产品给乙公司，暂未收到货款。

(5) 23日，丙公司偿还前欠货款700元，送存银行。

(6) 28 日，销售价值 2 200 元的 C 产品给丙公司，丙公司暂未收到货款。

3. 要求：根据上述资料进行应收账款总账与明细账的平行登记，并将总账账户本期发生额及余额进行核对。

业务二

1. 目的：错账的更正。

2. 资料：某企业 20×9 年 3 月月末对账时发现以下记录错误：

(1) 5 日，采购员李某出差，暂借款 500 元，以现金支付。记账凭证中记录的会计分录如下，并据以入账。

借：其他应收款　　5 000
　　贷：现金　　5 000

(2) 10 日，以银行存款 1 200 元支付企业广告费。记账凭证中记录的会计分录如下，并据以入账。

借：管理费用　　1 200
　　贷：银行存款　　1 200

(3) 23 日，以银行存款偿还前欠四方企业的账款 10 000 元。记账凭证中记录的会计分录如下，并据以入账。

借：应付账款　　1 000
　　贷：银行存款　　1 000

(4) 25 日，从银行提取现金 1 500 元。记账凭证中记录的会计分录如下，登记账簿时，“库存现金”账户的金额为 150 元。

借：库存现金　　1 500
　　贷：银行存款　　1 500

3. 要求：判断以上错误记录应采用何种更正方法进行更正。

第七章
账户的分类

导入案例

美的集团账户重组与分类优化

2020年，美的集团通过分析现有的财务结构和业务需求，对账户进行了重新分类，将相似性质的账户合并，简化财务报表结构，并设立了更详细的子账户以精细化管理特定的业务活动。通过优化账户分类，美的集团的财务会计报表变得更加简洁清晰，增强了报表的可读性和决策有用性。合理的账户分类能够帮助企业清晰地呈现财务状况和经营成果，使管理层和投资者能够更容易理解和分析公司的财务数据，同时提供财务决策支持。账户分类不仅是财务管理的基础，还直接影响到财务报告的准确性和决策有用性。那么账户是如何分类的？

本章学习目标

1. 了解：账户的其他分类。
2. 掌握：账户的用途、结构；账户分类的主要内容和使用规律。
3. 掌握：账户按照经济内容分类的基本内容和性质。

第一节　账户按经济内容的分类

账户可以按不同标准,即从不同角度进行分类,其中,最主要的是按照账户的经济内容和用途、结构分类。

账户的经济内容是指账户反映的会计对象的具体内容。账户之间的最本质差别在于其反映的经济内容的不同,账户的经济内容也是账户分类的基础。账户按经济内容分类是最基本的账户分类方法。账户按经济内容分类即按反映会计对象要素分类,如前所述,会计要素可分为资产、负债、所有者权益、收入、费用和利润。与此相对应,账户按经济内容分类,也可以分为资产类账户、负债类账户、所有者权益类账户、收入类账户、费用类账户和利润类账户。

但需要指出的是,企业在一定期间实现的利润经过分配后,除分配给投资者的利润外,提取的盈余公积和未分配利润最终要计入所有者权益。因此,账户按经济内容分类,可以将“本年利润”“利润分配”和“盈余公积”账户归为所有者权益类账户。另外,许多企业,特别是制造业和加工企业,为了进行产品成本计算,需要专门设置用来核算产品成本的账户。企业在一定期间取得的收入和发生的费用最终体现在当期损益的计算中,因而收入与费用账户可以归为一类,即损益类账户。

就工业企业而言,账户按经济内容分类,可以分为资产类账户、负债类账户、所有者权益类账户、成本类账户、损益类账户。

一、资产类账户

资产类账户是用来反映企业资产的增减变动及其结存情况的账户。按照资产流动性的不同,这类账户又可以分为两类:

(1) 反映流动资产的账户。流动资产是指可以在 1 年或者超过 1 年的一个营业周期内变现或耗用的资产,如“库存现金”“银行存款”“交易性金融资产”“应收账款”“原材料”“库存商品”等账户。

(2) 反映非流动资产的账户。除流动资产以外的其他资产属于非流动资产,如“长期股权投资”“固定资产”“无形资产”“在建工程”“长期待摊费用”等账户。

二、负债类账户

负债类账户是用来反映企业负债增减变动及其结存情况的账户。按照负债的偿还期不同,这类账户又可以分为以下两类:

(1) 反映流动负债的账户。流动负债是指将在 1 年(含 1 年)或者超过 1 年的一个营业周期内偿还的债务,如“短期借款”“交易性金融负债”“应付票据”“应付账款”“应付职工薪酬”“应交税费”等账户。

(2) 反映长期负债的账户。长期负债是指偿还期在 1 年或者超过 1 年的一个营业周期的债务,如“长期借款”“应付债券”“长期应付款”等账户。

三、所有者权益类账户

所有者权益类账户是用来反映企业所有者权益增减变动及其结存情况的账户。按照所有者权益来源的不同，这类账户又可以分为以下两类：

(1) 反映所有者原始投资的账户，如“实收资本”账户。

(2) 反映所有者投资收益的账户，如“本年利润”“利润分配”“盈余公积”等账户。

四、成本类账户

成本类账户是用来反映和监督企业生产费用，计算产品成本的账户。

在生产过程中，用来归集制造产品的生产费用，计算产品生产成本的账户包括“制造费用”“生产成本”等账户。

成本类账户与资产类账户有着密切的联系。资产一经耗用就转化为生产费用成本；成本类账户的期末借方余额属于企业的资产，如“生产成本”账户的借方余额为在产品，是企业的流动资产。

五、损益类账户

损益类账户是指那些核算内容与损益的计算、确定直接相关的账户，主要是指那些用来反映企业收入和费用的账户。这类账户按其与损益组成内容的关系，又可分为以下三类：

(1) 用来反映营业损益的账户，如“主营业务收入”“主营业务成本”“其他业务收入”“其他业务成本”“税金及附加”“管理费用”“财务费用”“销售费用”等账户。这里的收入和费用之间有着直接配比或期间配比的关系。

(2) 用来反映营业外收支的账户，如“营业外收入”“营业外支出”账户。

(3) 用来反映所得税的账户，如“所得税费用”账户。

第二节　账户按用途结构的分类

账户按经济内容进行分类，对于正确地区分账户的经济性质，合理地设置和运用账户，提供企业经营管理和对外报告所需要的各种核算指标，具有重要意义。但是，仅按经济内容对账户进行分类，还难以详细地说明各个账户的具体用途，而且各种核算指标也不易统一。这是因为按照经济内容划分的账户，可能具有不同的用途和结构。账户的用途，是指设置和运用账户的目的，即通过账户记录提供什么核算指标；账户的结构，是指在账户中如何登记经济业务以取得所需要的各种核算指标，即账户借方登记什么，贷方登记什么，期末账户有无余额，如有余额在账户的哪一方，表示什么。例如，“固定资产”账户和“累计折旧”账户，按其反映的经济内容分属于资产类账户，而且都是用来反映固定资产的账户，但是，这两个账户的用途和结构是不相同的。“固定资产”账户是按其原始价值反映固定资产增减变动及其结存情况的账户，借方登记固定资产增加，贷方登记固定资产减少，期末借方余额表示企业现有固定资产的原始价值;“累计折旧”账户则是用来反映固定资产由于损耗而引起的价值减少,即累计提取折旧情况的账户,计提折旧的增加记入贷方,已提折旧的减少或注销记入借方,期末余额在贷方,表示现有固定资产的累计折旧。类似情况还有“本年利润”账户和“利润分配”账户。

另外,按照经济内容归属不同类别的账户,可能具有相同或相似的用途和结构。例如,“待摊费用”账户和“预提费用”账户,一个是资产类账户;另一个是负债类账户,但它们却有着相同的用途和结构,都是根据权责发生制原则的要求,为了划清各个会计期间的费用界限而设置和运用的,账户结构也基本相同。

以上事例说明,账户的用途和结构也是直接或间接地依存于账户的经济内容,虽然按照经济内容分类是账户的基本分类,但账户按经济内容分类并不能代替账户按用途和结构分类。为了深入地理解和掌握账户在提供核算指标方面的规律性,正确地设置和运用账户来记录经济业务,为决策者提供有用的会计信息,有必要在账户按经济内容分类的基础上,进一步研究账户按用途和结构的分类。而这一点又恰好说明了两种分类的关系:账户按经济内容分类是基本的、主要的分类,账户按用途结构分类是在按经济内容分类的基础上的进一步分类,是对账户按经济内容分类的必要补充。

账户按其用途结构分类,一般划分为盘存账户、资本账户、结算账户、损益类账户、集合分配账户、成本计算账户、跨期摊提账户、财务成果账户、计价对比账户和调整账户10类。

一、盘存账户

盘存账户是用来核算和监督各项财产物资和货币资金增减变动及其实有数额的账户。这类账户的借方反映各项财产物资和货币资金的增加,贷方反映各项财产物资和货币资金的减少;余额在借方,反映各项财产物资和货币资金的结存。盘存账户结构如图7-1所示。

借方　　　　盘 存 账 户	贷方
期初余额:期初财产物资或货币资金结存额 发生额:本期财产物资或货币资金的增加额	发生额:本期财产物资或货币资金的减少额
期末余额:期末财产物资或货币资金的结存额	

图7-1　盘存账户结构

属于盘存账户的有“原材料”“库存现金”“银行存款”“固定资产”等账户。这类账户均可以通过财产清查的方法,检查实存的财产物资及其在经营管理上存在的问题。这类账户除货币资金账户外,其实物明细账均可提供实物和货币两种指标。

二、资本账户

资本账户是用来核算和监督企业从外部取得的投资、增收的资本以及内部积累的增减变化及其实有数的账户。这类账户的借方反映各项投资和积累的减少,贷方反映各项投资和积累的增加;余额在贷方,反映各项投资和积累的实有数。资本账户结构如图7-2所示。

借方	资 本 账 户 贷方
发生额：本期投资和积累的减少额	期初余额：期初投资和积累实有额 发生额：本期投资和积累的增加额
期末余额：期末投资和积累实有额	

图 7-2 资本账户结构

属于资本账户的有“实收资本”“资本公积”“盈余公积”等账户。这类账户的总分类账及其明细分类账只能提供货币指标。

三、结算账户

结算账户是用来核算和监督因企业与其他经济主体及个人在经济往来中发生结算关系而产生的应收、应付款项的账户。应收款项与应付款项性质相反，前者属于资产，后者属于负债。因此，结算账户还可进一步细分。

(一) 债权结算账户

债权结算账户是用来核算和监督企事业单位与其他经济主体及个人在经济往来中发生的各种应收及预付款项的账户。这类账户的借方登记各项应收款项的增加，贷方反映各项应收款项的减少；余额在借方，反映各种应收款的结存，表示企业已取得尚未收回的债权。债权结算账户结构如图 7-3 所示。

借方	债权结算账户 贷方
期初余额：期初尚未收回的应收款项及未结算的预付款项 发生额：本期应收款项的增加额及预付款项的增加额	发生额：本期应收款项的减少额或预付款项的减少额
期末余额：期末尚未收回的应收款项及未结算的预付款项	

图 7-3 债权结算账户结构

属于债权结算账户的有“应收账款”“预付账款”“其他应收款”等账户。

(二) 债务结算账户

债务结算账户是用来核算和监督经济主体及个人在经济往来中发生的各种应付及预收款项的账户。这类账户的借方登记各项应付款项的减少，贷方反映各项应付款项的增加；余额在贷方，反映登记各种应付款的结存，表示企业尚未偿还的债务。债务结算账户结构如图 7-4 所示。

借方	债务结算账户 贷方
发生额：本期应付款项的减少额或预收款项的减少额	期初余额：期初尚未支付的应付款项及未结算的预收款项 发生额：本期应付款项的增加额及预收款项的增加额
	期末余额：期末尚未支付的应付款项及未结算的预收款项

图 7-4 债务结算账户结构

属于债务结算账户的有“应付账款”“预收账款”“其他应付款”“应交税费”“应付利润”“应付职工薪酬”等账户。

(三) 债权债务结算类账户

债权债务结算类账户也称资产债务结算账户和往来结算账户,是用来核算、监督企业同其他单位或个人之间的往来结算业务的账户。某些与企业经常发生业务往来的单位,有时是企业的债权人,有时又是企业的债务人。为了集中核算监督企业与该单位发生的债权债务等往来结算情况,有必要在同一个债权结算账户或者是同一个债务结算账户中核算应收和应付该单位款项的增减变动及其余额,即在债权或者债务结算类账户的借方登记债权的增加和债务的减少,贷方登记债务的增加和债权的减少。这类账户的余额可能在借方,也可能在贷方。余额若在借方,表示尚未收回的债权净额;余额若在贷方,表示尚未偿还的债务净额。如果企业不单独设置“预付账款”账户,而用“应付账款”账户同时核算和监督企业应收账款和预收账款的增减变动情况和结果,则此时的“应收账款”账户就是一个债权债务结算账户。债权债务结算类账户结构如图 7-5 所示。

借方　　**债权债务结算账户**　　贷方

期初余额:期初债权大于债务的差额 发生额:本期债权的增加额 本期债务的减少额	期初余额:期初债务大于债权的差额 发生额:本期债务的增加额 本期债权的减少额
期末余额:期末债权大于债务的差额	期末余额:期末债务大于债权的差额

图 7-5　债权债务结算账户结构

由于债权债务结算账户属于双重性账户,其余额有时在借方,有时在贷方,借方余额或贷方余额只是表示债权和债务增减变动后的差额,并不反映企业的债权和债务的实际余额。对于这类账户,在编制资产负债表时,应根据有关总分类账户和所属明细分类账户余额的方向来判断账户的性质是资产还是负债,以便真实反映企业债权和债务的实际情况。

结算账户的特点是,只提供货币指标,并按发生结算业务的单位或个人来开设明细分类账户,进行明细分类核算。

四、损益类账户

损益类账户是用来汇集企业在一定期间内某种收入或支出,并如期结转该项收入或支出的账户。该类账户按照其汇集的性质和经济内容,又可以划分为收益类账户和费用类账户。

(一) 收益类账户

收益类账户是用来汇集和分配结转企业在经营过程中从事某种经济活动或其他活动所取得收入的账户。这类账户的贷方反映某种收入的汇集,借方反映该项收入的减少或转销;归集的收入经转销后,账户无余额。收益类账户结构如图 7-6 所示。

借方　　**收 益 类 账 户**　　贷方

发生额:收入的减少额或转销额	发生额:归集本期内各项收入的增加额

图 7-6　收益类账户结构

属于收益类账户的有“主营业务收入”“其他业务收入”“投资收益”“营业外收入”等账户。

(二) 费用类账户

费用类账户是用来汇集和分配结转企业在经营过程中从事某种经济活动或其他活动所发生的费用或支出,以反映该项费用的发生及其分配情况的账户。这类账户的借方反映某种费用或支出汇集,贷方反映该项费用的分配结转;归集的费用(支出)经分配结转后,账户无余额。费用类账户结构如图 7-7 所示。

借方	费用类账户 贷方
发生额:归集本期内各项费用(支出)的增加额	发生额:费用的分配结转额

图 7-7 费用类账户结构

属于费用类账户的有“主营业务成本”“税金及附加”“财务费用”“管理费用”“销售费用”“其他业务成本”“营业外支出”“所得税费用”等账户。

可见损益类账户具有明显的过渡性质。

五、集合分配账户

集合分配账户是用来归集分配经营过程中某个阶段所发生的某种费用的账户。这类账户的借方登记费用的增加额,贷方登记费用的分配额。这类账户本期发生的费用一般会于期末全部分配出去,由有关的成本计算对象负担,所以一般没有期末金额。集合分配账户主要有“制造费用”账户。集合分配账户一般结构如图 7-8 所示。

借方	集合分配账户 贷方
发生额:归集本期经营过程中某方面费用的数额	发生额:分配到有关成本计算对象上的数额

图 7-8 集合分配账户结构

六、成本计算账户

成本计算账户是用来核算和监督企业在生产经营过程中某一经营阶段所发生的全部费用,并借以确定该过程各成本计算对象实际成本的账户。这类账户的借方登记应计入某成本对象的全部费用,表示费用的发生;贷方登记已完成的某阶段经营活动的成本;余额在借方,反映尚未结束的某经营阶段的实际成本。成本计算账户结构如图 7-9 所示。

属于成本计算账户的有“生产成本”等账户。这类账户除设置总分类核算外,还应按各个成本计算对象分别设置明细分类账进行明细核算,提供有关成本计算对象的货币指标和实物指标。

借方　　成本计算账户　　贷方

借方	贷方
期初余额：期初尚未完成某经营阶段的成本计算对象的实际成本 发生额：归集经营过程某个阶段发生的全部费用	发生额：结转已完成某个经营阶段的成本计算对象的实际成本
期末余额：尚未完成某经营阶段成本计算对象的实际成本	

图 7-9　成本计算账户结构

七、跨期摊提账户

跨期摊提账户是用来核算和监督应由几个会计期间共同负担的费用，并将这些费用在各个会计期间进行分摊或预提的账户。设置这类账户是为了按照权责发生制原则，严格划分费用的受益期间，正确计算各个会计期间的成本和盈亏，如“长期待摊费用”账户。这类账户的借方登记费用的实际支出额和发生额，贷方登记应由各个会计期间负担的费用数。跨期摊提账户结构如图 7-10 所示。

借方　　跨期摊提账户　　贷方

借方	贷方
期初余额：期初已支付但尚未摊销的待摊费用数额 发生额：本期待摊费用	发生额：本期待摊费用的摊销数额
期末余额：已支付但尚未摊销的待摊费用数额	

图 7-10　跨期摊提账户结构

八、财务成果账户

财务成果账户是用来计算并反映一定期间企业全部经营活动的最终成果，确定企业利润或亏损数的账户。这类账户的借方登记汇总各项经营业务活动的费用和损失，贷方登记汇总各项经营业务活动的收入。期末如为借方余额，表示费用大于收入的差额，为企业发生的亏损总额；期末如为贷方余额，表示收入大于费用的差额，为企业实现的利润总额。财务成果账户结构如图 7-11 所示。

借方　　财务成果账户　　贷方

借方	贷方
发生额：转入的各项费用	发生额：转入的各项收入
期末余额：发生的亏损总额	期末余额：实现的利润总额

图 7-11　财务成果账户结构

属于财务成果账户的主要有“本年利润”账户。这类账户只反映企业某一年财务成果的形成，平时的余额为本年的累计利润总额或亏损总额，年终结转后无余额。

九、计价对比账户

计价对比账户是对某项经济业务按两种不同的计价标准进行计价以确定其业务成果的账户。这类账户的借方登记某项经济业务的一种计价，贷方登记该项经济业务的另一种计价，期末将两种计价对比，确定成果。计价对比账户结构如图 7-12 所示。

借方	计价对比账户　　　　贷方
发生额：业务的第一种计价	发生额：业务的第二种计价
期末余额：第一种计价大于第二种计价的差额	期末余额：第二种计价大于第一种计价的差额

图 7-12　计价对比账户结构

属于计价对比账户的有“材料采购”账户。

十、调整账户

调整账户是用于调整某个账户（被调整账户）的余额，用来表明被调整账户实际余额的账户。调整账户按调整的方式可分为抵减账户、附加账户和抵减附加账户。

（一）抵减账户

抵减账户亦称备抵账户，是用来抵减被调整账户的余额以求得被调整账户实际余额的账户。其调整方式可用公式表示如下：

$$被调整账户余额 - 抵减账户余额 = 被调整账户实际余额 \tag{7-1}$$

抵减账户的余额一定要与被调整账户的余额方向相反，(7-1)式才能成立。如果被调整账户的余额在借方，抵减账户的余额一定在贷方，如“固定资产”账户和 “累计折旧”账户、“应收账款”账户和“坏账准备”账户。其抵减方式如图 7-13 所示。

借方　被调整账户	贷
余额：某项经济活动的原始数额	

借方　抵减账户	贷
	余额：该项经济活动的抵减数额

图 7-13　抵减方式

如果被调整账户的余额在贷方，抵减账户的余额一定在借方，如“本年利润”账户和“利润分配”账户。其抵减方式如图 7-14 所示。

借方　被调整账户	贷
	余额：某项经济活动的原始数额

借方　抵减账户	贷
	余额：该项经济活动的抵减数额

图 7-14　抵减方式

（二）附加账户

附加账户是用来增加被调整账户的余额以求得被调整账户实际余额的账户。其调整方式可用公式表示如下：

$$被调整账户余额 + 附加账户余额 = 被调整账户实际余额 \tag{7-2}$$

附加账户的余额一定要与被调整账户的余额方向一致，(7-2)式才能成立。如果被调整账户的余额在借方，附加账户的余额也一定在借方；如果被调整账户的余额在贷方，附加账户的余额也一定在贷方。其附加方式如图 7-15 所示。

借方	被调整账户	贷
余额：某项经济活动的原始数额		

借方	附加账户	贷
余额：该项经济活动的附加数额		

图 7-15 附加方式

(三) 抵减附加账户

抵减附加账户是依据调整账户的余额方向不同,用来抵减被调整账户余额,或者用来附加被调整账户余额,以求得被调整账户实际余额的账户。当调整账户的余额与被调整账户的余额方向相反时,这类账户起抵减作用,其调整方式与抵减账户相同;当调整账户的余额与被调整账户的余额方向一致时,这类账户起附加作用,其调整方式与附加账户相同。这类账户的具体运用将在“财务会计学”中阐述。

应当指出,被调整账户与调整账户是反映相同经济内容的,相互联系、相互结合使用的一组账户。调整账户离开了被调整账户,将失去存在的意义。被调整账户反映某项经济活动的原始数额,调整账户反映对原始数额的调整数额,两者结合,共同担负经济管理中所需要的某些特定指标。

总结案例

宏达厂是一家钢厂,东信公司是一家钢材加工企业,两家企业已是多年的合作伙伴,东信公司经常从宏达厂购入生产所需钢材。在购料款的结算方面,双方时有赊销和预付的情况发生,但因相互信任,讲求诚信,预付货款的情况不是很多。

要求:

(1) 对于此类货款结算业务,双方应分别设置哪些账户进行核算?

(2) 在预付货款不多的情况下,双方可否将所设相应账户进行合并?如何合并?

(3) 若某日,东信公司预付 8 000 元货款给宏达厂。对此笔预付款,双方应如何结合账户设置进行核算分析?

分析提示

将账户按用途结构进行分类时,有一类账户叫结算账户,包括债权结算账户、债务结算账户、债权债务结算账户。可结合该类账户的设置要求及账户结构进行分析。

思政德育课堂

本 章 小 结

为了更好地掌握和运用账户,有必要进一步掌握账户的分类。本章主要介绍了账户按经济内容的分类和按用途结构的分类。就工业企业而言,账户按经济内容可以分为资产、负债、所有者权益、成本和损益类账户。账户按用途结构可以分为盘存账户、资本账户、结算账户、损益类账户、集合分配账户、成本计算账户、跨期摊提账户、财务成果账户、计价对比账户和调整账户。这两种分类的关系是:账户按经济内容分类是最基本、最主要的分类,按用途结构分类是在此基础上所作的进一步分类，是对账户按经济内容分类的必要补充。有些账户按经济内容分属同一类，但按用途结构分则属不同类，学习时要注意融会贯通，深入理解。

思 考 题

1. 账户按经济内容可分为哪几类？每一类包括哪几小类？
2. 账户按用途结构可分为哪几类？
3. 什么是调整账户？可分为哪几类？
4. 什么是结算账户？可分为哪几类？
5. 什么是盘存账户？它有何特点？

巩 固 训 练

一、单项选择题

1. 按账户所反映的会计对象要素分类，“累计折旧”账户属于(　　)的账户。
   A. 反映流动负债　　B. 反映长期负债
   C. 反映非流动资产　　D. 反映流动资产
2. 按账户所反映的会计对象要素分类，“利润分配”账户属于(　　)账户。
   A. 资产类　　B. 负债类　　C. 所有者权益类　　D. 利润类
3. 通常，资本账户期末(　　)。
   A. 余额在借方　　B. 余额在贷方
   C. 余额可能在借方，也可能在贷方　　D. 没有余额
4. “应收账款”和“其他应收款”账户都属于(　　)账户。
   A. 短期负债类　　B. 流动负债类　　C. 债权结算　　D. 债务结算
5. “本年利润”账户平时有余额，年终结转“利润分配”账户后，其年终(　　)。
   A. 余额在借方　　B. 余额在贷方
   C. 余额可能在借方，也可能在贷方　　D. 无余额
6. 被调整账户与调整账户的余额方向(　　)。
   A. 在同一方向　　B. 在相反方向
   C. 可能在同一方向，也可能在相反方向　　D. 没有必然联系
7. 债权结算账户的贷方登记(　　)。
   A. 应收账款的减少　　B. 应收账款的增加
   C. 预收账款的减少　　D. 预收账款的增加
8. 财务成果账户的贷方余额表示(　　)。
   A. 利润总额　　B. 亏损总额　　C. 收益总额　　D. 费用总额
9. 账户按用途和结构分类，“坏账准备”账户属于(　　)。

A. 计价对比账户　B. 费用账户　C. 附加账户　D. 抵减账户

二、多项选择题

1. 账户按会计对象要素分类，一般分为资产类、收入类、利润类、(　　)账户。

A. 结算类　B. 所有者权益类　C. 成本费用类　D. 负债类

2. 下列账户中，属于反映流动负债类账户的账户有(　　)。

A. “应付职工薪酬”　B. “预收账款”

C. “其他应付款”　D. “长期借款”

3. 账户的结构具体包括(　　)。

A. 账户借方核算的内容　B. 账户贷方核算的内容

C. 账户期末余额的方向　D. 账户余额所表示的内容

4. 通过设置和运用明细账，可以提供实物和金额两种指标的盘存账户有(　　)。

A. “原材料”　B. “库存现金”　C. “银行存款”　D. “固定资产”

5. 下列账户中，属于费用类账户的有(　　)。

A. “主营业务成本”　B. “生产成本”　C. “制造费用”　D. “管理费用”

6. 下列账户中，属于债务结算账户的有(　　)。

A. “应付账款”　B. “应付职工薪酬”

C. “应交税费”　D. “预付账款”

7. 下列账户中，属于成本计算账户的有(　　)。

A. “生产成本”　B. “材料采购”　C. “制造费用”　D. “管理费用”

8. 下列账户中，属于资产备抵账户的有(　　)。

A. “累计折旧”　B. “坏账准备”　C. “利润分配”　D. “预付账款”

三、判断题

1. 账户按经济内容分类，也就是账户按会计要素分类。(　　)
2. 账户按用途结构分类实质上是对账户按经济内容分类的一种再分类。(　　)
3. 全部资产类账户都是盘存账户，全部盘存账户也都是资产类账户。(　　)
4. 反映企业现金、银行存款增减变化及其结存情况的账户，在账户分类中属于资产类账户和盘存账户。(　　)
5. “预收账款”账户按经济内容分类，属于资产类账户。(　　)
6. 盘存账户的共同特点是能够通过财产清查、实地盘点，保证账实相符。(　　)
7. 跨期摊提账户结构的特点是，借方登记本期费用的发生或支付数，贷方登记本期应摊配数。(　　)
8. 债权债务结算账户属于双重性质账户，其余额有时在借方，有时在贷方。(　　)
9. 成本计算账户期末如有余额一定在借方，表示尚未完成某一过程的成本计算对象的实际成本。(　　)

四、业务题

业务一

1. 目的：账户按经济内容和用途结构分类。
2. 资料：“库存现金”“银行存款”“库存商品”“固定资产”“应付账款”“预收账款”“短

期借款”“制造费用”“应付职工薪酬”“应交税费”“应收账款”“应收票据”“其他应收款”“实收资本”“盈余公积”“制造费用”“生产成本”“主营业务收入”“营业外收入”“主营业务成本”“销售费用”“管理费用”“财务费用”“本年利润”“累计折旧”“坏账准备”“利润分配”“物资采购”账户。

3. 要求：将上列账户名称填入表 7-1 中相应栏目内。

表 7-1 账户分类表

按经济内容分类 / 按用途结构分类	资产类账户	负债类账户	所有者权益类账户	成本类账户	损益类账户
盘存账户					
结算账户					
跨期摊提账户					
资本账户					
集合分配账户					
损益类账户					
成本计算账户					
财务成果账户					
计价对比账户					
调整账户					

业务二

1. 目的：账户按用途结构分类。

2. 资料：业务资料如图 7-16 所示。

借方 **固定资产** 贷方

借方		贷方	
期初余额：	500 000		
本期发生额：	60 000	本期发生额：	80 000
期末余额			

借方 **应收账款** 贷

借方		贷方	
期初余额：	30 000		
本期发生额：	20 000	本期发生额：	40 000
期末余额			

借方 **坏账准备** 贷

借方		贷方	
		期初余额：	500
本期发生额：	500	本期发生额：	600
		期末余额	

借方 **累计折旧** 贷

借方		贷方	
		期初余额：	80 000
本期发生额：	20 000	本期发生额：	20 000
		期末余额	

图 7-16 业务资料

3. 要求：

(1) 计算上述账户期末余额。

(2) 计算“应收账款”“固定资产”账户期末净额。

第八章
财 产 清 查

导入案例

华为财产清查与资产优化

为提升资产利用率和财务管理水平，华为在2022年开展了一次全面的财产清查，重点检查资产的存在性和价值，并对不良资产进行清理和优化。在清查过程中，华为发现部分资产账面价值与市场价值存在较大偏差。华为据此进行资产重估，调整资产价值，并计提减值准备。针对清查中发现的低效或闲置资产，华为采取了资产处置、转移或再利用的策略，以优化资产结构和提升资源利用率。财产清查是确保账实相符的重要手段，有助于发现和纠正资产管理中的问题，保证财务报告的真实性和完整性。那么财产清查是如何进行的？应采用何种程序和方法？

本章学习目标

1. 了解：财产清查的意义和种类。
2. 理解：财产清查的概念。
3. 掌握：各类财产清查方法；财产盘盈、盘亏的账务处理。

第一节 财产清查概述

一、财产清查的概念和意义

财产清查是通过对财产物资、货币资金和往来款项进行实地盘点与核对，以查明其实有数同账面数是否相符的一种专门的会计方法。

财产清查的范围极为广泛，从形态上看，既包括各种实物的清点，也包括各种债权、债务和结算款项的查询核对；从存放地点看，既包括对存放在本企业的财产物资的清查，也包括对存放在外单位的实物和款项的清查。另外，对其他单位委托代为保管或加工的材料物资，也同样要进行清查。

(一) 财产清查原因

会计核算的对象是企业实际发生的经济业务，在核算过程中，如果严格遵循规范的程序和方法进行记录和核算，账簿记录就能够真实地反映财产物资的增减变动和结余。但是在实际工作中，通常会出现下列情况：

(1) 财产物资在保管过程中发生自然损耗，如干耗、破损、霉烂等。

(2) 由于计量检验器具不准确，造成财产物资收发时出现品种或数量上的计量错误。

(3) 保管人员在收发中发生计算或登记的差错。

(4) 会计人员记账时出现差错。

(5) 因管理不善或责任人失职造成了变质、短缺等损失。

(6) 不法分子贪污盗窃、营私舞弊造成的损失。

(7) 遭受了自然灾害，如水灾、火灾等。

上述情况的发生，往往会造成某些财产物资的实存数与账存数不符。因此，财产清查的目的，就是要查明并保证各资产项目的账实一致性。企业和行政、事业等单位的各种财产物资增减变动及结存情况，都是以会计账簿来记录反映的，准确地反映各项资产的真实情况，是经济管理对会计核算的客观要求，也是会计核算的基本原则，为此，必须进行财产清查。

(二) 财产清查的意义

1. 保证会计核算资料真实准确

通过财产清查，企业能够查明各项财产的实际数额，并与账面数额进行核对，确定账存数与实存数是否相符。对确认的盘亏、盘盈财产及时进行处理，保证会计账簿记录的真实准确。财产清查在编制会计报表之前进行，可以保证会计报表的各项数据真实准确，为单位的生产经营管理提供正确、有效的信息，避免预测和决策的失误。

2. 能够有针对性地建立、健全财产物资管理制度

通过财产清查，对某些财产账实不符的原因进行分析，企业能够及时发现财产物资管理制度存在的薄弱环节，有针对性地建立、健全管理制度和内部控制制度，堵塞漏洞；进一步明确经济责任，防患于未然，提高财产物资的管理水平，保证物流管理质量。

3. 促进资产的有效管理和安全完整

财产清查能够使有关人员具体了解单位各项财产的使用、储存状况和质量构成,及时发现不良资产和沉淀资产。对于因损坏或变质而失去有效性的不良资产应及时转销,以免虚列资产,使资产不实;对于储存时间太长,将失去有效性和超储积压的沉淀资产应及时处理,避免损失,减少资金占用,使其可以被投入正常的经营周转中,从而促进资金的有效管理和安全检查完整。

二、财产清查的种类

财产清查总是在具体的时间、地点和一定范围内进行的,为了正确地使用财产清查方法,必须对其进行分类考察。财产清查可以按不同的标准进行分类。

(一) 按清查的对象和范围划分,可分为全面清查和局部清查

1. 全面清查

全面清查是指对全部财产进行的盘点和核对。例如,工业企业全面清查的内容一般包括:①结算款项,包括应收款项、应付款项、应交税费等是否存在,与债务、债权单位的相应债权、债务金额是否一致;②材料、在产品、自制半成品、库存商品等各项存货的实存数量与账面数量是否一致,是否有报废损失和积压物资等;③各项投资是否存在,投资收益是否按照国家统一的会计制度规定进行确认和计量;④房屋建筑物、机器设备、运输工具等各项固定资产的实存数量与账面数量是否一致;⑤在建工程的实际发生额与账面记录是否一致;⑥需要清产核实的其他内容。

全面清查范围广,参加的部门人员多。一般来说,在以下几种情况下,需要进行全面清查:①编制年度会计报表之前;②法定进行的清产核资或资产评估;③发生产权方面的重大变化,如破产清算、撤销、兼并、改制或改变隶属关系;④发生了重大的经济违法事件。

2. 局部清查

局部清查是指根据需要对部分财产进行的盘点和核对。由于全面清查太过费力,难以经常进行,企业一般只进行局部清查。局部清查通常在以下情况进行:

(1) 流动性较大的物资,如材料、产成品等,除年度清查外,年内还要轮流盘点或重新抽查一次。

(2) 对于各种贵重物资,每月应清查盘点一次。

(3) 对于银行存款和银行借款,每月同银行核对一次。

(4) 库存现金由出纳人员在每日终了时,自行清查一次。

(5) 各种往来款项,每年至少要核对一至两次。

另外,对发现某种物品被盗或者由于自然力造成物品毁损,以及其他责任事故造成物品损失等,都应及时进行局部清查,以便查明原因,及时处理,并调整账簿记录。

(二) 按清查的时间划分,可分为定期清查和不定期清查

1. 定期清查

定期清查是指按照预先安排的时间对财产物资、货币资金和往来款项进行的盘点和核对,通常在年末、季末、月末结账时进行。定期清查根据不同需要,可以全面清查,也可以局部清查。一般情况下,年末进行全面清查,季末、月末只进行局部清查。

2. 不定期清查

不定期清查是事先并不规定清查时间，而是根据实际需要临时决定对财产物资进行盘点与核对。不定期清查一般在以下情况进行：

（1）更换财产物资和库存现金保管人员时，为分清经济责任，需对有关人员所保管的财产物资和库存现金进行清查。

（2）发生非常灾害和意外损失时，要对受灾损失的财产进行清查，以查明损失情况。

（3）上级主管部门、财政和审计部门，要对本单位进行会计检查时，应按检查要求及范围进行清查，以验证会计资料的真实可信。

（4）按照有关规定，进行临时性的清产核资工作，以摸清企业的家底。

根据上述情况进行不定期清查，其对象和范围可以是全面清查，也可以是局部清查，应根据实际需要而定。

第二节　财产清查的程序和方法

一、财产清查的程序

财产清查是一项工作量大、涉及面广的工作，为了保证财产清查的质量，达到清查的目的，应该按科学合理的程序进行财产清查。财产清查一般可分为准备阶段、实施清查阶段以及分析和处理阶段。

（一）准备阶段

财产清查涉及管理部门、财务会计部门、财产物资保管部门，以及与本单位有业务和资金往来的外部有关单位和个人。因此，为了保证财产清查工作有条不紊地进行，财产清查前必须有组织、有领导、有步骤地做好准备工作。

1. 组织准备

（1）成立清查领导小组。财产清查必须成立清查领导小组，负责清查的组织和管理体制。特别是全面清查时，范围广，任务重，应由厂级领导任清查领导小组负责人。清查领导小组的任务是：①负责清查工作意义的宣传，提高有关人员完成清查工作的自觉性；②制订清查计划，确定清查范围，规定清查时间和步骤；③配备清查人员，落实清查人员的分工和职责；④协调有关部门处理清查中出现的矛盾，检查清查工作的质量，提出清查结果的处理意见。

（2）配备清查人员。参加清查工作的人员应由会计、业务、仓库等部门的人员组成。选择清查人员的标准是责任心强、业务水平高、作风严谨。清查人员的任务是具体进行各项清查工作的操作。

2. 业务准备

为了保证财产清查的质量，达到确定各项财产物资是否账实相符的目的，还必须保证清查工具的质量。为此，凡是与清查有关的工具，都要在财产清查开始之前事先做好准备。准备的具体内容如下：

(1) 账簿准备。这项工作的负责人是会计人员。账簿准备的具体内容是：将所有财产物资的收发凭证都登记入账，结出余额；认真核对总账和有关明细账的余额，做到计算正确、内容完整、账证相符、账账相符，保证为账实核对提供正确的依据。

(2) 实物准备。这项工作的负责人是财产物资使用、保管部门的人员。实物准备的具体内容是：将所有进行清查的实物整理清楚，放置整齐，码放一致，便于点数；要挂上标签，标明实物名称、规格和结存数量；实物使用、保管部门如有明细账的，要结出明细账的余额。

(3) 计量器具和登记表格的准备：①计量器具，在清查地点准备好各种计量器具，并严格检查校正度量衡器具，保证计量准备；②登记表格，为清查人员准备好登记用的各种表格，如盘点表、实存账存对比表等；还要在盘点表中预先抄写填列各项财产物资的编号、名称、规格和存放地点等。

(二) 实施清查阶段

财产清查的重要环节是盘点财产物资的实存数量。为明确责任，在财产清查过程中，实物保管人员必须在场，并参加盘点工作。盘点结果应由清查人员填写盘存单，详细说明各项财产物资的编号、名称、规格、计量单位、数量、单价、金额等，并由盘点人员和实物保管人员分别签字盖章。盘存单是实物盘点结果的书面证明，也是反映财产物资实存金额的原始凭证。其一般格式如表 8-1 所示。

表 8-1 盘 存 单

单位名称： 盘点时间： 财产类别： 编号：
存放地点：

编号	名称	规格	计量单位	数量	单价	金额	备注

盘点人签章： 实物保管人签章：

(三) 分析和处理阶段

盘点完毕，会计部门应根据盘存单上所列的物资的实际结存数与账面结存记录进行核对。对于账实不符的，应编制实存账存对比表，确定财产物资盘盈或盘亏的数额。实存账存对比表是调整账面记录的重要原始凭证，也是分析盘盈盘亏原因、明确经济责任的重要依据。其一般格式如表 8-2 所示。

表 8-2 实存账存对比表

单位名称 年 月 日

编号	类别及名称	计量单位	单价	实存		账存		对比结果				备注
								盘盈		盘亏		
				数量	金额	数量	金额	数量	金额	数量	金额	

二、实物资产的清查

(一) 财产盘存制度

财产的盘存制度是指在日常会计核算中采取什么方式来确定各项财产物资的账面结存额的一种制度。财产清查是为了确定本单位的各项财产实存数额与账面数额是否相符,那么在日常核算中,实存数额与账面数额是什么关系呢?这要取决于采用的核算方法,即采用永续盘存制,还是采用实地盘存制。

1. 永续盘存制

永续盘存制也称账面盘存制,是指通过账簿记录连续反映各项财产物资增减变化及结存情况的方法。采用这种方法要求平时在各种财产物资的明细账上,根据会计凭证将各项财产物资的增减数额连续进行登记,并随时结出账面余额。可根据下列公式结出账面余额:

$$发出存货价值 = 发出存货数量 \times 存货单价 \tag{8-1}$$

$$期末账面结存金额 = 期初账面结存金额 + 本期增加金额 - 本期减少金额 \tag{8-2}$$

永续盘存制的优点:一是核算手续严密,能及时反映各项财产物资的收、发、结存情况;二是财产物资明细账上的结存数量,可以随时与确定的库存最高储备量和最低储备量进行比较,检查有无超额储备或储备不足的情况,以便随时组织物资的购销或处理,加速资金周转;三是通过对财产物资的轮番盘点,经常保持账实相符,如果财产物资发生溢余和短缺,应查明原因,及时纠正。

永续盘存制的缺点是各项财产物资的明细账核算工作量大。尽管如此,这种方法加强了对财产物资的管理,在控制和保护财产安全方面有明显的优越性,在会计实务中得到广泛应用。一般来说,除特殊行业的企业对于特定商品的核算必须采用实地盘存制外,都应采用永续盘存制。

【例 8-1】 东方实业公司 20×9 年 7 月份 W 材料发生以下收发业务:

(1) 7 月 1 日,结存 2 000 千克,单价 30 元,金额 60 000 元。

(2) 7 月 3 日,购入 400 千克,单价 30 元。

(3) 7 月 9 日,发出 500 千克,单价 30 元。

(4) 7 月 12 日,发出 700 千克,单价 30 元。

(5) 7 月 20 日,购入 900 千克,单价 30 元。

根据以上资料,采用永续盘存制度,登记 W 材料明细分类账如表 8-3 所示。

表 8-3 明细分类账

会计科目:W 材料　　　　第　　页

20×9 年		凭证号数	摘要	收入			发出			结余		
月	日			数量	单价	金额	数量	单价	金额	数量	单价	金额
7	1		期初余额							2 000	30	60 000
7	3	(略)	购入	400	30	12 000				2 400	30	72 000
7	9	(略)	发出				500	30	15 000	1 900	30	57 000

（续表）

20×9 年		凭证号数	摘要	收入			发出			结余		
月	日			数量	单价	金额	数量	单价	金额	数量	单价	金额
7	12	（略）	发出				700	30	21 000	1 200	30	36 000
7	20	（略）	购入	900	30	27 000				2 100	30	63 000
7	31		合计	1 300	30	39 000	1 200	30	36 000	2 100	30	63 000

2. 实地盘存制

实地盘存制是指对各项财产物资平时只在明细账中登记增加数，不登记减少数，月末根据实地盘点的结存数倒挤出财产物资减少数，并据以登记有关账簿的一种方法。本期减少数的计算公式如下：

期末存货金额 = 期末存货盘点数量 × 存货单价　　(8-3)

本期减少金额 = 期初账面结存金额 + 本期增加金额 − 期末存货金额　　(8-4)

【例 8-2】 以前例资料为依据，采用实地盘存制度，经期末盘点，库存商品账面结存数量为 2 000 千克，则 W 材料明细分类账如表 8-4 所示。

表 8-4　明细分类账

会计科目：W 材料　　第　　页

20×9 年		凭证号数	摘要	收入			发出			结余		
月	日			数量	单价	金额	数量	单价	金额	数量	单价	金额
7	1		期初余额							2 000	30	60 000
7	3	（略）	购入	400	30	12 000				2 400	30	72 000
7	20	（略）	购入	900	30	27 000				3 300	30	99 000
7	31		盘点							2 000	30	60 000
7	31		发出				1 300	30	39 000			
7	31		合计	1 300	30	39 000	1 300	30	39 000	2 000	30	60 000

实地盘存制的主要优点：由于不登记减少数，可以减轻会计人员平时的工作量。实地盘存制的主要缺点：一是，手续不够严密，不能通过账簿记录随时反映和监督各种财产物资的增加、减少和结存情况；二是，由于以期末结存数量来倒挤本期财产物资的减少数量会使得凡属未计入期末结存的财产物资都被认为是已经使用，这样很容易使已发生的浪费、盗窃和自然损耗所形成的损失都隐藏到倒挤求得的减少数内，作为成本开支，从而模糊合理损耗和不正当损害的界线，削弱了对财产物资的监督作用，影响了成本计算的正确性和清晰性；三是，月末一次盘点结存数，这样虽然减少了平时的工作量，但加大了会计期末的工作。

由此可见，实地盘存制是一种不完善和不严密的财产物资管理办法，非特殊情况，一般不宜采用。在实际工作中，实地盘存制通常只适用于价值低、规格杂、增减频繁的材料、废料或是零售商店非贵重商品和一些损耗大、质量不稳定的鲜活商品。

（二）存货的计价方法

企业的各项存货，由于入库的批次不同，往往形成不同的入库单价。而发出存货时，就涉及采用哪一个入库单价的问题。确定发出存货单价的常用方法有四种，即先进先出法、全月一次加权平均法、移动加权平均法和个别计价法。在实际工作中，企业可以根据存货的特点和市场价格等实际情况选择相应的计价方法。

1. 先进先出法

先进先出法下，假定先入库的财产物资先出库，发出财产物资的单价按账面登记的最先入库的财产物资的单价计算。具体做法是：收入存货时，逐笔登记每一批存货的数量、单价和金额；发出存货时，按照先进先出法的原则计价，逐笔登记存货的发出和结存金额。下面举例说明用先进先出法对发出存货及期末结存存货价值的计算方法。

【例 8-3】 东方实业公司 20×9 年 7 月 L 材料期初库存数量为 300 千克，单价 20 元。L 材料本月库存变动情况如下：5 日购入 400 千克，单价 21 元；9 日发出 400 千克；12 日购入 700 千克，单价 19 元；23 日发出 400 千克。

采用先进先出法核算东方实业公司 20×9 年 7 月发出 L 材料的价值和期末 L 材料的价值。具体如表 8-5 所示。

表 8-5 明细分类账

会计科目：L 材料　　　　第　　页

20×9 年		凭证号数	摘要	收入			发出			结余		
月	日			数量	单价	金额	数量	单价	金额	数量	单价	金额
7	1		欺初余额							300	20	6 000
7	5	（略）	购入	450	21	9 450				300 450	20 21	6 000 9 450
7	9	（略）	发出				300 100	20 21	6 000 2 100	350	21	7 350
7	12	（略）	购入	650	19	12 350				350 650	21 19	7 350 12 350
7	23	（略）	发出				350 50	21 19	7 350 950	600	19	11 400
7	31		合计	1 100		21 700	800		16 300	600	19	11 400

2. 全月一次加权平均法

全月一次加权平均法下，财产物资明细账的登记处理方法是：购入的财产物资逐笔登记数量、单价和金额，发出的财产物资逐笔登记数量，不登记单价和金额，也不逐笔计算结存的单价和金额。月末，计算出财产物资的加权平均单价，按这个加权平均单价分别计算发出和结存的财产物资的金额。全月一次加权平均法的计算公式如下：

$$\text{存货平均单价}=\left(\text{期初结存存货实际成本}+\text{本月收入存货实际成本}\right)\div\left(\text{期初结存存货数量}+\text{本期收入存货数量}\right) \tag{8-5}$$

【例 8-4】 承[例 8-3],采用全月一次加权平均法对发出存货及期末结存存货价值进行计算。

采用全月一次加权平均法核算东方实业公司 20×9 年 7 月发出 L 材料的价值和期末 L 材料的价值,如表 8-6 所示。

表 8-6 明细分类账

会计科目:L 材料　　　　第　　页

20×9 年		凭证号数	摘要	收入			发出			结余		
月	日			数量	单价	金额	数量	单价	金额	数量	单价	金额
7	1		期初余额							300	20	6 000
7	5	(略)	购入	450	21	9 450				300 400		
7	9	(略)	发出				400			300		
7	12	(略)	购入	650	19	12 350				300 700		
7	23	(略)	发出				400			600		
7	31		合计	1 100		21 800	800	19.86	15 884	600	19.86	11 916

L 材料平均单价为 19.86 元[(6 000＋21 800)÷(300＋1 100)],发出存货成本按照单价 19.86 元计算出的结果应为 15 888 元。由于尾数的原因,将 4 元的差额从发出材料成本中减去,发出存货的成本调整为 15 884 元。

3. 移动加权平均法

移动加权平均法下,财产物资明细账的登记处理方法是:每次收到存货后,立即根据库存存货的总数量和总成本计算出新的加权平均单位成本,并对发出存货进行计价。购入的财产物资逐笔登记数量、单价和金额,并按新的加权平均单价计算结存的数量、单价和金额;发出的财产物资逐笔登记数量、单价和金额,并随时计算结存的数量、单价和金额。采用移动加权平均法计算存货平均单价的公式如下:

$$\text{存货平均单价}=\left(\text{原有结存存货实际成本}+\text{本批收入存货实际成本}\right)\div\left(\text{原有结存存货数量}+\text{本批收入存货数量}\right) \tag{8-6}$$

【例 8-5】 承[例 8-3],采用移动加权平均法对发出存货及期末结存存货价值进行计算。

采用移动加权平均法核算东方实业公司 20×9 年 7 月份发出 L 材料的价值和期末 L 材料的价值具体如表 8-7 所示。

表8-7 明细分类账

会计科目：L材料 第 页

20×9年		凭证号数	摘要	收入			发出			结余		
月	日			数量	单价	金额	数量	单价	金额	数量	单价	金额
7	1		期初余额							300	20	6 000
7	5	（略）	购入	450	21	9 450				750	20.6	15 450
7	9	（略）	发出				400	20.6	8 240	350	20.6	7 210
7	12	（略）	购入	650	19	12 350				1 000	19.56	19 560
7	23	（略）	发出				400	19.56	7 824	600	19.56	11 736
7	31		合计	1 100		21 800	800		16 064	600	19.56	11 736

4. 个别计价法

个别计价法下，财产物资发出的实际成本是根据其入库时的实际成本计算的。为了保证这种方法的正确使用，财产物资入库时，必须编号，挂上标签，分别存放和保管。这种方法一般只适用于价值高、数量小的财产物资。其计算公式如下：

$$每批次存货发出成本 = 该批次存货发出数量 \times 该批次存货的单位成本 \quad (8-7)$$

（三）实物资产清查的具体方法

实物资产的清查是指对固定资产、原材料、在产品、委托加工材料和库存商品等，应从质量上和数量上进行清查，并核定其实际价值。对实物资产的清查通常有以下几种方法：

（1）实地盘点法。它是通过逐一清点或使用计量器计量的方法确定物资实存数量的一种方法。这种方法适用于原材料、机器设备和库存商品等多数财产物资的清查。

（2）抽样盘存法。它是通过测算总体积或总重量，再抽样盘点单位体积和单位重量，并测算出总数的方法。这种方法适用于包装完整的大件财产及价值小、数量多、质量比较均匀的不便于逐一点数的财产物资，如包装好的成袋粮食、化肥。从本质上讲，它是实地盘点法的一种补充方法。

（3）技术推算法。它是通过量方、计尺等技术推算的方法来确定财产物资结存数量的一种方法。这种方法适用于难以逐一清点的物资，如散装的饲料、化肥等。从本质上讲，它也是实地盘点法的一种补充方法。

（4）查询核实法。它是依据账簿记录，以一定的查询方式，核查财产物资、货币资金、债权债务数量及其价值量的方法。这种方法通常根据查询结果进行分析，以确定有关财产物资、货币资金、债权债务的实物数量和价值量，适用于债权债务、委托代销、委托加工、出租出借的财产物资以及外埠存款等的清查。

对于财产物资的质量，可以根据不同的物理、化学性质采取不同的技术方法进行检查，并根据其质量情况，按照成本价值计价原则，对清查物资的价值进行如实记录。

盘点结束，应将各项财产物资的盘点结果如实地登记在实物盘存单上，通过实存数额与账面结存数额核对。如果发现账实不符，会计人员应编制实存账存对比表，以确定各种实物的盘盈或盘亏数额。实存数大于账存数，为盘盈；实存数小于账存数，为盘亏。实存账存对比表是财产清查的重要报表,应严肃认真地填报。

三、库存现金的清查

库存现金的清查主要是通过盘点库存现金的实有数,然后与现金日记账相核对,确定账存与实存是否相等。库存现金清查包括以下两种情况:

(1) 由出纳人员每日清点库存现金的实有数,并与现金日记账余额相核对,以确保账实相符,这是出纳人员的职责。

(2) 由清查人员定期或不定期地进行清查。清查时,出纳人员必须在场,配合清查人员清查账务处理是否合理合法、账簿记录有无错误,以确定账实是否相符。对于临时挪用和借给个人的库存现金,不允许以白条收据抵库;对于超过银行核定限额的库存现金,要及时送存开户银行;不允许任意坐支现金。

库存现金盘点结束后,应根据实地盘点的结果及与现金日记账核对的情况及时填制库存现金盘点报告表。库存现金盘点报告表也是重要的原始凭证,它既起实物盘存单的作用,又起实存账存对比表的作用。也就是说,库存现金盘点报告表既能反映库存现金的实存数、并据以调整账面记录的原始凭证,又是分析库存现金余缺的依据。因此,库存现金盘点报告表应由盘点人员和出纳人员认真填写,共同签章。库存现金盘点报告表的一般格式如表 8-8所示。

表 8-8 库存现金盘点报告表

单位名称: 年 月 日 单位:元

实存金额	账存金额	对比结果		备注
		盘盈	盘亏	

盘点人员签章: 出纳签章:

四、银行存款的清查

银行存款的清查主要是将银行送来的对账单上银行存款的余额与本单位银行存款日记账的账面余额逐笔进行核对,以查明账实是否相符。在同银行核对账目之前,应先详细检查本单位银行存款日记账的正确性与完整性,再根据银行送来的对账单逐笔核对。但由于办理结算手续和凭证传递时间的原因,即使企业和银行双方记账过程都没有错误,企业银行存款日记账的余额和银行对账单的余额也可能不一致。产生这种不一致的原因是可能存在未达账项。未达账项,是指由于结算凭证传递时间的原因,造成企业与银行双方之间对于同一项业务,一方先收到结算凭证、先收款或付款记账,而另一方尚未收到结算凭证、未收款或未付款未记账的账项。企业与银行之间的未达账项大致有以下四种类型:

(1) 企业存入银行的款项,企业已经作为存款入账,而开户银行尚未办妥手续,未记入企业存款户,简称企收银未收。

(2) 企业开出支票或其他付款凭证,已作为存款减少登记入账,而银行尚未支付或办理，未记入企业存款户，简称企付银未付。

(3) 企业委托银行代收的款项或银行付给企业的利息，银行已收妥登记入账，而企业没有接到有关凭证尚未入账，简称银收企未收。

(4) 银行代企业支付款项后，已作为款项减少记入企业存款户，但企业没有接到通知尚未入账，简称银付企未付。

上述任何一种情况的发生，都会导致企业银行存款日记账的余额与银行对账单的余额不一致。因此，在对银行存款的清查中，除了对发现记账造成的错误要及时进行处理，还应注意有无未达账项。如果发现有未达账项，应通过编制银行存款余调节表予以调节，以检验双方的账面余额是否相符。银行存款余调节表的编制方法是：在企业和银行两方面余额的基础上，各自补记一方已入账而另一方尚未入账的数额，以消除未达账项的影响，求得双方的一致。

【例 8-6】 东方实业公司 20×9 年 1 月 31 日的银行存款日记账的余额为 14 270 元，银行对账单上的存款余额为 16 010 元，经逐笔核对，发现未达账项有：

(1) 企业月末存入的转账支票为 1 160 元，银行尚未入账。

(2) 企业开出支付货款的支票为 420 元，银行尚未入账。

(3) 银行代收销货款为 3 600 元，企业尚未接到通知未入账。

(4) 银行代付电话费为 1 120 元，企业尚未入账。

根据上述未达账项，可编制银行存款余额调节表，如表 8-9 所示。

表 8-9　银行存款余额调节表

单位：元

项　目	金额	项　目	金额
银行对账单存款余额：	16 010	企业银行存款账面余额：	14 270
加：企业已存入，银行尚未转账的支票	1 160	加：银行已代收的销货款	3 600
减：企业已开出，银行尚未收到的转账支票	420	减：银行已付的电话费	1 120
调节后的余额	16 750	调节后的余额	16 750

调整后，表 8-9 左右方调节后的余额已经消除了未达账项的影响。如果双方账目没有其他差错存在，左右双方调节后的余额必定相符。如不相符，则表明还存在差错，应进一步查明原因，予以更正。此外，应当注意的是，调节后的银行存款余额并不能作为调整账簿记录的依据。不能据此将未达账项登入银行存款账，而应在收到银行的收付款通知后进行账务处理。银行存款余额调节表通常作为清查资料与银行对账单一并附在当月银行存款日记账后保存。

上述对银行存款的清查方法，同样适用于对银行借款的清查。通过对银行借款的清查，可以检查企业的银行借款是否按规定用途加以使用，是否按期归还等。

五、往来款项的清查

企业的往来款项一般包括应收账款、其他应收款、预付账款、应付账款、其他应付款和预收账款等。对这些往来款项的清查一般采取函证核对法,也就是采取同对方经济往来单位核对账目的方法。清查时,先将本企业的各项应收、应付等往来款项正确完整地登记入账,然后逐户编制一式两联的往来款项对账单,送交对方单位并委托对方单位进行核对。如果对方单位核对无误,应在回单上盖章后退回本单位;如果对方发现数字不符,应在回单上注明不符的具体内容和原因后退回本单位,作为进一步核对的依据。往来款项对账单的格式如图 8-1 所示。

往来款项对账单

××单位:

你单位 20××年×月×日购入我单位××产品××台,已付货款××元,尚有××元货款未付,请核对后将回单联寄回。

核查单位:(盖章)

20××年×月×日

------------沿此虚线裁开,将以下回单联寄回------------

往来款项对账单(回联)

核查单位:

你单位寄来的“往来款项对账单”已经收到,经核对相符无误(或不符,应注明具体内容)。

× ×单位(盖章)

20××年×月×日

图 8-1　往来款项对账单

发出往来款项对账单的单位收到对方的回单联后,对其中不符或错误的账目应及时查明原因,并按规定的手续和方法进行更正。最后根据清查的结果编制往来款项清查报告表,其一般的格式如表 8-10 所示。

表 8-10　往来款项清查报告表

××企业　　　　　　　　　　20××年×月×日

明细科目		清查结果		不符单位及原因分析					备　注
名称	金额	相符	不符	不符单位名称	争执中款项	未达账项	无法收回	拖付款项	

记账人员签章:　　　　　　　　　　清查人员签章:

六、其他财产清查的方法

(一) 各种无形资产的清查方法

无形资产作为企业长期使用而没有实物形态的资产,它的特点是不存在实物形态,表明单位所拥有的特殊权利,有助于企业获得超额收益。无形资产的会计核算包括无形资产的取得、摊销和减值等,因此,在进行清查时,应具体表明无形资产是否按规定取得入账、摊销、减值,查明无形资产是否账实相符。如果无形资产因实际情况发生变化,不能继续产生收益或不能给企业带来预计的收益时，在核算上应立即核销。在清查过程中，应查明无形资产有无这种变化，是否按时冲销等。

（二）各项投资的清查方法

投资是企业根据国家法律、法规的规定，利用各种资产和权益向其他单位的投资。它可以是厂房、设备等固定资产，也可以是材料、低值易耗品等流动资产；可以是实物形态的，也可以是投放的货币资金；可以是有形资产，也可以是无形资产；可以是长期投资，也可以是短期投资。在资产清查时，应对各项投资进行清查，清查投资是否符合国家法律、法规的规定，投资的投入、收回及结存是否正确等。清查的方法主要是本单位要逐项审查并与接收投资单位核对账目。

（三）其他资产的清查方法

其他资产的清查主要包括开办费用、融资租入固定资产改良支出、固定资产大修理支出的清查。清查时，主要清查资产的内容是否符合规定、是否按规定进行摊销。清查的方法主要是会计部门逐项核查账簿记录，必要时询证落实。

（四）对在建工程的清查方法

企业的在建工程是指正处在建设过程中的各项工程。企业要尽快地把在建工程建成投产，交付使用权，充分发挥投资效果 。在资产清查过程中，要认真清查在建工程，清查的方法是到现场实地盘点。要按工程的项目逐一清查，除清查工程项目外，还要检查在建过程中存在的问题。例如，已完工程是否及时办理交接手续；有无发生报废毁损工程，并查明原因；有无停建、缓建工程等。

第三节　财产清查结果的处理

一、财产清查结果的处理要求和步骤

通过财产清查，企业必然会发现财产管理上和会计核算方面存在的各种问题。对于这些问题，都必须认真查明原因，根据国家有关的政策、法令和制度的规定，认真地予以处理。

（一）认真查明账实不符的性质和原因，并确定处理办法

对于财产清查中发现的各种财产物资的盘盈、盘亏以及各种损失，应核准数字，认真调查分析发生差异的原因，明确经济责任和法律责任，依据会计准则和有关财务制度的规定，确定处理办法。

一般来说，对于各种存货的盘盈、盘亏、毁损的净收益或者净损失，应当及时办理审批手续，对于由本单位承担的部分，计入当期损溢；对于工作失职，个人造成的短缺、损失应由个人赔偿；对于自然灾害引起的财产损失，应扣除保险公司赔款和残料价值后，计入营业外支出；对于定额内的或自然原因引起的盘盈、盘亏，在办理手续后应及时转账。

（二）积极处理多余物资和清理长期不清的债权和债务

在清查过程中，对于积压呆滞和不需用的物资，应积极组织调剂，除在本单位内部设法利用、代用外，还应积极推销或组织调拨，力求做到物尽其用；对于长期不清的债权、债务，应

指定专人,主动与对方单位研究解决。

(三) 总结经验教训,建立健全的财产管理制度

财产清查不仅要查明财产物资的实有数额,处理财产物资的盘盈盘亏,还要促进会计单位内部各个部门改善财产物资管理。针对财产清查中所发生的问题,总结经验查找原因,制定改进措施,建立健全各项管理制度,促进各单位管好财产物资,使财产清查工作发挥更大的作用。

(四) 及时调整账目,做到账实相符

为了保证会计资料的真实性,做到账实相符,必须根据财产清查的结果和账实之间的差异,及时调整账目,进行必要的账务处理。对于财产清查的账务处理,应当分两个步骤:

(1) 审批之前,对于已查明的财产物资盘盈、盘亏和损失等,根据清查中取得的原始凭证(如实存账存对比表)编制记账凭证,据以登记有关账簿,做到账实相符。调整账簿记录的原则是:以"实存"为准,当盘盈时,补充账面记录;当盘亏时,冲销账面记录。在调整了账面记录,做到了账实相符之后,就可以将所编制的实存账存对比表和所撰写的文字说明,按照规定程序一并报送有关领导和部门批准。

(2) 当有关领导部门对所呈报的财产清查结果提出处理意见后,应严格按照批复意见编制有关的记账凭证,登记有关账簿,并追回由于责任者个人原因所造成的财产损失。

二、财产清查结果的账务处理

(一) 账户设置

为了反映和监督企业在财产清查中查明的各种财产盘盈、盘亏和毁损及其处理情况,应设置"待处理财产损溢"账户。该账户属于资产类账户,用于核算财产物资盘盈、盘亏和毁损情况及处理情况。该账户借方登记发生的待处理财产盘亏、毁损数和结转已批准处理的财产盘盈数;贷方登记发生的待处理财产盘盈数和结转已批准处理的财产盘亏和毁损数。该账户的余额如在借方,表示尚未批准处理的财产物资的净损失;余额如在贷方,表示尚未批准处理的财产物资的净溢余。为了进行明细核算,可在"待处理财产损溢"账户下设置"待处理固定资产损溢"和"待处理流动资产损溢"两个明细账户。"待处理财产损溢"账户结构如图 8-2 所示。

借方　　　　**待处理财产损溢**　　　　贷方

借方	贷方
期初余额:期初尚未批准转账的财产物资的净损失 本期发生额:① 本期发生的盘亏数及毁损数 ② 根据批准转账的盘盈数	期初余额:期初尚未批准转账的财产物资的净溢余 本期发生额:① 本期发生的盘盈数 ② 根据批准转账的盘亏数
期末余额:期末尚未批准转账的财产物资的净损失	期末余额:期末尚未批准转账的财产物资的净溢余

图 8-2 "待处理财产损溢"账户结构

(二) 固定资产盘盈和盘亏的账务处理

1. 固定资产盘盈的核算

企业在财产清查中盘盈的固定资产,根据《企业会计准则第 28 号——会计政策、会计估

计变更和差错更正》的规定，应当作为重要的前期差错进行会计处理。对于盘盈的固定资产，审批前，首先应根据其重置完全价值，借记“固定资产”账户，按其估计折旧额，贷记“累计折旧”账户，按其净值（重置完全价值与估计折旧之间的差额），贷记“以前年度损益调整”账户；其次计算应纳所得税费用，借记“以前年度损益调整”账户，贷记“应交税费——应交所得税”账户；再次补提盈余公积，借记“以前年度损益调整”账户，贷记“盈余公积”账户；最后调整利润分配，借记“以前年度损益调整”账户，贷记“利润分配——未分配利润”账户。

【例 8-7】 东方实业公司在财产清查中盘盈设备一台，其重置价值 10 000 元，六成新；企业所得税税率为 25%，按净利润的 10%提取盈余公积。有关会计处理如下：

(1) 报经批准前，根据“实存账存对比表”所列的盘盈数额，编制记账凭证并登记入账，作会计分录如下：

借：固定资产	10 000	
贷：累计折旧		4 000
以前年度损益调整		6 000

(2) 报经批准后，计算应纳所得税费用。

应纳所得税费用＝6 000×25%＝1 500(元)

借：以前年度损益调整	1 500	
贷：应交税费——应交所得税		1 500

(3) 计提盈余公积。

应提盈余公积＝(6 000－1 500)×10%＝450(元)

借：以前年度损益调整	450	
贷：盈余公积——法定盈余公积		450

(4) 调整利润分配。

应调整利润分配＝6 000－1 500－450＝4 050(元)

借：以前年度损益调整	4 050	
贷：利润分配——未分配利润		4 050

2. 固定资产盘亏的核算

对于在清查中发现的盘亏和毁损的固定资产，在审批前，应按账面净值，借记“待处理财产损溢——待处理固定资产损溢”账户；按已提折旧额，借记“累计折旧”账户，按账面原值，贷记“固定资产”账户。审批后，根据上级批准意见，按可收回的保险赔偿或过失人赔偿，借记“其他应收款”账户；按发生的盘亏净损失，借记“营业外支出”账户，贷记“待处理财产损溢——待处理固定资产损溢”账户。

【例 8-8】 20×9 年 12 月，东方实业公司在财产清查中，发现短缺设备一台，账面原价 50 000 元，已提折旧 32 000 元，购入时增值税税率为 13%。

(1) 报经批准前，根据实存账存对比表所列的盘亏数额，编制记账凭证并登记入账，作会计分录如下：

借：待处理财产损溢——待处理固定资产损溢　　18 000
　　累计折旧　　32 000
　　贷：固定资产　　50 000

(2) 转出不可抵扣的进项税额时，作会计分录如下：

借：待处理财产损溢　　2 340
　　贷：应交税费——应交增值税(进项税额转出)　　2 340

根据现行增值税制度规定，购进货物及不动产发生非正常损失，其负担的进项税额不得抵扣，其中，购进货物包括被确认为固定资产的货物。如果盘亏的是固定资产，应按其账面净值(即固定资产原价减去已计提折旧)乘以适用税率计算不可以抵扣的进项税额。据此，在本例中，该设备因盘亏，其购入时的增值税进项税额中不可从销项税额中抵扣的金额为2 340元[(50 000−32 000)×13%]，应借记"待处理财产损溢"账户，贷记"应交税费——应交增值税(进项税额转出)"账户。

(3) 审批后，根据批准意见，编制记账凭证并登记入账，应作会计分录如下：

借：营业外支出　　20 340
　　贷：待处理财产损溢——待处理固定资产损溢　　20 340

(三) 存货清查结果的账务处理

1. 存货盘盈的账务处理

发生存货盘盈后，应查明发生的原因，及时办理盘盈存货的入账手续，调整存货账面记录，借记有关存货账户，贷记"待处理财产损溢"账户，经有关部门批准后，借记"待处理财产损溢"账户，贷记有关账户。

【例8-9】 20×9年12月，东方实业公司在财产清查过程中盘盈一批材料，价值800元；盘盈一批已加工完成的产品，价值2 500元。

(1) 报经批准前，根据实存账存对比表所载明的盘盈数，作会计分录如下：

借：原材料　　800
　　库存商品　　2 500
　　贷：待处理财产损溢——待处理流动资产损溢　　3 300

(2) 存货的盘盈一般都是由计量上的差错引起的，对于这种盘盈一般应冲减当期的管理费用。在报经批准后，作会计分录如下：

借：待处理财产损溢——待处理流动资产损溢　　3 300
　　贷：管理费用　　3 300

2. 存货盘亏和毁损的账务处理

存货发生盘亏和毁损后，在报批前应转入"待处理财产损溢"账户，待批准后，根据不同情况，分别进行处理：

(1) 属于定额内的自然损耗，按规定转作管理费用。

(2) 属于超定额损耗及存货毁损，能确定过失人的，应由过失人赔偿；属于保险责任范围的，应由保险公司理赔。扣除过失人和保险公司赔偿和存货残值后的净损失，计入管理费用。

(3) 属于自然灾害所造成的存货损失，扣除保险公司赔款和存货残值后的净损失，计入营业外支出。

【例 8-10】 20×9 年 12 月，东方实业公司在财产清查中发现乙材料盘亏 3 000 元，相关增值税专用发票上注明的增值税税额为 390 元。经查，乙材料因管理人员过失造成的损失有 1 500 元，其余属于一般经营损失。

(1) 报经批准前，根据实存账存对比表作会计分录如下：

借：待处理财产损溢——待处理流动资产损溢　　3 390
　贷：原材料——乙材料　　3 000
　　应交税费——应交增值税(进项税额转出)　　390

(2) 根据盘亏、毁损的原因及审批意见，乙材料的盘亏经营损失部分记入“管理费用”账户；管理人员过失部分应由相应的责任人赔偿，记入“其他应收款”账户；应作会计分录如下：

借：管理费用　　1 890
　其他应收款——××责任人　　1 500
　贷：待处理财产损溢——待处理流动资产损溢　　3 390

【例 8-11】 20×9 年 1 月，东方实业公司在财产清查中发现丙材料盘亏 5 000 元。经查，丙材料的毁损是由自然灾害造成的，经整理收回残料价值 200 元，已入库，可以从保险公司取得赔款 3 000 元。

(1) 报经批准前，根据实存账存对比表作会计分录如下：

借：待处理财产损溢——待处理流动资产损溢　　5 000
　贷：原材料——丙材料　　5 000

(2) 根据盘亏、毁损的原因及审批意见，扣除残料价值和保险赔偿款后的净损失，记入“营业外支出”账户，应作会计分录如下：

借：原材料　　200
　其他应收款——保险赔款　　3 000
　营业外支出　　1 800
　贷：待处理财产损溢——待处理流动资产损溢　　5 000

(四) 货币资金清查结果的处理

货币资金主要包括库存现金和银行存款。前已说明，银行存款的清查主要是通过企业的银行日记账与银行送来的对账单进行逐笔核对。通过核对，如果发现企业日记账有错账、漏账，应立即加以纠正；如果发现银行有错账、漏账，应及时通知银行查明更正。对于发现的未达账项，则通过编制银行存款余额调节表来调节，但无须对未达账项作账面调整，待结算凭证到达后再进行账务处理。因此，此处主要阐述对库存现金清理结果的处理。

库存现金清查中发现库存现金短缺或溢余时，要设法查明原因，并及时根据库存现金盘点报告表进行处理。按短款或长款的金额记入“待处理财产损溢”账户，待查明原因后再转账。

【例 8-12】 20×9 年 12 月，东方实业公司进行库存现金清查时，发现实际库存现金比现金日记账余款多 30 元，经查明，日记账无误。

(1) 报经批准前，先调整账簿记录，作会计分录如下：

借：库存现金　　30
　贷：待处理财产损溢——待处理流动资产损溢　　30

(2) 经反复调查，未查明原因。经批准，作营业外收入处理，应作会计分录如下：

借：待处理财产损溢——待遇处理流动资产损溢　　30
　贷：营业外收入　　30

【例 8-13】 如果 20×9 年 12 月东方实业公司进行库存现金清查时，发现实际库存现金比现金日记账余款少 500 元。

(1) 报经批准前，先调整账簿记录，作会计分录如下：

借：待处理财产损溢——待处理流动资产损溢　　500
　贷：库存现金　　500

(2) 经检查，其中 300 元属于出纳人员责任，应由其赔偿；其余 200 元未查明原因，经上级领导批准计入当期管理费用。应作会计分录如下：

① 借：其他应收款——××出纳　　300
　　管理费用　　200
　　贷：待处理财产损溢——待处理流动资产损溢　　500

② 当出纳人员赔偿时：

借：库存现金　　300
　贷：其他应收款——××出纳　　300

(五) 往来款项清查结果的账务处理

往来款项的清查，也是采用同对方单位核对账目的方法。清查单位应在检查本单位应收应付款项账目正确、完整的基础上，编制应收款对账单和应付款对账单，分送有关单位进行核对。对账单一式两联，其中一联作为回单。对方单位核对相符，应在对账单上盖章后退回本单位；如有不符，应在对账单上注明，或另抄对账单退回本单位，作为进一步核对的依据。

应收应付款项应及时处理，对于长期收不回来的应收账款(即坏账)，要按既定的程序予以核销，冲减应收账款。当采用直接转销法核算时，应借记“管理费用”账户，贷记“应收账款”账户；当采用备抵法核算时，应借记“坏账准备”账户，贷记“应收账款”账户。对于应付款项中实在无法支付的部分，应转作企业营业外收入处理，借记“应付账款”账户，贷记“营业外收入”账户。

【例 8-14】 20×9 年 12 月，东方实业公司在财产清查中发现有一笔应收蓝海公司的款项已超过规定年限，按规定转为坏账处理，金额为 6 000 元。

报经批准前，作会计分录如下：

借：坏账准备　　　　　　　　　　　　　　　　　　　　　　6 000
　　贷：应收账款——蓝海公司　　　　　　　　　　　　　　　　6 000

【例 8-15】 20×9 年 12 月，东方实业公司在财产清查中发现一笔应付款项，因债权单位已不存在，无法支付，按规定应予核销，金额为 3 000 元。

根据有关确认凭证及审批手续，作会计分录如下：

借：应付账款——××客户　　　　　　　　　　　　　　　　　3 000
　　贷：营业外收入　　　　　　　　　　　　　　　　　　　　　3 000

总结案例

深圳某证券营业部财务部设财务经理、会计及出纳三个岗位，20×2 年 8 月，由于该营业部总经理调离，新总经理对营业部情况不熟悉，很多事务需要财务经理协助。财务经理因工作繁忙便没有核对银行对账单，也未编制银行存款余额调节表。营业部出纳见有机可乘，便从 9 月份开始挪用营业部资金(以客户提取保证金为名，填写现金支票，自己提现使用)。12 月月初，财务经理要核对银行对账单，以编制银行存款余额调节表。出纳见事情败露，便于当晚潜逃。第二天，财务经理发现银行对账单与银行存款日记账不符，经查，发现出纳 9～11 月累计挪用人民币 90 万元，港币 10 万元。由于出纳所挪用的资金已基本挥霍一空，虽追捕出纳归案，但损失已无法挽回。请从以上案例中思考或者讨论财产清查工作的重要性以及企业应如何做好财产清查工作。

分析提示

参见库存现金、银行存款的清查方法及要求。

思政德育课堂

本章小结

财产清查是指通过对财产物资、货币资金和往来款项进行实地盘点与核对，以查明其实有数同账面数是否相符的一种专门的会计方法。本章系统地介绍了财产清查的意义、种类、方法以及财产清查结果的处理。通过本章学习，学生应掌握财产清查的一般程序和方法，特别是各项财产物资、货币资金和往来款项的清查方法以及对清查结果进行处理的方法。

思考题

1. 什么是财产清查？财产清查有什么作用？
2. 实物清查有哪几种方法？其范围如何？
3. 什么是永续盘存制？什么是实地盘存制？
4. 如何进行银行存款的清查？什么是未达账项？未达账项有哪几种？其形成原因是

什么？

5. 如何进行债权债务的清查？
6. 财产清查结果处理应遵循哪些原则？
7. 举例说明财产物资盘盈和盘亏的账务处理程序。

巩 固 训 练

一、单项选择题

1. 在年终决算之前，通常要对(　　)。
   A. 企业所有财产进行技术推算盘点
   B. 企业所有财产进行全面清查
   C. 企业一部分财产进行局部清查
   D. 企业流动性较大的财产进行全面清查
2. 在永续盘存制下，(　　)。
   A. 对各项财产物资的增加数和减少数，都不在账簿中登记
   B. 只在账簿中登记财产物资的减少数，不登记财产物资的增加数
   C. 只在账簿中登记财产物资的增加数，不登记财产物资的减少数
   D. 对各项财产物资的增加数和减少数，都要根据会计凭证在账簿中登记
3. 在实地盘存制下，(　　)。
   A. 只在账簿中登记财产物资的减少数，不登记财产物资的增加数
   B. 只在账簿中登记财产物资的增加数，不登记财产物资的减少数。
   C. 对各项财产物资的增加数和减少数，都要根据会计凭证登记入账
   D. 通过财产清查确定财产物资增加数和减少数
4. 对库存现金的清查应采用的方法是(　　)。
   A. 技术推算法　　B. 实地盘点法
   C. 实地盘存制　　D. 账面认定法
5. 银行存款的清查是(　　)的核对。
   A. 银行存款日记账与总账　　B. 银行存款日记账与银行收、付款凭证
   C. 银行存款日记账与银行对账单　　D. 银行存款总账与银行存款收、付款凭证
6. 存货发生定额内损耗，在批准处理前，应记入(　　)账户。
   A. “待处理财产损溢”　　B. “管理费用”
   C. “营业外支出”　　D. “其他应收款”
7. 对于长期挂账的应收款项，在批准转销时，应记入(　　)账户
   A. “营业外支出”　　B. “管理费用”
   C. “应付账款”　　D. “营业外收入”
8. 企业在清产核资时，不包括对(　　)进行清理。
   A. 应收账款　　B. 待摊费用　　C. 固定资产　　D. 应付票据

9. 下列说法中，正确的是（　　）。
A. 现金应该每日清点一次　　B. 银行存款每月至少同银行核对两次
C. 贵重物资每天应盘点一次　　D. 债权债务每年至少核对两三次
10. 在记账无误的情况下，银行对账单与银行存款日记账账面余额不一致的原因是产生了（　　）。
A. 应付账款　　B. 应收账款　　C. 外埠存款　　D. 未达账款

二、多项选择题

1. 财产清查按照清查时间可以分为（　　）。
A. 全面清查　　B. 局部清查　　C. 定期清查　　D. 不定期清查
2. 对财产物资的数量清查一般采用（　　）。
A. 账面价值法　　B. 实地盘点法　　C. 技术推算法　　D. 查询核实法
3. 实地盘点法一般适用于（　　）清查。
A. 各项实物财产物资　　B. 银行存款
C. 库存现金　　D. 应付账款
4. 查询法一般适用于（　　）清查。
A. 债权债务　　B. 银行存款
C. 出租出借包装物　　D. 委托加工材料
5. 企业未达账项的情形有（　　）。
A. 企业已收款入账，而银行未收款入账　　B. 企业已付款入账，而银行未付款入账
C. 银行已收款入账，而企业未收款入账　　D. 银行已付款入账，而企业未付款入账
6. 企业进行全面清查的情况一般有（　　）。
A. 年终决算　　B. 开展清产核资
C. 月末　　D. 单位撤销、改变隶属关系
7. 关于企业编制的银行存款余额调节表，下列表述中，正确的有（　　）。
A. 可据以调节账面余额
B. 确定企业可实际动用的款项
C. 调节后双方余额相等，说明双方记账相符
D. 通过对未达账项调整后才能确定双方记账是否一致
8. 关于"待处理财产损溢"账户，下列表述中，正确的有（　　）。
A. 借方登记待处理财产物资盘亏净额
B. 借方登记结转已批准处理财产物资盘盈数
C. 贷方登记待处理财产物资盘盈数及结转已批准处理财产物资盘盈净额
D. 期末余额在借方，表示待处理的盘盈或盘亏数
9. 财产物资的盘存制度有（　　）。
A. 实地盘点法　　B. 技术推算法　　C. 永续盘存制　　D. 实地盘存制
10. 在财产清查的过程中，应编制并据以调整账面记录的原始凭证有（　　）。
A. 现金盘点报告单　　B. 银行存款余额调节表
C. 财产物资清查盘存单　　D. 财产清查盈亏明细表

三、判断题

1. 在一般情况下,全面清查既可以是定期清查,也可以是不定期清查。 ( )
2. 对于未达账项。应编制银行存款余额调节表进行调节,同时应编制记账凭证调整入账。 ( )
3. 银行存款余额调节表编制完毕,若调节后余额相符,表明账簿记录基本无错误。 ( )
4. 财产清查就是采用实地盘点的方法对企业所拥有的财产进行清查。 ( )
5. 定期清查的时间一般都在会计期末进行。 ( )
6. 在财产清查前,会计部门要做到账证、账账相符。 ( )
7. 实物财产清查的盘存单是反映财产物资实有数的重要原始凭证。 ( )
8. 未达账项是由于企业和银行的结账时间不一致造成的。 ( )
9. 进行财产清查时,如发现账存数小于实存数,即为盘亏。 ( )
10. 对于现金的清查,一般采用实地盘点法。 ( )

四、业务题

业务一

1. 目的:库存材料清查结果的账务处理。

2. 资料:某企业20×9年12月进行材料清查,发现有四种材料与账面数量不符。

(1) 甲材料账面余额为4 800千克,单价为5元,共计24 000元,实存为4 790千克,盘亏10千克。材料购进时取得增值税专用发票,增值税税率为13%。经查系材料定额内损耗,批准后转入期间费用。

(2) 乙材料账面余额为6 500千克,单价为6元,共计3 900元,实存6 590元,盘盈90千克。经查系材料收发过程中计量误差累计所致,批准后冲减期间费用。

(3) 丙材料账面余额为398千克,单价为45元,共计17 910元。清查时发现全部毁损,废料估价148元已验收入库。经查是由于暴风雨所致,批准后将净损失作为营业外支出处理。

(4) 丁材料账面余额为365千克,单价为16元,实存为360千克,盘亏5千克。材料购进时取得增值税专用发票,增值税税率为13%。经查系保管人员责任心不强造成的损失,经批准责令其赔偿,赔款尚未收到。

(5) 丙材料账面余额为400千克,单价为14元,实存410千克,盘盈10千克。经查系材料自然升溢造成,批准后冲减期间费用。

3. 要求:根据以上经济业务编制会计分录。

业务二

1. 目的:固定资产清查的核算。

2. 资料:某企业20×9年8月对固定资产进行清查,发现以下账实不符:

(1) 盘盈机器设备一台,重置价值为9 700元,经鉴定为七成新。企业所得税税率为25%,按净利润的10%提取法定盈余公积。

(2) 盘亏机器设备一台,账面原值6 500元,已提取折旧4 000元,购入时的增值税税率为13%。报经批准后转作营业外支出。

3. 要求:根据以上经济业务编制会计分录。

业务三

1. 目的：银行存款余额调节表的编制。

2. 资料：某工业企业20×9年1月20日至月末银行存款日记账的所记经济业务如下：

(1) 20日，开出支票，支付购入材料的货款1400元。

(2) 21日，存入销货转账支票2400元。

(3) 24日，开出支票，支付购料运杂费700元。

(4) 26日，开出支票，支付下季度的房租1600元。

(5) 27日，收到销货款转账支票9700元。

(6) 30日，开出支票，支付日常零星费用200元。

(7) 31日，银行存款日记账余额33736元。

银行对账单所列20日至月末经济业务如下：

(1) 20日，结算银行存款利息792元。

(2) 22日，收到企业开出的支票，金额为1400元。

(3) 24日，收到销售款转账支票2400元。

(4) 26日，银行为企业代付水电费1320元。

(5) 27日，收到企业开出的支票，金额为700元。

(6) 30日，代收外地企业汇来货款1400元。

(7) 31日，银行对账单余额26708元。

3. 要求：根据以上资料编制银行存款余额调节表，并计算出调节后的银行存款余额。

业务四

1. 目的：银行存款余额调节表的编制。

2. 资料：某企业20×9年3月31日银行存款日记账的账面余额是24000元，银行对账单上的账面余额是24400元，经逐笔核对，发现以下几笔未达账项：

(1) 企业于月末收到其他单位的转账支票2500元，企业已经入账，银行尚未入账。

(2) 企业于月末开出转账支票1500元，企业已经入账，银行尚未入账。

(3) 企业委托银行代收货款4900元，银行已经入账，企业尚未入账。

(4) 银行代企业支付水费3500元，银行已经入账，企业尚未入账。

3. 要求：根据上述资料编制银行存款余额调节表。

业务五

1. 目的：应收应付款项清查的核算。

2. 资料：某工业企业20×9年12月清查往来账项时，发现以下业务长期挂在账上：

(1) 长期挂在账上的应付甲厂货款的尾数320元，由于对方机构撤销无法支付，经批准作为营业外收入处理。

(2) 职工张某暂借款450元，由于该职工调出企业，无法收回，经批准作为期间费用处理。

(3) 由于对方单位撤销，应收而无法收回的企业销货款400元，经批准作为期间费用处理。

3. 要求：根据以上经济业务编制会计分录。

第九章 财务会计报告

导入案例

阿里巴巴财务会计报告中的关键审计事项披露

2021年，阿里巴巴在年报中首次全面披露关键审计事项，这些事项涵盖了收入确认、资产减值，以及复杂金融工具的公允价值评估等。阿里巴巴在财务会计报告中详细披露了审计过程中被认为存在重大风险的事项，包括如何识别和处理这些风险，增强了财务会计报告的透明度，帮助投资者更好地理解公司财务会计报告中存在的关键问题。阿里巴巴的案例展示了如何通过详细披露关键审计事项来提升财务会计报告的透明度和可信度。那么财务会计报告包括哪些内容？又是如何设置各个项目的？

本章学习目标

1. 了解：财务会计报告的概念、构成、分类和作用。
2. 理解：财务会计报告的编制要求。
3. 掌握：资产负债表和利润表的编制。

第一节 财务会计报告概述

一、财务会计报告的概念和作用

财务会计报告(也称财务报告)是企业对外提供的、反映企业某一特定日期的财务状况以及某一会计期间的经营成果和现金流量的书面文件。编制财务会计报告是对一定期间经济业务进行会计汇总核算所采用的方法。企业日常发生的各项经济业务先要进行日常的会计核算,即填制和审核会计凭证,再按有关规定登记会计账簿。会计凭证和会计账簿是会计信息的两个重要载体,通过对发生的每一项经济业务事项按照会计核算的要求进行有关会计确认、计量、记录之后,形成相应的分类会计信息。但是,这些会计信息对于会计信息使用者来说,仍然被认为是分散和零星的,缺乏概括和综合性说明,难以从中全面地看清企业在一定时期的财务状况和一定期间的经营成果以及现金流量情况。因此,还必须在账簿登记的基础上,对会计信息进行进一步的加工整理及汇总,按照会计信息使用者的要求,编制提供财务会计报告文件。财务会计报告对有关会计信息使用者来说,具有以下几个方面的作用:

(1) 对投资人、债权和其他利害相关者的作用。财务会计报告可以提供企业财务状况和偿债能力的信息,作为投资、贷款和贸易的决策依据。

(2) 对财政、税务、审计部门的作用。财税部门利用财务会计报告所提供的资料,可以了解企业资金筹集和运用是否合理,检查企业税收、利润计划的完成情况以及有无违反税法和财经纪律的现象;审计部门利用财务会计报告可以了解企业财务状况和经营情况及财经政策、法令和纪律执行情况,从而为进行财务审计和经济效益审计提供必要的资料。

(3) 对企业管理当局的作用。财务会计报告所提供的资料,可以帮助企业领导和管理人员分析检查企业的经济活动是否符合制度规定;考核企业资金、成本、利润等计划指标完成程度;分析评价经营管理中的成绩和缺点,采取措施,改善经营管理,提高经济效益。

二、财务会计报告的组成

企业财务会计报告分为年度、半年度、季度和月度财务会计报告(即年报、半年报、季报和月报)。其中,月报要求简明扼要,反映及时;年报要求提示完整,反映全面;季报和半年报在会计信息的详细程度方面介于月报和年报之间。半年度、季度和月度财务会计报告统称为中期财务报告。

年度、半年度财务会计报告应当包括会计报表、会计报表附注和财务情况说明书。季度、月度财务会计报告通常仅指会计报表(至少应当包括资产负债表和利润表)。《企业会计准则第 30 号——财务报表列报》规定,财务报表(也称财务会计报表)至少应当包括资产负债表、利润表、现金流量表、所有者权益(或股东权益)变动表、会计报表附注。也就是说,财务报表由会计报表和附注构成。这些概念之间的关系如图 9-1 所示。

- 财务会计报告
  - 财务报表
    - 会计报表
      - 资产负债表
      - 利润表
      - 现金流量表
      - 所有者权益(股东权益)变动表
    - 会计报表附注
  - 财务情况说明书

图 9-1　年度、半年度财务会计报告的构成

本章重点介绍企业资产负债表、利润表、所有者权益(或股东权益)变动表以及附注的有关内容。

会计报表是财务报表的核心,是财务报表主要内容的表格化,由主表、附表两部分组成。主表包括资产负债表、利润表、现金流量表和所有者权益(股东权益)变动表。相关附表是反映企业财务状况、经营成果和现金流量的补充报表,企业的附表根据各行业的特点编制,主要包括利润分配表、股东权益增减变动表等。

会计报表附注是对报表正文信息的补充说明,它提供与财务报表所反映的信息相关的其他财务信息,如财务报表的编制基础、编制依据、编制原则和方法。财务报表使用者通过阅读财务报表及其相关的附注,为其决策提供更充分的信息。会计报表附注也是财务报表的重要组成部分。

三、财务会计报表的分类

(一) 按财务会计报表所反映资金运动的性质划分

企业从事的生产经营活动用货币表现就是资金运动。运动的性质有静态和动态之分,财务会计报表是对企业生产经营过程中的财务状况和经营成果进行的综合反映,其内容也会有静态表现和动态表现,从而就构成了静态报表和动态报表。

(1) 静态报表是指反映资金运动处于相对静止状态下的报表,即表示某一特定时日的资产、负债和所有者权益等基本财务状况的报表,这类报表就是资产负债表。所以,资产负债表可以说是综合反映某一特定日期(通常为月末、季末、半年末或年末)基本财务状况的报表。静态报表始终处于企业经营活动期间的开始和结束两个时日上,通过这两个不同时日上资产负债表的对比,可以看出本期经营对基本财务状况的影响结果。

(2) 动态报表是指用来表现企业在一定期间内的经营成果的形成及经营中对现金增减变化施加影响的报表。这类报表有利润表、现金流量表和所有者权益(股东权益)变动表。动态报表是处于经营期间内的报表,在时间表示上都是月份、季度、半年度或年度。

就一个会计期间来说,静态报表处于会计期间的起点和终点,动态报表处于会计期间内。通过终点和起点的两个静态报表的对比,可以看出经过该会计期间后的基本财务状况变化结果,会计期间内的动态报表可以充分揭示本期企业从事经营活动所创造的经营成果和筹资活动、经营活动、财务活动及分配活动等对静态列示的变化结果的影响大小及其原因。这样,通过动、静的有机结合,就可以充分、完整地表现整个企业的财务状况和经营成果,也为了解分析各会计报表之间的内在勾稽关系提供了理论依据。

(二) 按财务会计报表的时间属性划分

会计分期是会计核算的基本前提之一。财务会计报表就是依据会计分期的要求，对企业的经营活动进行分期揭示。因此，每个财务会计报表的内容，都要有特定的会计期间限制。各种会计信息报表究竟应取多长的会计期间，主要取决于财务会计报表的内容和会计信息使用者的要求。

我国会计期间是以公历年度来划分的，在此基础上又进一步划分为自然季度和月份，也就有了月度、季度、半年度和年度财务会计报表之分。

(1) 中期财务会计报表。中期是指短于一个会计年度的期间，月度、季度、半年度财务会计报表统称为中期财务会计报表。中期财务会计报表可以快速报送给有关会计信息使用者，使其及时了解企业的经营情况。中期财务会计报表至少应当包括资产负债表、利润表、现金流量表、所有者权益(股东权益)变动表和附注。中期财务会计报表的财务会计报表应当是完整的，附注可以按照重要性原则要求予以披露。

(2) 年度财务会计报表。年度财务会计报表是一种决算总结，会计信息使用者将据此了解年度内所有的经营情况。因此，年度财务会计报表应当包括完整的财务会计报表和附注。

(三) 按财务会计报表利用者同企业的关系划分

财务会计报表使用者有外部的利害关系者，如主管财政机关、税务机关、投资者、债权人等，也有企业内部经营管理者，各自从不同的角度对财务会计报表提出了不同的要求，进一步形成了外部财务会计报表和内部财务会计报表。本教材所讲的财务会计报表指的是外部财务会计报表。

(1) 外部财务会计报表，是向企业外部的所有利害关系人公开的财务会计报表，包括资产负债表、利润表、现金流量表、所有者权益(股东权益)变动表以及会计报表附注等。

(2) 内部财务会计报表，是为企业内部经营管理者提供经营管理所需的财务会计报表，其内容大部分涉及企业的经营秘密，如主要产品生产成本表、制造费用明细表、管理费用明细表等，这些财务会计报表都是不宜公开揭示的，其具体内容和格式完全由企业自主决定，国家不作硬性要求。

(四) 按财务会计报表的空间范围划分

财务会计报表按照提供信息的空间范围不同，可分为个别财务会计报表和合并财务会计报表。

(1) 个别财务会计报表，是直接以各企业的会计账簿记录编制的财务会计报表，这是最基本的财务会计报表，任何企业都必须编制本单位的财务会计报表。

(2) 合并财务会计报表，是在符合编制合并财务会计报表的前提下，由母公司将企业集团中和成员企业的个别财务会计报表采用一定方法合并在一起编制的财务会计报表。

四、财务会计报表的编制要求

财务会计报表是会计部门提供会计信息资料的重要手段。为了充分发挥财务会计报表的作用，保证财务会计报表所提供的信息质量，在编制财务会计报表时，必须严格遵守以下基本要求。

(一) 数字真实

编制财务会计报表必须符合国家宏观经济管理和有关法律法规的要求,如实反映财务状况和经营情况,必须做到数字真实、计算准确,不能用估计数代替实际数,以保证财务会计报表的真实性。任何人不得篡改或授意、指示、强令他人篡改财务会计报表的有关数字。必须做到按期结账,认真对账和进行财产清查,在结账、对账和财产清查的基础上,通过编制总分类账户本期发生额试算平衡表以验算账簿记录有无错漏,为正确编制财务会计报表提供可靠的数据。在编报以后,还必须认真复核,做到账表相符,报表与报表之间的有关数字衔接一致。

(二) 内容完整

财务会计报表应满足有关各方面了解本企业财务状况、经营成果和财务变动状况的需要,必须按照财政部规定的报表种类、格式和内容编制,以保证财务会计报表的完整性。对不同的会计期间(月、季、年)应当编报的各种财务会计报表,必须编报齐全;应当填列的报表指标,无论是表内项目,还是补充资料,必须全部填列;应当汇总编制的所属各单位的财务会计报表,必须全部汇总,不得漏编、漏报。

(三) 清晰明了

财务会计报表应当清晰明了,便于理解和利用。在内容完整的基础上突出重点。对于重要的经济业务,应单独反映;对于不重要的业务,可简化、合并反映,提高报表的效用。对于需要加以说明的问题,应附有简要的文字说明;对财务会计报表中主要指标的构成和计算方法,本报表期发生的特殊情况,如经营范围的变化、经营结构变更以及本报表期经济效益影响较大的各种因素,都必须加以说明。

(四) 报送及时

财务会计报表必须遵照国家或上级机关规定的期限和程序,及时编制和报送,以保证报表的及时性。要保证财务会计报表编报及时,就必须加强日常的核算工作,认真做好记账、算账、对账和财产清查,调整账面工作;同时加强会计人员的配合协作,使财务会计报表编报及时。按照规定,月度中期财务会计报表应于月份终了后 6 天内(节假日顺延,下同)对外提供;季度中期财务会计报表应于季度终了后 15 天内对外提供;半年度中期财务会计报表应于年度中期结束后 60 天内(相当于两个连续月份)对外提供;年度财务会计报表应于年度终了后 4 个月内对外提供。

五、财务会计报告编制前的准备工作

(一) 全面财产清查

企业在编制年度财务会计报告前,应当按照下列规定,全面清查财产、核实债务:

(1) 清查结算款项,包括清查应收款项、应付款项、应交税费等是否存在,与债务、债权单位的相应债务、债权金额是否一致。

(2) 清查原材料、在产品、自制半成品、库存商品等各项存货的实存数量与账面数量是否一致,是否有报废损失和积压物资等。

(3) 清查各项投资是否存在,投资收益是否按照国家统一的会计制度规定进行确认和计量。

(4) 清查房屋建筑物、机器设备、运输工具等各项固定资产的实存数量与账面数量是否一致。

(5) 清查在建工程的实际发生额与账面记录是否一致。

(6) 需要清查、核实的其他内容。

(二) 检查会计事项的处理结果

企业在编制财务会计报告前,除应当全面清查资产、核实债务外,还应当完成下列工作:

(1) 核对各会计账簿记录与会计凭证的内容、金额等是否一致,记账方向是否相符。

(2) 依照规定的结账日进行结账,结出有关会计账簿的余额和发生额,并核对各会计账簿之间的余额。

(3) 检查相关的会计核算是否按照国家统一会计制度的规定进行。

(4) 对于国家统一会计制度中没有规定统一核算方法的交易或事项,检查其是否按照会计核算的一般原则进行确认和计量以及相关账务处理是否合理。

(5) 检查是否存在因会计差错、会计政策变更等原因需要调整前期或者本期相关项目的情况。

企业编制年度和半年度财务会计报告时,对经查实后的资产、负债有变动的,应当按照资产、负债的确认和计量标准进行确认和计量,并按照国家统一会计制度的规定进行相应的会计处理。

第二节 资产负债表

一、资产负债表的概念和作用

资产负债表是反映企业在某一特定日期财务状况的报表,是静态报表。某一特定日期是指月末、季末、半年末、年末;财务状况是指全部资产、负债和所有者权益的总额、构成等情况。资产负债表反映的是企业在某一特定日期的资产、负债和所有者权益的基本财务状况,是企业会计三大基本要素的综合体现,其设计的基本理论依据应当是“资产=负债+所有者权益”这一会计等式。

资产负债表可以反映企业掌握的经济资源及其分布与结构;可以反映企业资金来源及其构成,以及企业所面临的财务风险;可以反映企业的财务实力、短期偿债能力和支付能力;还可以通过前后期资产负债表的对比分析,反映企业资金结构的变化情况及财务状况的发展趋势。

二、资产负债表的结构

资产负债表一般由表头、表体两部分组成。表头部分应列明报表名称、编制单位名称、资产负债表日、报表编号和计量单位;表体部分是资产负债表的主体,列示了用来说明企业财务状况的各个项目。

资产负债表的结构有账户式和报表式两种,我国会计准则规定资产负债表采用账户式结构。账户式资产负债表分为左右两方,左方列示资产各项目,右方列示负债和所有者权益各项目。资产各项目的合计等于负债和所有者权益各项目的合计,即资产负债表左方和右方应平衡。

1. 资产项目的列示

企业的资产根据流动性的强弱和周转运动时间的快慢,可分为流动资产和非流动资产。企业在正常经营中,一旦非流动资产形成以后,其效益的好坏在很大程度上就取决于流动资产周转的快慢。因此,无论是企业的经营者,还是外部的有关利害关系者,最关心的是流动资产。根据这一基本原理,在资产排列上,应是先排列流动资产,后排列非流动资产,其中,流动资产的排列按其变现能力的强弱来排序。例如,“货币资金”的流动性最强,排在资产类的最前面,流动性稍差的“交易性金融资产”“存货”等位于其后。

2. 负债项目的列示

企业的负债根据偿还期限的长短,有流动负债和非流动负债之分,在还款顺序上也是先偿还流动负债,后偿还非流动负债。因此,负债项目的排列也应是流动负债在前,非流动负债在后,且每部分所含各项目也应该按偿还的先后顺序具体排列。

3. 所有者权益项目的排列

所有者权益项目按来源分为实收资本、资本公积、盈余公积以及未分配利润等,这些权益中起根本性作用的是实收资本,因此,所有者权益的各项目应按其作用大小来排序。

资产负债表的结构如表 9-1 所示。

表 9-1　资 产 负 债 表

编制单位：　　　　　　　　　　年　月　日　　　　　　　　　　单位：元

资产	期末余额	上年年末余额	负债和所有者权益（或股东权益）	期末余额	上年年末余额
流动资产：			流动负债：		
货币资金			短期借款		
交易性金融资产			交易性金融负债		
衍生金融资产			衍生金融负债		
应收票据			应付票据		
应收账款			应付账款		
应收款项融资			预收款项		
预付款项			合同负债		
其他应收款			应付职工薪酬		
存货			应交税费		
合同资产			其他应付款		
持有待售资产			持有待售负债		
一年内到期的非流动资产			一年内到期的非流动负债		

（续表）

资产	期末余额	上年年末余额	负债和所有者权益（或股东权益）	期末余额	上年年末余额
其他流动资产			其他流动负债		
流动资产合计			流动负债合计		
非流动资产：			非流动负债：		
债权投资			长期借款		
其他债权投资			应付债券		
长期应收款			其中：优先股		
长期股权投资			永续债		
其他权益工具投资			租赁负债		
其他非流动金融资产			长期应付款		
投资性房地产			预计负债		
固定资产			递延收益		
在建工程			递延所得税负债		
生产性生物资产			其他非流动负债		
油气资产			非流动负债合计		
使用权资产			负债合计		
无形资产			所有者权益（或股东权益）：		
开发支出			实收资本（或股本）		
商誉			其他权益工具		
长期待摊费用			其中：优先股		
递延所得税资产			永续债		
其他非流动资产			资本公积		
非流动资产合计			减：库存股		
			其他综合收益		
			专项储备		
			盈余公积		
			未分配利润		
			所有者权益（或股东权益）合计		
资产总计			负债和所有者权益（或股东权益）总计		

三、资产负债表的编制

(一) 上年年末余额

资产负债表“上年年末余额”栏内各项数字,应根据上年年末资产负债表“期末余额”栏内所列数字填列。如果上年度资产负债表规定的各个项目的名称和内容同本年度不一致,应对上年年末资产负债表各项目的名称和数字按照本年度的规定进行调整,填入本表“上年年末余额”栏内。

(二) 期末余额

资产负债表“期末余额”栏内各项数字,主要根据资产、负债和所有者权益全部总分类科目和有关明细科目的期末余额填列,其填列方法可归纳为以下几种:

(1) 直接根据总分类科目余额填列。例如,“短期借款”“资本公积”等项目,根据“短期借款”“资本公积”各总账科目的余额直接填列。

(2) 根据几个总分类科目余额分析计算填列。有些报表项目需要根据若干总分类科目余额计算填列。例如,“货币资金”项目根据“库存现金”“银行存款”和“其他货币资金”三个总账科目期末余额的合计数填列。

(3) 根据明细科目余额分析计算填列。有些报表项目需要根据若干明细科目余额计算填列。例如,“应付账款”项目,需要根据“应付账款”和“预付账款”两个科目所属的相关明细科目的期末贷方余额计算填列;“应收账款”项目,需要根据“应收账款”和“预收账款”两个科目所属的相关明细科目的期末借方余额,减去“坏账准备”科目中相关坏账准备期末余额后的金额计算填列;“预付款项”项目,需要根据“应付账款”科目借方余额和“预付账款”科目借方余额减去与“预付账款”有关的坏账准备贷方余额计算填列;“预收款项”项目,需要根据“应收账款”科目贷方余额和“预收账款”科目贷方余额计算填列;“开发支出”项目,需要根据“研发支出”科目中所属的“资本化支出”明细科目期末余额计算填列;“应付职工薪酬”项目,需要根据“应付职工薪酬”科目的明细科目期末余额计算填列;“未分配利润”项目,需要根据“利润分配”科目中所属的“未分配利润”明细科目期末余额填列。

(4) 根据总分类科目余额与明细科目余额分析计算填列。例如,“长期借款”项目,根据“长期借款”总账科目余额扣除“长期借款”科目所属的明细科目中将在1年内到期且企业不能自主地将清偿义务展期的长期借款后的金额计算填列。

(5) 根据有关科目余额减去其备抵科目余额后的净额填列。例如,“固定资产”项目应当根据“固定资产”科目的期末余额减去“累计折旧”“固定资产减值准备”等备抵科目的期末余额后的金额,以及“固定资产清理”科目的期末余额填列;“无形资产”项目,应当根据“无形资产”科目的期末余额,减去“累计摊销”“无形资产减值准备”等备抵科目余额后的净额填列;“应收账款”项目应当根据“应收账款”“预收账款”科目的期末余额减去“坏账准备”备抵科目余额后的净额填列等。

(6) 综合运用上述填列方法分析填列。例如,“存货”项目,需要根据“在途物资(材料采购)”“原材料”“库存商品”“周转材料”“委托加工物资”“发出商品”“生产成本”和“材料成本差异”等科目的期末余额合计,减去“存货跌价准备”科目期末余额后的金额填列。

(三)资产负债表各项目的具体填列说明

1. 资产项目的填列说明

(1)“货币资金”项目,反映企业库存现金、银行结算户存款、外埠存款、银行汇票存款、银行本票存款、信用卡存款、信用证保证金存款等的合计数。本项目应根据“库存现金”“银行存款”“其他货币资金”科目期末余额的合计数填列。

【例 9-1】 20×9 年 12 月 31 日,甲公司“库存现金”科目余额为 0.2 万元,“银行存款”科目余额为 100.8 万元,“其他货币资金”科目余额为 55 万元,则 20×9 年 12 月 31 日,甲公司资产负债表中,“货币资金”项目期末余额的列报金额为 156 万元(0.2+100.8+55)。

(2)“交易性金融资产”项目,反映企业资产负债表日分类为以公允价值计量且其变动计入当期损益的金融资产,以及企业持有的直接指定为以公允价值计量且其变动计入当期损益的金融资产的期末账面价值。该项目应根据“交易性金融资产”科目的相关明细科目期末余额分析填列。自资产负债表日起超过 1 年到期且预期持有超过 1 年的以公允价值计量且其变动计入当期损益的非流动金融资产的期末账面价值,在“其他非流动金融资产”项目中反映。

(3)“应收票据”项目,反映资产负债表日以摊余成本计量的、企业因销售商品或提供服务等收到的商业汇票,包括银行承兑汇票和商业承兑汇票。该项目应根据“应收票据”科目的期末余额,减去“坏账准备”科目中相关坏账准备期末余额后的金额分析填列。

(4)“应收账款”项目,反映资产负债表日以摊余成本计量的、企业因销售商品或提供服务等经营活动应收取的款项。该项目应根据“应收账款”和“预收账款”科目所属各明细科目的期末借方余额合计数,减去“坏账准备”科目中相关坏账准备期末余额后的金额分析填列。如“应收账款”科目所属各明细科目期末有贷方余额的,应在资产负债表“预收款项”项目内填列。

【例 9-2】 20×9 年 12 月 31 日,甲公司“应收账款”科目的余额为 300 万元,其中,“应收 A 公司账款”明细科目借方余额为 260 万元,“应收 B 公司账款”明细科目借方余额为 40 万元;“预收账款”科目贷方余额为 180 万元,其中,“预收 C 公司账款”明细科目贷方余额为 400 万元,“预收 D 公司账款”明细科目借方余额为 220 万元;与应收账款有关的“坏账准备”明细科目贷方余额为 10 万元。则 20×9 年 12 月 31 日,甲公司资产负债表中“应收账款”项目期末余额的列报金额为 510 万元[(260+40)+220−10]。

(5)“应收款项融资”项目,反映资产负债表日以公允价值计量且其变动计入其他综合收益的应收票据和应收账款等。

(6)“预付款项”项目,反映企业按照购货合同规定预付给供应单位的款项等。本项目应根据“预付账款”和“应付账款”科目所属各明细科目的期末借方余额合计数,减去“坏账准备”科目中有关预付款项计提的坏账准备期末余额后的净额填列。例如,“预付账款”科目所属各明细科目期末有贷方余额的,应在资产负债表“应付账款”项目内填列。

(7)“其他应收款”项目,反映企业除应收票据及应收账款、预付账款等经营活动以外的其他各种应收、暂付的款项。本项目应根据“应收利息”“应收股利”“其他应收款”科目的期末余额合计数,减去“坏账准备”科目中相关坏账准备期末余额后的金额填列。其中,“应收利息”科目仅反映相关金融工具已到期可收取但于资产负债表日尚未收到的利息。基于实际利率法计提的金融工具的利息应包含在相应金融工具的账面余额中。

(8)“存货”项目，反映企业期末在库、在途和在加工中的各种存货的可变现净值或成本(成本与可变现净值孰低)。存货包括各种材料、商品、在产品、半成品、包装物、低值易耗品、委托代销商品等。本项目应根据“材料采购”“原材料”“低值易耗品”“库存商品”“周转材料”“委托加工物资”“委托代销商品”“生产成本”“受托代销商品”等科目的期末余额合计数，减去“受托代销商品款”“存货跌价准备”科目期末余额后的净额填列。材料采用计划成本核算，以及库存商品采用计划成本核算或售价核算的企业，还应按加或减材料成本差异、商品进销差价后的金额填列。

【例 9-3】 20×9 年 12 月 31 日，甲公司有关科目余额如下:“发出商品”科目借方余额为 700 万元，“生产成本”科目借方余额为 350 万元，“原材料”科目借方余额为 200 万元，“委托加工物资”科目借方余额为 250 万元，“材料成本差异”科目的贷方余额为 40 万元，“存货跌价准备”科目贷方余额为 100 万元，“受托代销商品”科目借方余额为 300 万元，“受托代销商品款”科目贷方余额为 300 万元。则 20×9 年 12 月 31 日，甲公司资产负债表中“存货”项目期末余额的列报金额为 1 360 万元(700＋350＋200＋250－40－100＋300－300)。

(9)“合同资产”项目，反映企业按照《企业会计准则第 14 号——收入》的相关规定，根据本企业履行履约义务与客户付款之间的关系在资产负债表中列示合同资产。“合同资产”项目应根据“合同资产”科目的相关明细科目期末余额分析填列。

(10)“持有待售资产”项目，反映资产负债表日划分为持有待售类别的非流动资产及划分为持有待售类别的处置组中的流动资产和非流动资产的期末账面价值。该项目应根据“持有待售资产”科目的期末余额，减去“持有待售资产减值准备”科目的期末余额后的金额填列。

(11)“一年内到期的非流动资产”项目，通常反映预计自资产负债表日起 1 年内变现的非流动资产。对于按照相关会计准则采用折旧(或摊销、折耗)方法进行后续计量的固定资产、使用权资产、无形资产和长期待摊费用等非流动资产，折旧(或摊销、折耗)年限(或期限)只剩 1 年或不足 1 年的，或预计在 1 年内(含 1 年)进行折旧(或摊销、折耗)的部分，不得归类为流动资产，仍在各该非流动资产项目中填列，不转入“一年内到期的非流动资产”项目。

(12)“债权投资”项目，反映资产负债表日企业以摊余成本计量的长期债权投资的期末账面价值。该项目应根据“债权投资”科目的相关明细科目期末余额，减去“债权投资减值准备”科目中相关减值准备的期末余额后的金额分析填列。自资产负债表日起 1 年内到期的长期债权投资的期末账面价值，在“一年内到期的非流动资产”项目中反映。企业购入的以摊余成本计量的 1 年内到期的债权投资的期末账面价值，在“其他流动资产”项目中反映。

(13)“其他债权投资”项目，反映资产负债表日企业分类为以公允价值计量且其变动计入其他综合收益的长期债权投资的期末账面价值。该项目应根据“其他债权投资”科目的相关明细科目期末余额分析填列。自资产负债表日起 1 年内到期的长期债权投资的期末账面价值，在“一年内到期的非流动资产”项目中反映。企业购入的以公允价值计量且其变动计入其他综合收益的 1 年内到期的债权投资的期末账面价值，在“其他流动资产”项目中反映。

(14)“长期应收款”项目，反映企业融资租赁产生的应收款项和采用递延方式分期收款、实质上具有融资性质的销售商品和提供劳务等经营活动产生的应收款项。本项目应根据"长期应收款"科目的期末余额，减去相应的"未实现融资收益"科目和"坏账准备"科目所属相关明细科目期末余额后的金额填列。

(15) "长期股权投资"项目，反映投资方对被投资单位实施控制、重大影响的权益性投资，以及对其合营企业的权益性投资。本项目应根据"长期股权投资"科目的期末余额，减去"长期股权投资减值准备"科目的期末余额后的净额填列。

(16) "其他权益工具投资"项目，反映资产负债表日企业指定为以公允价值计量且其变动计入其他综合收益的非交易性权益工具投资的期末账面价值。该项目应根据"其他权益工具投资"科目的期末余额填列。

(17) "固定资产"项目，反映资产负债表日企业固定资产的期末账面价值和企业尚未清理完毕的固定资产清理净损益。该项目应根据"固定资产"科目的期末余额，减去"累计折旧"和"固定资产减值准备"科目的期末余额后的金额，以及"固定资产清理"科目的期末余额填列。

【例 9-4】 20×9 年 12 月 31 日，甲公司"固定资产"科目借方余额为 4 000 万元，"累计折旧"科目贷方余额为 1 000 万元，"固定资产减值准备"科目贷方余额为 350 万元，"固定资产清理"科目借方余额为 500 万元。则 20×9 年 12 月 31 日，甲公司资产负债表中"固定资产"项目期末余额的列报金额为 3 150 万元(4 000－1 000－350＋500)。

(18) "在建工程"项目，反映资产负债表日企业尚未达到预定可使用状态的在建工程的期末账面价值和企业为在建工程准备的各种物资的期末账面价值。该项目应根据"在建工程"科目的期末余额，减去"在建工程减值准备"科目期末余额后的金额，以及"工程物资"科目的期末余额，减去"工程物资减值准备"科目的期末余额后的金额填列。

(19) "使用权资产"项目，反映资产负债表日承租人企业持有的使用权资产的期末账面价值。该项目应根据"使用权资产"科目的期末余额，减去"使用权资产累计折旧"和"使用权资产减值准备"科目的期末余额后的金额填列。

(20) "无形资产"项目，反映企业持有的专利权、非专利技术、商标权、著作权、土地使用权等无形资产的成本减去累计摊销和减值准备后的净值。本项目应根据"无形资产"科目的期末余额，减去"累计摊销"和"无形资产减值准备"科目期末余额后的净额填列。

【例 9-5】 20×9 年 12 月 31 日，甲公司"无形资产"科目借方余额为 700 万元，"累计摊销"科目贷方余额为 150 万元，"无形资产减值准备"科目贷方余额为 100 万元。则 20×9 年 12 月 31 日，甲公司资产负债表中"无形资产"项目期末余额的列报金额为 450 万元(700－150－100)。

(21) "开发支出"项目，反映企业开发无形资产过程中能够资本化形成无形资产成本的支出部分。本项目应当根据"研发支出"科目中所属的"资本化支出"明细科目期末余额填列。

(22) "长期待摊费用"项目，反映企业已经发生但应由本期和以后各期负担的分摊期限在 1 年以上的各项费用。长期待摊费用中在 1 年内(含 1 年)摊销的部分，在资产负债表"一年内到期的非流动资产"项目填列。本项目应根据"长期待摊费用"科目的期末余额减去将于1年内(含1年)摊销的数额后的金额分析填列。

(23)“递延所得税资产”项目,反映企业根据所得税准则确认的可抵扣暂时性差异产生的所得税资产。本项目应根据“递延所得税资产”科目的期末余额填列。

(24)“其他非流动资产”项目,反映企业除上述非流动资产以外的其他非流动资产。本项目应根据有关科目的期末余额填列。

2. 负债项目的填列说明

(1)“短期借款”项目,反映企业向银行或其他金融机构等借入的期限在1年以下(含1年)的各种借款。本项目应根据“短期借款”科目的期末余额填列。

【例9-6】 20×9年12月31日,甲公司“短期借款”科目的余额如下:银行质押借款10万元,信用借款20万元。则20×9年12月31日,甲公司资产负债表中“短期借款”项目期末余额的列报金额为30万元(10+20)。

(2)“交易性金融负债”项目,反映企业资产负债表日承担的交易性金融负债,以及企业持有的直接指定为以公允价值计量且其变动计入当期损益的金融负债的期末账面价值。该项目应根据“交易性金融负债”科目的相关明细科目期末余额填列。

(3)“应付票据”项目,反映资产负债表日以摊余成本计量的,企业因购买材料、商品和接受服务等开出、承兑的商业汇票,包括银行承兑汇票和商业承兑汇票。该项目应根据“应付票据”科目的期末余额填列。

(4)“应付账款”项目,反映资产负债表日以摊余成本计量的,企业因购买材料、商品和接受服务等经营活动应支付的款项。该项目应根据“应付账款”和“预付账款”科目所属的相关明细科目的期末贷方余额合计数填列。

【例9-7】 20×9年12月31日,甲公司“应付票据”科目的余额如下:存在40万元的银行承兑汇票,8万元的商业承兑汇票。则20×9年12月31日,甲公司资产负债表中“应付票据”项目期末余额的列报金额为48万元(40+8)。

(5)“预收款项”项目,反映企业按照销货合同规定预收供应单位的款项。本项目应根据“预收账款”和“应收账款”科目所属各明细科目的期末贷方余额合计数填列。如“预收账款”科目所属各明细科目期末有借方余额,应在资产负债表“应收账款”项目内填列。

(6)“合同负债”项目,反映企业按照《企业会计准则第14号——收入》的相关规定,根据本企业履行履约义务与客户付款之间的关系在资产负债表中列示合同负债。“合同负债”项目应根据“合同负债”的相关明细科目期末余额分析填列。

(7)“应付职工薪酬”项目,反映企业为获得职工提供的服务或解除劳动关系而给予各种形式的报酬或补偿。企业提供给职工配偶、子女、受赡养人、已故员工遗属及其他受益人等的福利,也属于职工薪酬。职工薪酬主要包括短期薪酬、离职后福利、辞退福利和其他长期职工福利。本项目应根据“应付职工薪酬”科目所属各明细科目的期末贷方余额分析填列。外商投资企业按规定从净利润中提取的职工奖励及福利基金,也在本项目列示。

【例9-8】 20×9年12月31日,甲公司“应付职工薪酬”科目显示,所欠的薪酬项目包括:工资、奖金、津贴和补贴50万元,社会保险费(含医疗保险、工伤保险、生育保险)3万元,设定提存计划(含基本养老保险费)2 万元,住房公积金 1.5 万元,工会经费和职工教育经费 0.5 万元。则 20×9 年 12 月 31 日,甲公司资产负债表中“应付职工薪酬”项目期末余额的列报金额为 57 万元(50+3+2+1.5+0.5)。

(8) “应交税费”项目,反映企业按照税法规定计算应缴纳的各种税费,包括增值税、消费税、城市维护建设税、教育费附加、企业所得税、资源税、土地增值税、房产税、城镇土地使用税、车船税、矿产资源补偿费等。企业代扣代缴的个人所得税,也通过本项目列示。企业所交纳的税金不需要预计应交数的,如印花税、耕地占用税等,不在本项目列示。本项目应根据“应交税费”科目的期末贷方余额填列;如“应交税费”科目期末为借方余额,应以“-”号填列。需要说明的是,“应交税费”科目下的“应交增值税”“未交增值税”“待抵扣进项税额”“待认证进项税额”“增值税留抵税额”等明细科目期末借方余额应根据情况,在“其他流动资产”或“其他非流动资产”项目中列示;“应交税费——待转销税额”等科目期末贷方余额应根据情况,在“其他流动负债”或“其他非流动负债”项目中列示;“应交税费”科目下的“未交增值税”“简易计税”“转让金融商品应交增值税”“代扣代缴增值税”等科目期末贷方余额应在“应交税费”项目中列示。

(9) “其他应付款”项目,反映企业除应付票据、应付账款、预收款项、应付职工薪酬、应交税费等经营活动以外的其他各项应付、暂收的款项。本项目应根据“应付利息”“应付股利”“其他应付款”科目的期末余额合计数填列。其中,“应付利息”科目仅反映相关金融工具已到期应支付但于资产负债表日尚未支付的利息。基于实际利率法计提的金融工具的利息应包含在相应金融工具的账面余额中。

(10) “持有待售负债”项目,反映资产负债表日处置组中与划分为持有待售类别的资产直接相关的负债期末账面价值。本项目应根据“持有待售负债”科目的期末余额填列。

(11) “一年内到期的非流动负债”项目,反映企业非流动负债中将于资产负债表日后 1 年内到期部分的金额,如将于 1 年内偿还的长期借款。本项目应根据有关科目的期末余额分析填列。

(12) “长期借款”项目,反映企业向银行或其他金融机构借入的期限在 1 年以上(不含 1 年)的各项借款。本项目应根据“长期借款”科目的期末余额,扣除“长期借款”科目所属的明细科目中将在资产负债表日起 1 年内到期且企业不能自主地将清偿义务展期的长期借款后的金额计算填列。

【例 9-9】 20×9 年 12 月 31 日,甲公司“长期借款”科目余额为 135 万元,其中,自 A 银行借入的 5 万元借款将于 1 年内到期,甲公司不具有自主展期清偿的权利。则 20×9 年 12 月 31 日,甲公司资产负债表中“长期借款”项目“期末余额”的列报金额为 130 万元(135-5),“一年内到期的非流动负债”项目期末余额的列报金额为 5 万元。

(13) “应付债券”项目,反映企业为筹集长期资金而发行的债券本金和利息。本项目应根据“应付债券”科目的期末余额填列。

(14) “租赁负债”项目,反映资产负债表日承租人企业尚未支付的租赁付款额的期末账面价值。本项目应根据“租赁负债”科目的期末余额填列。自资产负债表日起 1

年内到期应予以清偿的租赁负债的期末账面价值,在“一年内到期的非流动负债”项目中反映。

(15)“长期应付款”项目,反映资产负债表日企业除长期借款和应付债券以外的其他各种长期应付款项的期末账面价值。本项目应根据“长期应付款”科目的期末余额,减去相关的“未确认融资费用”科目的期末余额后的金额,以及“专项应付款”科目的期末余额填列。

(16)“预计负债”项目,反映企业确认的对外提供担保、未决诉讼、产品质量保证、重组义务、亏损合同等预计负债。本项目应根据“预计负债”科目的期末余额填列。

(17)“递延收益”项目中摊销期限只剩 1 年或不足 1 年的,或预计在 1 年内(含 1 年)进行摊销的部分,不得归类为流动负债,仍在该项目中填列,不转入“一年内到期的非流动负债”项目。

(18)“递延所得税负债”项目,反映企业确认的应纳税暂时性差异产生的递延所得税负债。本项目应根据“递延所得税负债”科目的期末余额填列。

(19)“其他非流动负债”项目,反映企业除长期借款、应付债券等项目以外的其他非流动负债。本项目应根据有关科目的期末余额填列。其他非流动负债项目应根据有关科目期末余额减去将于 1 年内(含 1 年)到期偿还数后的余额分析填列。非流动负债各项目中将于 1 年内(含 1 年)到期的非流动负债,应在“一年内到期的非流动负债”项目中反映。

3. 所有者权益项目的填列说明

(1)“实收资本(或股本)”项目,反映企业各投资者实际投入的资本(或股本)总额。本项目应根据“实收资本”(或“股本”)科目的期末余额填列。

(2)“其他权益工具”项目,反映资产负债表日企业发行在外的除普通股以外分类为权益工具的金融工具的期末账面价值。对于资产负债表日企业发行的金融工具,分类为金融负债的,应在“应付债券”项目填列,对于优先股和永续债,还应在“应付债券”项目下的“优先股”项目和“永续债”项目分别填列;分类为权益工具的,应在“其他权益工具”项目填列,对于优先股和永续债,还应在“其他权益工具”项目下的“优先股”项目和“永续债”项目中分别填列。

(3)“资本公积”项目,反映企业资本公积的期末余额。本项目应根据“资本公积”科目的期末余额填列。

(4)“专项储备”项目,反映高危行业企业按国家规定提取的安全生产费的期末账面价值。该项目应根据“专项储备”科目的期末余额填列。

(5)“盈余公积”项目,反映企业盈余公积的期末余额。本项目应根据“盈余公积”科目的期末余额填列。

(6)“未分配利润”项目,反映企业尚未分配的利润。未分配利润是指企业实现的净利润经过弥补亏损、提取盈余公积和向投资者分配利润后留存在企业的、历年结存的利润。本项目应根据“本年利润”科目和“利润分配”科目的余额计算填列。未弥补的亏损在本项目内以“—”号填列。

【例 9-10】 东方实业公司 20×9 年 12 月 31 日各科目期末余额如表 9-2 所示。

表 9-2 东方实业公司各科科目期末余额表

20×9 年 12 月 31 日　　单位：元

科目名称	借方金额	贷方金额	科目名称	借方金额	贷方金额
库存现金	800		短期借款		261 600
银行存款	2 000 000		应付票据		470 230
其他货币资金	416 020		应付账款		841 290
应收票据	400 000		——甲公司		881 290
应收账款	872 600		——乙公司	40 000	
——A 公司	882 600		预收账款		500 000
——B 公司		10 000	——丙公司		560 000
坏账准备		5 000	——丁公司	60 000	
预付账款	67 000		应付职工薪酬		250 200
——C 公司	70 000		应交税费		330 670
——D 公司		3 000	应付股利		159 460
原材料	702 550		长期借款		1 137 050
库存商品	200 000		应付债券		530 000
生产成本	1 000 000		实收资本(或股本)		4 250 000
存货跌价准备		30 000			
固定资产	3 700 000		资本公积		550 000
累计折旧		100 000	盈余公积		450 000
在建工程	600 000		未分配利润		191 470
无形资产	108 000				
累计摊销		10 000			

将上述资料经归纳分析后填入资产负债表有关项目如下：

(1)“货币资金”项目余额，应将“库存现金”“银行存款”“其他货币资金”科目余额合并列入，共计 2 416 820 元(800＋2 000 000＋416 020)。

(2)“应收账款”项目的余额，应为“应收账款”明细科目的借方余额加上“预收账款”明细科目的借方余额减去“坏账准备”科目贷方余额，共计 937 600 元(882 600＋60 000－5 000)。

(3)“预付款项”项目的余额，应为“预付账款”明细科目的借方余额加上“应付账款”明细科目的借方余额，共计 110 000 元(70 000＋40 000)。

(4)“预收款项”项目的余额，应为“预收账款”明细科目的贷方余额加上“应收账款”明细科目的贷方余额，共计 570 000 元(560 000＋10 000)。

(5)“应付账款”项目的余额，应为“应付账款”明细科目的贷方余额加上“预付账款”明细科目的贷方余额，共计 884 290 元 (881 290＋3 000)。

(6)“存货”项目余额，应为“原材料”“库存商品”“生产成本”科目余额合计数减去计提的“存货跌价准备”科目贷方余额，共计 1 872 550 元(702 550＋200 000＋1 000 000－

30 000)。

(7)“固定资产”项目的余额,应为“固定资产”科目余额减去计提的“累计折旧”科目贷方余额,共计 3 600 000 元(3 700 000—100 000)。

(8)“无形资产”项目的余额,应为“无形资产”科目余额减去计提的“累计摊销”科目贷方余额,共计 98 000 元(108 000—10 000)。

(9)其余各项目按科目余额表数字直接填入报表。

根据以上分析编制的资产负债表如表 9-3 所示。

表 9-3　资产负债表

编制单位:东方实业公司　　　　20×9 年 12 月 31 日　　　　单位:元

资产	期末余额	上年年末余额	负债和所有者权益	期末余额	上年年末余额
流动资产:			流动负债:		
货币资金	2 416 820	2 100 000	短期借款	261 600	245 000
交易性金融资产			交易性金融负债		
衍生金融资产			衍生金融负债		
应收票据	400 000	600 000	应付票据	470 230	455 000
应收账款	937 600	867 600	应付账款	884 290	1 100 800
应收款项融资			预收款项	570 000	
预付款项	110 000	50 000	合同负债		
其他应收款			应付职工薪酬	250 200	137 800
存货	1 872 550	1 160 500	应交税费	330 670	317 400
合同资产			其他应付款	159 460	
持有待售资产			持有待售负债		
一年内到期的非流动资产			一年内到期的非流动负债		
其他流动资产			其他流动负债		
流动资产合计	5 736 970	4 778 100	流动负债合计	2 926 450	2 256 000
非流动资产:			非流动负债:		
债权投资			长期借款	1 137 050	1 200 000
其他债权投资			应付债券	530 000	580 000
长期应收款			其中:优先股		
长期股权投资			永续债		
其他权益工具投资			租赁负债		
其他非流动金融资产			长期应付款		
投资性房地产			预计负债		

（续表）

资产	期末余额	上年年末余额	负债和所有者权益	期末余额	上年年末余额
固定资产	3 600 000	4 000 000	递延收益		
在建工程	600 000		递延所得税负债		
生产性生物资产			其他非流动负债		
油气资产			非流动负债合计	1 667 050	1 780 000
使用权资产			负债合计	4 593 500	5 236 000
无形资产	98 000		所有者权益(或股东权益)：		
开发支出			实收资本(或股本)	4 250 000	3 000 000
商誉			其他权益工具		
长期待摊费用			其中：优先股		
递延所得税资产			永续债		
其他非流动资产			资本公积	550 000	1 200 000
非流动资产合计	4 298 000	4 000 000	减：库存股		
			其他综合收益		
			专项储备		
			盈余公积	450 000	430 000
			未分配利润	191 470	112 100
			所有者权益(或股东权益)合计	5 441 470	4 742 100
资产总计	10 034 970	8 778 100	负债和所有者权益(或股东权益)总计	10 034 970	8 778 100

第三节　利　润　表

一、利润表的概念

利润表是反映企业一定期间经营成果的报表，是动态报表。它是反映企业在一定期间内净利润的形成或亏损发生的报表。一定期间可以是 1 个月、1 个季度、半年，也可以是 1 年。

利润表可以反映企业在一定期间内获取经营成果的大小，据以考察企业的经营业绩和获利能力。通过利润表中损益计算的过程及利润总额同目标利润的对比，可以评价企业目标利润规划的实现情况。利用利润表,投资者可及时了解对企业的投资前景和应得的投资报酬率的大小,为其进一步进行决策提供所需的信息。通过利润表的纵向和横向对比分析,可以反映利润升降的水平和原因,为未来经营期间的目标利润规划提供信息。

二、利润表的结构

利润表根据"收入－费用＝利润"这一平衡等式,反映企业在一定时期内的净利润形成或亏损发生。利润表应当按照一定标准和次序,将各项收入、费用以及构成利润的各个项目分类分项列示。

利润表的格式有单步式和多步式两种。我国会计准则规定利润表采用多步式结构。多步式利润表的理论依据是,企业在一定时期的利润是该期不同性质的收入同其成本和费用经多次配比而形成的,因而,企业利润要经过多步才能计算出来。其格式如表 9-4 所示。

表 9-4　利润表

单位:元

项目	本期金额	上期金额
一、营业收入		
减:营业成本		
税金及附加		
销售费用		
管理费用		
研发费用		
财务费用		
其中:利息费用		
利息收入		
加:其他收益		
投资收益(损失以"－"号填列)		
其中:对联营企业和合营企业的投资收益		
以摊余成本计量的金融资产终止确认收益(损失以"－"号填列)		
净敞口套期收益(损失以"－"号填列)		
公允价值变动收益(损失以"－"号填列)		
信用减值损失(损失以"－"号填列)		
资产减值损失(损失以"－"号填列)		
资产处置收益(损失以"－"号填列)		
二、营业利润(亏损以"－"号填列)		

（续表）

项目	本期金额	上期金额
加：营业外收入		
减：营业外支出		
三、利润总额（亏损总额以“－”号填列）		
减：所得税费用		
四、净利润（净亏损以“－”号填列）		
（一）持续经营净利润（净亏损以“－”号填列）		
（二）终止经营净利润（净亏损以“－”号填列）		
五、其他综合收益的税后净额		
……		
六、综合收益总额		
七、每股收益：		
（一）基本每股收益		
（二）稀释每股收益		

（1）营业利润。以营业收入为起点，减去营业成本、税金及附加、销售费用、管理费用、研发费用、财务费用，加上其他收益、投资收益（或减去投资损失）、净敞口套期收益（损失以“－”号填列）、公允价值变动收益（或减去公允价值变动损失）、信用减值损失（损失以“－”号填列）、资产减值损失（损失以“－”号填列）、资产处置收益（或减去资产处置损失），计算出营业利润。

（2）利润总额。在营业利润的基础上，加上营业外收入，再减去营业外支出，计算出利润总额。

（3）净利润在利润总额的基础上，减去所得税费用，计算出净利润（或净亏损）。

（4）以净利润（或净亏损）和其他综合收益为基础，计算出综合收益总额。

（5）以净利润（或净亏损）为基础，计算出每股收益。

采用多步式利润表，可以将损益的构成分项列示，并对收入、费用进行适当归类，充分反映营业利润、利润总额、净利润等指标；还可以用来较为准确地评价企业管理部门的管理效能，便于对企业经营情况进行分析，进行不同企业之间的比较，预测企业今后的盈利能力。

三、利润表的编制

（一）利润表各主要栏目的数据来源

（1）“上期金额”。利润表“上期金额”栏反映各项目的上期实际发生数（即上期利润表中“本期金额”栏中的数额）。如果上年度利润表的项目名称和内容与本年利润表不一致，应对上年度报表项目的名称和数字按本年度的规定进行调整，填入报表的“上期金额”栏。

(2)“本期金额”。报表中的“本期金额”栏反映各项目本期实际发生数。

(二)利润表各主要项目的填制方法

利润表各主要项目应根据各有关损益类科目发生额分析填列。

(1)“营业收入”项目，反映企业经营主要业务和其他业务所确认的收入总额。本项目应根据“主营业务收入”和“其他业务收入”科目的发生额分析填列。

(2)“营业成本”项目，反映企业经营主要业务和其他业务发生的成本总额。本项目应根据“主营业务成本”和“其他业务成本”科目的发生额分析填列。

(3)“税金及附加”项目，反映企业经营业务应负担的消费税、城市维护建设税、教育费附加、资源税、土地增值税、房产税、车船税、城镇土地使用税、印花税等相关税费。本项目应根据“税金及附加”科目的发生额分析填列。

【例 9-11】 乙公司 20×9 年度“应交税费——应交增值税”明细科目的发生额如下：增值税销项税额合计 1 500 万元，进项税额合计 500 万元。“税金及附加”科目的发生额如下：城市维护建设税合计 50 万元，教育费附加合计 30 万元，房产税合计 380 万元，城镇土地使用税合计 15 万元。则 20×9 年度，乙公司利润表中“税金及附加”项目本期金额的列报金额为 461 万元(50+30+380+15)。

(4)“销售费用”项目，反映企业在销售商品过程中发生的包装费、广告费等费用和为销售本企业商品而专设的销售机构的职工薪酬、业务费等经营费用。本项目应根据“销售费用”科目的发生额分析填列。

(5)“管理费用”项目，反映企业为组织和管理生产经营发生的管理费用。本项目应根据“管理费用”科目的发生额分析填列。

(6)“研发费用”项目，反映企业进行研究与开发过程中发生的费用化支出，以及计入管理费用的自行开发无形资产的摊销。本项目应根据“管理费用”科目下的“研究费用”明细科目的发生额，以及“管理费用”科目下的“无形资产摊销”明细科目的发生额分析填列。

(7)“财务费用”项目，反映企业为筹集生产经营所需资金等而发生的筹资费用。本项目应根据“财务费用”科目的发生额分析填列。

“财务费用”项目下的“利息费用”项目，反映企业为筹集生产经营所需资金等而发生的应予费用化的利息支出。本项目应根据“财务费用”科目的相关明细科目的发生额分析填列，并作为“财务费用”项目的“其中”项，以正数填列。

“财务费用”项目下的“利息收入”项目，反映企业按照相关会计准则确认的应冲减财务费用的利息收入。本项目应根据“财务费用”科目的相关明细科目的发生额分析填列，并作为“财务费用”项目的“其中”项，以正数填列。

【例 9-12】 乙公司 20×9 年度“财务费用”科目的发生额如下：银行长期借款利息支出合计 800 万元，银行短期借款利息支出 60 万元，银行存款利息收入合计 7 万元，银行手续费支出合计 10 万元。则 20×9 年度，乙公司利润表中“财务费用”项目本期金额的列报金额为 863 万元(800+60−7+10)。

(8)“其他收益”项目，反映计入其他收益的政府补助，以及其他与日常活动相关且计入其他收益的项目。本项目应根据“其他收益”科目的发生额分析填列。企业作为个人所得税的扣缴义务人,根据《中华人民共和国个人所得税法》规定,收到的扣缴税款手续费应作为其他与日常活动相关的收益在该项目中填列。

(9)“投资收益”项目,反映企业以各种方式对外投资所取得的收益。如为净损失,以“－”号填列。本项目应根据“投资收益”科目的发生额分析填列。

“以摊余成本计量的金融资产终止确认收益”项目,反映企业因转让等情形导致终止确认以摊余成本计量的金融资产而产生的利得和损失。本项目应根据“投资收益”科目的相关明细科目的发生额分析填列;如为损失,以“－”号填列。

(10)“净敞口套期收益”项目,反映净敞口套期下被套期项目累计公允价值变动转入当期损益的金额或现金流量套期储备转入当期损益的金额。本项目应根据“净敞口套期损益”科目的发生额分析填列;如为套期损失,以“－”号填列。

(11)“公允价值变动收益”项目,反映企业按照相关准则规定应当计入当期损益的资产或负债公允价值变动净收益,如交易性金融资产当期公允价值的变动额。如为净损失,以“－”号填列。本项目应根据“公允价值变动损益”科目的发生额分析填列。

(12)“信用减值损失”项目,反映企业按照《企业会计准则第22号——金融工具确认和计量》的要求计提的各项金融工具信用减值准备所确认的信用损失。本项目应根据“信用减值损失”科目的发生额分析填列。

(13)“资产减值损失”项目,反映企业各项资产发生的减值损失。本项目应根据“资产减值损失”科目的发生额分析填列。

(14)“资产处置收益”项目,反映企业出售划分为持有待售的非流动资产(金融工具、长期股权投资和投资性房地产除外)或处置组(子公司和业务除外)时确认的处置利得和损失,以及处置未划分为持有待售的固定资产、在建工程、生产性生物资产及无形资产而产生的处置利得和损失。债务重组中因处置非流动资产(金融工具、长期股权投资和投资性房地产除外)产生的利得和损失和非货币性资产交换中换出非流动资产(金融工具、长期股权投资和投资性房地产除外)产生的利得和损失也包括在本项目内。本项目应根据“资产处置损益”科目的发生额分析填列;如为处置损失,以“－”号填列。

(15)“营业利润”项目,反映企业实现的营业利润。如为亏损,以“－”号填列。“营业外收入”项目,反映企业发生的除营业利润以外的收益,主要包括与企业日常活动无关的政府补助、盘盈利得、捐赠利得(企业接受股东或股东的子公司直接或间接的捐赠,经济实质属于股东对企业的资本性投入的除外)等。本项目应根据“营业外收入”科目的发生额分析填列。

(16)“营业外支出”项目,反映企业发生的除营业利润以外的支出,主要包括公益性捐赠支出、非常损失、盘亏损失、非流动资产毁损报废损失等。本项目应根据“营业外支出”科目的发生额分析填列。“非流动资产毁损报废损失”通常包括因自然灾害发生毁损、已丧失使用功能等原因而报废清理产生的损失。企业在不同交易中形成的非流动资产毁损报废利得和损失不得相互抵销,应分别在“营业外收入”项目和“营业外支出”项目进行填列。

(17)“利润总额”项目,反映企业实现的利润总额。如为亏损总额,以“－”号填列。

(18)“所得税费用”项目,反映企业根据所得税准则确认的应从当期利润总额中扣除的所得税费用。本项目应根据“所得税费用”科目的发生额分析填列。

(19)“净利润”项目,反映企业实现的净利润。如为亏损总额,以“－”号填列。“持续经营净利润”和“终止经营净利润”项目,分别反映净利润中与持续经营相关的净利润和与终止经营相关的净利润;如为净亏损,以“－”号填列。该两个项目应按照《企业会计准则第42号——持有待售的非流动资产、处置组和终止经营》的相关规定分别列报。

(20)“基本每股收益”和“稀释每股收益”项目,反映每股收益情况。本项目应根据相关计算分析填列。其中,每股收益是指当期归属于普通股股东的净利润中,每一普通股所能享有(或应分担)的金额。基本每股收益,是归属于公司普通股股东的净利润除以发行在外的普通股加权平均数的结果。稀释每股收益,当企业存在稀释性潜在普通股的,应当计算稀释每股收益。潜在普通股主要包括可转换公司债券、认股权证和股份期权等。

(21)“其他综合收益”项目,反映企业根据《企业会计准则第30号——财务报表列报》外的其他会计准则规定未在当期损益中确认的各项利得和损失。

(22)“综合收益总额”项目,反映企业在某一期间除与所有者以其所有者身份进行的交易之外的其他交易或事项所引起的所有者权益变动。综合收益总额项目反映净利润和其他综合收益扣除所得税影响后的净额相加后的合计金额。

【例9-13】 东方实业公司20×9年各损益类账户累计发生额见[例4-39],据此编制的利润表如表9-5所示。

表9-5 利润表

编制单位:东方实业公司　　　　20×9年度　　　　单位:元

项目	本期金额	上期金额
一、营业收入	1 620 000	
减:营业成本	1 029 700	
税金及附加	7 751	
销售费用	5 000	
管理费用	35 800	
研发费用		
财务费用	800	
其中:利息费用	800	
利息收入		
加:其他收益		
投资收益(损失以“－”号填列)		
其中:对联营企业和合营企业的投资收益		
以摊余成本计量的金融资产终止确认收益(损失以“－”号填列)		
净敞口套期收益(损失以“－”号填列)		
公允价值变动收益(损失以“－”号填列)		
信用减值损失(损失以“－”号填列)		
资产减值损失(损失以“－”号填列)		
资产处置收益(损失以“－”号填列)		

（续表）

项目	本期金额	上期金额
二、营业利润(亏损以“－”号填列)	540 949	
加：营业外收入	5 000	
减：营业外支出	2 000	
三、利润总额(亏损总额以“－”号填列)	543 949	
减：所得税费用	135 987.25	
四、净利润(净亏损以“－”号填列)	407 961.75	
(一) 持续经营净利润(净亏损以“－”号填列)	407 961.75	
(二) 终止经营净利润(净亏损以“－”号填列)		
五、其他综合收益的税后净额		
……		
六、综合收益总额		
七、每股收益：		
(一) 基本每股收益		
(二) 稀释每股收益		

第四节　所有者权益(或股东权益)变动表

一、所有者权益(或股东权益)变动表的概念

所有者权益(或股东权益)变动表是反映企业在所有者权益(股东权益)各组成部分当期增减变动情况的报表。

所有者权益(或股东权益)变动表全面反映了企业的所有者权益在年度内的变化情况，便于会计信息使用者深入分析企业所有者权益的增减变化情况，对企业资本的保值、增值情况作出正确判断，从而为决策提供有用的信息。

二、所有者权益(或股东权益)变动表的项目

(1)“上年年末余额”项目，反映企业上年资产负债表中实收资本(股本)、资本公积、库存股、盈余公积、未分配利润的年末余额。

(2)“会计政策变更”“前期差错更正”项目，分别反映企业采用追溯调整法处理的会计政策变更的累积影响金额和采用追溯重述法处理的会计差错更正的累积影响数额。

(3)“本年增减变动金额”项目：①“所有者投入和减少资本”项目，反映企业当年所有者投入的资本和减少的资本；②“利润分配”项目，反映企业当年的利润分配金额；③“所有者权益内部结转”项目，反映企业构成所有者权益的组成部分之间的增减变动情况。

关于所有者权益(或股东权益)变动表的具体编制方法，将在财务会计学中详细说明。所有者权益(股东权益)变动表的具体结构如表 9-6 所示。

所有者权益变动表会企 04 表

编制单位： ________年度 单位：元

项目	本年金额											上年金额										
	实收资本(或股本)	其他权益工具			资本公积	减：库存股	其他综合收益	专项储备	盈余公积	未分配利润	所有者权益合计	实收资本(或股本)	其他权益工具			资本公积	减：库存股	其他综合收益	专项储备	盈余公积	未分配利润	所有者权益合计
		优先股	永续债	其他									优先股	永续债	其他							
一、上年年末余额																						
加：会计政策变更																						
前期差错更正																						
其他																						
二、本年年初余额																						
三、本年增减变动金额(减少以"－"号填列																						
(一) 综合收益总额																						
(二)所有者投入和减少资本																						
1. 所有者投入的普通股																						
2. 其他权益工具持有者投入资本																						
3. 股份支付计入所有者权益的金额																						
4. 其他																						

（续表）

项目	本年金额											上年金额										
	实收资本（或股本）	其他权益工具			资本公积	减：库存股	其他综合收益	专项储备	盈余公积	未分配利润	所有者权益合计	实收资本（或股本）	其他权益工具			资本公积	减：库存股	其他综合收益	专项储备	盈余公积	未分配利润	所有者权益合计
		优先股	永续债	其他									优先股	永续债	其他							
（三）利润分配																						
1. 提取盈余公积																						
2. 对所有者（或股东）的分配																						
3. 其他																						
（四）所有者权益内部结转																						
1. 资本公积转增资本（或股本）																						
2. 盈余公积转增资本（或股本）																						
3. 盈余公积弥补亏损																						
4. 设定受益计划变动额结转留存收益																						
5. 其他综合收益结转留存收益																						
6. 其他																						
四、本年年末余额																						

第五节　会计报表附注

一、会计报表附注的概念

会计报表附注是对在资产负债表、利润表、现金流量表和所有者权益(或股东权益)变动表等报表中所列示项目的文字描述或明细资料,以及对未能在这些报表中列示项目的说明。会计报表附注的目的是为财务会计报表的使用者提供与其决策更多相关的信息。

二、会计报表附注的披露内容

《企业会计准则第 30 号——财务报表列报》规定,企业一般应当按照下列顺序披露附注信息:

(1) 财务报表的编制基础。

(2) 遵循企业会计准则的声明。企业应声明编制的财务报表符合企业会计准则的要求,真实、完整地反映了企业的财务状况、经营成果和现金流量等有关信息。

(3) 重要会计政策的说明,包括财务报表项目的计量基础和会计政策的确定依据等。

(4) 重要会计估计的说明,包括下一会计期间内很可能导致资产、负债账面价值重大调整的会计估计的确定依据等。

(5) 对已在资产负债表、利润表、现金流量表和所有者权益(或股东权益)变动表中列示的重要项目的进一步说明,包括终止经营税后利润的金额及其构成情况等。

(6) 或有和承诺事项、资产负债表日后非调整事项、关联方关系及其交易等需要说明的事项。

《企业会计准则第 30 号——财务报表列报》还规定,下列各项未在与财务报表一起公布的其他信息中披露的,企业应当在附注中披露:①企业注册地、组织形式和总部地址;②企业的业务性质和主要经营活动;③母公司以及集团最终母公司的名称。

此外,《企业会计准则第 31 号——现金流量表》规定,企业应当在附注中披露将净利润调节为经营活动现金流量的信息等。

总结案例

北方公司是一家小型工业企业,小李在该企业担任会计一职。年末,小李跟着老会计一起编制企业的资产负债表。小李第一次编制的资产负债表不平,第二次编制平衡了,但是与老会计编制的资产负债表总额相差 500 万元。原来,小李的报表全部是根据总分类账户的账户余额编制的。

你认为在编制报表时,小李可能在什么地方出现了差错?

分析提示

参考编制资产负债表项目的填列方法进行分析。

思政德育课堂

本章小结

财务会计报表是对财务会计工作的定期总结，是指企业对外提供的反映企业某一报表期财务状况、经营成果、现金流量的文件。编制财务会计报表是财会工作的一项重要内容。本章主要介绍财务会计报表的作用、编制要求；财务会计报表的体系构成；资产负债表、利润表、现金流量表等会计报表的设计及编制原理。

思考题

1. 什么是财务会计报表？其组成内容有哪些？
2. 编制财务会计报表的作用是什么？
3. 资产负债表的作用是什么？其编制原理的内容是什么？
4. 资产负债表项目是如何排列的？请举例说明。
5. 利润表的作用是什么？如何编制？
6. 现金流量表的作用是什么？
7. 会计报表附注的作用是什么？

巩固训练

一、单项选择题

1. 在资产负债表中，资产的排列顺序是依据项目(　　)的大小。

A. 流动性　　B. 变动性

C. 重要性　　D. 盈利性

2. 如果想知道某公司20×9年年末的财务状况，应该阅读该公司20×9年的(　　)。

A. 资产负债表　　B. 现金流量表

C. 利润表　　D. 利润分配表

3. 下列会计报表中，属于静态报表的是(　　)。

A. 资产负债表　　B. 现金流量表

C. 利润表　　D. 利润分配表

4. 利润表中的项目应根据总分类科目的(　　)填列。

A. 期末余额　　B. 发生额

C. 期初余额　　D. 期初余额+发生额

5. 假设某企业未设“预付账款”和“预收账款”科目，则资产负债表中“应付账款”项目应根据(　　)填列。

A. “应付账款”总分类科目贷方余额

B. “应收账款”科目所属各明细科目贷方余额合计数

C. “应付账款”科目所属各明细科目贷方余额合计数

D. “应付账款”“其他应付款”“应付职工薪酬”等总分类科目贷方余额合计数

6. 我国企业利润表采用(　　)。

A. 账户式　　B. 报告式　　C. 单步式　　D. 多步式

7. 会计报表是根据(　　)定期编制的。

A. 会计凭证　　B. 会计账簿记录

C. 原始凭证　　D. 记账凭证

二、多项选择题

1. 财务会计报告的内容包括(　　)。

A. 会计报表　　B. 会计报表附注

C. 会计报表说明书　　D. 财务情况说明书

2. 资产负债表中的“存货”项目反映的内容包括(　　)。

A. 材料采购　　B. 生产成本　　C. 库存商品　　D. 周转材料

3. 资产负债表中的“货币资金”项目,应根据(　　)科目期末余额的合计数填列。

A. “委托贷款”　　B. “库存现金”　　C. “银行存款”　　D. “其他货币资金”

4. 下列项目中,影响营业利润的有(　　)。

A. “投资收益”　　B. “管理费用”　　C. “营业成本”　　D. “营业外收入”

5. 资产负债表中的“期末余额”栏可根据(　　)填列。

A. 总分类科目的期末余额直接　　B. 总分类科目期末余额计算

C. 若干明细科目余额计算　　D. 科目余额减去其备抵项目后的净额

6. 下列各项中,属于对财务会计报告编制的要求的有(　　)。

A. 真实可靠　　B. 相关可比　　C. 全面完整　　D. 便于理解

三、判断题

1. 资产负债表是一种静态报表,应根据有关科目的期末余额直接填列。　(　　)

2. 利润表能够反映企业的偿债能力和支付能力。　(　　)

3. 某企业期初资产总额 100 万元,本期取得借款 6 万元,收回应收账款 7 万元,用银行存款 8 万元偿还应付款,则该企业期末资产总额为 105 万元。　(　　)

4. 资产负债表是反映企业某一特定时期财务状况的会计报表。　(　　)

5. 利润表结构的理论基础是“利润＝收入－费用”。　(　　)

6. 由于财务会计报告是对外报告,所以,其提供的信息对企业的管理者和职工没有作用。　(　　)

7. 资产负债表结构的理论依据是“资产＝负债＋所有者权益”。　(　　)

四、业务题

业务一

1. 目的:资产负债表的编制。

2. 资料:某企业 20×9 年 12 月 31 日各科目余额如表 9-7 所示。

表 9-7 科目余额 单位：元

科目	借方金额	科目	贷方金额
库存现金	3 000	坏账准备	250
银行存款	70 000	累计折旧	255 000
应收账款	5 000	短期借款	8 000
预付账款	2 000	应付账款	20 000
应收利息	2 500	预收账款	25 200
原材料	10 500	应交税费	5 550
生产成本	10 000	长期借款	50 000
库存商品	20 000	实收资本	100 000
长期股权投资	3 000	资本公积	40 000
固定资产原值	450 000	盈余公积	50 000
无形资产	8 000	利润分配	30 000

3. 要求：根据上述资料编制 20×9 年 12 月 31 日的资产负债表。

业务二

1. 目的：利润表的编制。

2. 资料：某企业 20×9 年 3 月 31 日结账前各损益科目余额如表 9-8 所示。

表 9-8 科目余额 单位：元

科目	借方金额	科目	贷方金额
主营业务成本	277 000	主营业务收入	427 500
其他业务成本	875	其他业务收入	600
销售费用	59 230	投资收益	10 000
管理费用	21 480	营业外收入	1 200
财务费用	1 000		
营业外支出	1 400		
所得税费用	25 844		

3. 要求：根据上述资料编制 3 月份的利润表。

第十章
会计核算形式

导入案例

比亚迪采用 ERP 系统提升会计核算效率

为应对日益复杂的财务核算需求，比亚迪在 2022 年应用了一款综合性的 ERP 系统，将财务、生产、销售和库存管理等模块集成到统一的平台上，实现了数据的共享和业务流程的自动化。ERP 系统的实施使得比亚迪能够自动采集各业务部门的数据，显著优化了会计核算形式，减少了人为错误，提升了数据处理效率。ERP 系统的应用不仅提升了核算效率，还为比亚迪的全球扩张提供了坚实的财务基础。那么会计核算形式是什么，包括哪些内容？

本章学习目标

1. 了解：会计核算形式的基本概念、种类和设计要求；日记总账、多栏式日记账和通用日记账核算形式的特点、一般程序和适用范围。

2. 理解：汇总记账凭证核算形式的特点、一般程序和适用范围。

3. 掌握：记账凭证核算形式和科目汇总表核算形式的特点、一般程序和适用范围。

第一节　会计核算形式概述

填制与审核凭证、登记账簿和编制财务会计报告是会计确认、计量和报告的三个基本环节。它们相互联系、密切配合，并以一定的会计核算形式结合起来，构成了企业完整的会计核算体系。

一、会计核算形式的概念

会计核算形式也称会计核算组织程序、账务处理程序，是以账簿组织为核心，通过一定的核算程序，把会计凭证和账簿组织、财务报表与记账程序和方法有机地结合起来的技术组织方式。不同的凭证、账簿和记账程序组合在一起，便构成了不同的会计核算形式。

会计核算形式是正确组织会计核算的重要基础。科学、合理的会计核算形式，能够保证会计核算工作有条不紊地进行，减少不必要的工作环节，提高会计工作效率和会计信息质量，充分发挥会计工作在企业管理中的基础作用。

二、会计核算形式的设计要求

会计核算形式是企业会计制度设计的一项重要内容。在会计实务中，由于每个企业的性质和规模不同，交易或者事项也有繁有简，需要设置的凭证、账簿和财务报表的种类、格式和数量不可能完全一致。各种会计核算形式优劣并存，且是相对的，各企业单位应当根据自身的具体情况和交易或者事项的特点，扬长避短，设计出适合于自身特点、科学而合理的会计核算形式。科学而合理的会计核算形式一般应符合以下三个方面的要求：

(1) 适应企业的具体情况。企业在选择会计核算形式时，一定要充分考虑本单位的经济性质、经营规模、生产特点、业务繁简和管理要求等因素，从而有利于会计机构内部的组织分工协作和岗位责任制的建立。

(2) 满足会计信息使用者的需要。科学的会计核算形式必须能够正确、完整和及时地反映企业经济活动情况，充分提供高质量的会计信息，使会计信息使用者全面了解企业的财务状况和经营成果等，从而作出正确的决策。

(3) 在保证会计信息质量的前提下，力求简化。会计核算形式的选用必须保证会计信息质量，在此前提下，尽量简化核算手续，力求减少不必要的计算和记录程序，节约人力、物力和财力，提高会计核算工作效率，降低会计核算成本。

三、会计核算形式的种类

根据上述会计核算形式的设计要求，结合我国会计信息处理技术的实际情况和长期的会计核算实践经验的检验，常用的会计核算形式有记账凭证核算形式、汇总记账凭证核算形式、科目汇总表核算形式、日记总账核算形式、多栏式日记账核算形式、通用日记账核算形式等。这几种会计核算形式大同小异，差别主要表现在登记总分类账的依据方面。各种会计核算形式均着眼于既能够保持会计信息原貌以提高会计信息质量，又能够降低登记总分类账的工作量以提高会计核算工作效率。

(1) 记账凭证核算形式：以记账凭证作为登记总分类账的依据，登记总分类账的工作量较大，工作效率不高，着重于提高总分类账的信息质量。

(2) 汇总记账凭证核算形式：根据记账凭证编制汇总记账凭证，然后根据汇总记账凭证登记总分类账。与记账凭证核算形式相比，这种形式既能够保持会计要素之间的内在联系，又能够提高会计核算工作效率，但总分类账的信息功能相对较弱。

(3) 科目汇总表核算形式：根据记账凭证编制科目汇总表，然后根据科目汇总表登记总分类账。与记账凭证核算形式相比，这种形式会计核算工作效率较高，但会计要素之间的内在联系弱化，总分类账的信息功能相对较差。

(4) 日记总账核算形式：与记账凭证核算形式一样，日记总账核算形式也是以记账凭证作为登记总分类账的依据；与记账凭证核算形式不同，其总分类账是以日记账的形式出现的，更有利于保持会计信息原貌和提高总分类账的信息功能。但是，由于日记总账的登记工作量比较大，其会计核算效率不及记账凭证核算形式。

(5) 多栏式日记账核算形式：根据收款凭证和付款凭证登记多栏式日记账，同时根据转账凭证编制转账凭证汇总表，然后根据多栏式日记账和转账凭证汇总表登记总分类账。由于多栏式日记账具有汇总收款凭证和汇总付款凭证的功能，而转账凭证汇总表又具有汇总转账凭证的功能，与汇总记账凭证核算形式一样，多栏式日记账核算形式能够提高登记总分类账的工作效率。但是，由于多栏式日记账全部集中在一张账页上，限制了分工合作，其会计核算工作效率又不及汇总记账凭证核算形式。

(6) 通用日记账核算形式：以通用日记账代替记账凭证作为登记总分类账的依据，可以最大限度地降低编制记账凭证的工作量。由于不便于对通用日记账的登记工作进行分工，通用日记账核算形式又限制了其整体工作效率的提高。

下面重点介绍实务中最常见的前三种形式。

第二节　记账凭证核算形式

一、记账凭证核算形式的特点

记账凭证核算形式的特点是：直接根据各种记账凭证逐笔登记总分类账。记账凭证核算形式是最基本的一种会计核算形式，体现了会计数据处理的一般原理，其他各种核算形式都是在其基础上演变而来的。

二、记账凭证核算形式的凭证设置和账簿设置

(一) 凭证设置

在记账凭证核算形式下，应分别设置收款凭证(还可以进一步分为现金收款凭证和银行存款收款凭证)、付款凭证(也可以进一步分为现金付款凭证和银行存款付款凭证)和转账凭证三种类型的专用记账凭证，以分别反映日常发生的收款业务、付款业务和转账业务等类型

的交易或者事项。交易或者事项不多的企业，也可以不再区分收款业务、付款业务和转账业务，只设置一种通用的记账凭证。

（二）账簿设置

（1）日记账的设置。在记账凭证核算形式下，为了加强货币资金管理，一般应当分别设置三栏式的现金日记账和银行存款日记账，以序时地反映库存现金和银行存款收付业务。

（2）总分类账的设置。为了概括反映各种类型的交易或者事项，还应当按照每一总分类账户设置三栏式的总分类账。

（3）明细分类账的设置。为了详细地反映各种类型的交易或者事项，还应当在总分类账户下，设置一定数量的明细分类账户，进行必要的明细分类核算。明细分类账可以依据所记录的交易或者事项的不同，分别采用三栏式、数量金额式或者多栏式的账页格式。

三、记账凭证会计核算形式的程序

经过确认、计量和报告等数据处理程序，可以将分散的会计数据转化为有用的会计信息。这一过程只有通过连续的填制和审核原始凭证、编制记账凭证、复式记账、登记账簿和编制财务报表等程序才能完成。填制和审核原始凭证可以对原始会计数据去伪存真、去粗存精；编制记账凭证可以将原始会计数据转化为有内在联系的会计要素；根据记账凭证登记总分类账可以将会计数据和会计要素系统化为有用的账簿资料；根据账簿资料编制财务报表可以将账簿信息系统化为综合会计信息。记账凭证核算形式严格遵循了上述会计核算的一般程序，体现了会计核算的一般原理。在该种核算形式下，记账凭证是整个会计数据处理程序的中心，是登记总分类账的直接依据。记账凭证核算形式的程序可以概括如下：

（1）根据原始凭证编制汇总原始凭证。

（2）根据原始凭证或汇总原始凭证编制记账凭证。

（3）根据收款凭证、付款凭证逐日逐笔登记现金日记账和银行存款日记账。

（4）根据原始凭证、汇总原始凭证或记账凭证登记有关明细分类账。

（5）根据记账凭证逐笔登记总分类账。

（6）月末，将各总分类账户余额与各总分类账户所属的现金日记账、银行存款日记账的余额以及各明细分类账户的余额合计数核对相符。

（7）根据总分类账和各种明细分类账有关资料编制财务报表。

记账凭证核算形式的程序如图 10-1 所示。

四、记账凭证核算形式的优缺点及适用范围

（一）记账凭证核算形式的优点

（1）记账手续简便。由于直接根据记账凭证登记总分类账，其会计处理十分简便，业务记录环节少，便于操作。

（2）记账程序简明易懂，使用方便。对于一些不常用的会计科目，可以不设置明细分类账，只需要在总分类账的会计科目摘要栏中对交易或者事项加以说明，使总分类账内一些会计科目的摘要记录起到了明细分类账的作用，这样就简化了记账程序和记账工作。

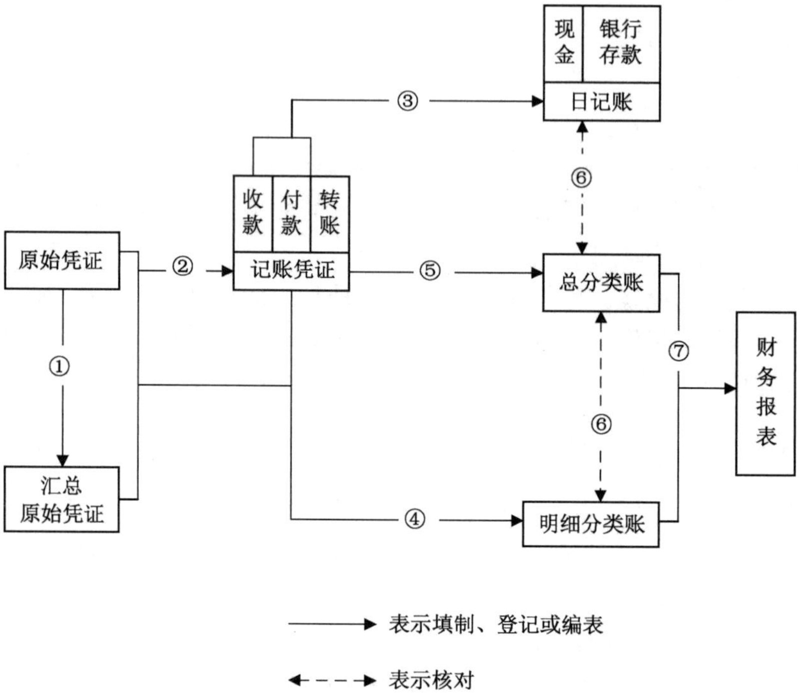

图 10-1　记账凭证核算形式的程序

(3) 层次清楚,便于查账。由于总分类账直接根据记账凭证逐笔序时记录,能够比较详细地反映交易或者事项的内容,账户对应关系清晰,便于查账。

(二) 记账凭证核算形式的缺点

在业务量较大、凭证数量较多时,直接根据记账凭证逐笔登记总分类账,工作量较大,会计核算效率较低,工作质量难以保证。

(三) 记账凭证会计核算形式的适用范围

综合上述各项优缺点,记账凭证核算形式一般只适用于经营规模不大、业务简单、记账凭证数量较少的小型企业单位。

【例 10-1】　现以东方实业公司 20×9 年 12 月的交易或者事项为例,说明记账凭证核算形式的具体运用。

(1) 根据有关原始凭证编制汇总原始凭证:

由于涉及的原始凭证数量较多,汇总原始凭证的编制从略。

(2) 根据原始凭证或者汇总原始凭证编制记账凭证:

记账凭证的编制结果见第四章[例 4-1]至[例 4-45]所示的会计分录。①

(3) 根据收、付款记账凭证登记现金日记账和银行存款日记账:

银行存款日记账(三栏式)登记结果如表 10-1 所示,现金日记账的登记从略。

---

① 本章例题所涉记账凭证数据均参考[例 4-1]至[例 4-45]。

表 10-1　银行存款日记账

20×9 年		凭证字号	摘要	收入	付出	余额
月	日					
12	01		月初余额			469 720
12	01	银收 01	吸收投资	80 000		549 720
12	11	银收 02	借入短期借款	150 000		699 720
12	12	银付 01	购设备		23 130	676 590
12	12	银付 02	支付税款滞纳金		2 000	674 590
12	15	银收 03	借入长期借款	500 000		1 174 590
12	15	银付 03	购设备		339 000	835 590
12	15	银付 04	支付安装费		32 700	802 890
12	16	银付 05	购材料		565 000	237 890
12	17	银付 06	购材料		33 900	203 990
12	18	银付 07	付银行手续费		50	203 940
12	19	银收 04	预收货款	300 000		503 940
12	21	银付 08	付销售费		5 360	498 580
12	23	银收 05	收销货款	491 000		989 580
12	24	银付 09	支付应付款		5 650	983 930
12	27	银付 10	预付货款		60 000	923 930
12	28	银收 06	收材料销售款	22 600		946 530
12	30	银付 11	补付货款		53 000	893 530
12	30	银收 07	收回商业汇票款	1 017 000		1 910 530
12	31	银付 12	发放工资		57 000	1 853 530
12	31	银付 13	支付利息		750	1 852 780
12	31		本月合计	2 560 600	1 177 540	1 852 780

(4) 根据原始凭证、汇总原始凭证或记账凭证登记有关明细分类账：

原材料明细分类账(数量金额式)的格式和登记结果如表 10-2 所示；应收账款明细分类账(三栏式)的格式和登记结果如表 10-3 所示；生产成本明细分类账(多栏式)的格式和登记结果如表 10-4 所示；其他明细分类账户的格式和登记结果略。

表 10-2　原材料明细分类账

材料名称：A　　　　单位：吨

20×9 年		凭证字号	摘要	收入			发出			结存		
月	日			数量	单价	金额	数量	单价	金额	数量	单价	金额
12	01		月初余额							660.0	1 000	660 000
12	10		生产耗用				277.5	1 000	277 500	382.5	1 000	382 500
12	16		材料入库	500	1 000	500 000				882.5	1 000	882 500
12	21		材料入库	5	1 000	5 000				887.5	1 000	887 500
12	22		生产耗用				206.5	1 000	206 500	681.0	1 000	681 000
12	30		材料入库	100	1 000	100 000				781.0	1 000	781 000
12	31		本月合计	605	1 000	605 000	484.0	1 000	484 000	781.0	1 000	781 000

表 10-3　应收账款明细分类账

客户名称：盈丰物资公司

20×9 年		凭证字号	摘要	借方金额	贷方金额	借或贷	余额
月	日						
12	01		月初余额			借	867 600
12	13	转字 4	应收商品销售款	1 017 000		借	1 884 600
12	18	转字 5	应收款转为商业汇票		1 017 000	借	867 600

表 10-4　生产成本明细分类账

产品名称：Ⅰ型产品

20×9 年		凭证字号	摘要	直接材料	直接人工	制造费用	合计
月	日						
12	31	转字 10	发料凭证汇总表	430 000			430 000
12	31	转字 11	工资费用分配表		23 000		23 000
12	31	转字 14	制造费用分配表			75 600	75 600
12	31	转字 15	结转生产成本	430 000	23 000	75 600	528 600

(5) 根据记账凭证逐笔登记总分类账：

银行存款总分类账(三栏式)的登记结果如表 10-5 所示；应收账款总分类账登记结果如表 10-6 所示；其他总分类账登记略。

表 10-5 总 分 类 账

会计科目：银行存款

20×9 年		凭证字号	摘要	收入	付出	余额
月	日					
12	01		月初余额			469 720
12	01	银收 01	吸收投资	80 000		549 720
12	11	银收 02	借入短期借款	150 000		699 720
12	12	银付 01	购设备		23 130	676 590
12	12	银付 02	支付税款滞纳金		2 000	674 590
12	15	银收 03	借入长期借款	500 000		1 174 590
12	15	银付 03	购设备		339 000	835 590
12	15	银付 04	支付安装费		32 700	802 890
12	16	银付 05	购材料		565 000	237 890
12	17	银付 06	购材料		33 900	203 990
12	18	银付 07	付银行手续费		50	203 940
12	19	银收 04	预收货款	300 000		503 940
12	21	银付 08	付销售费		5 360	498 580
12	23	银收 05	收销货款	491 000		989 580
12	24	银付 09	支付应付款		5 650	983 930
12	27	银付 10	预付货款		60 000	923 930
12	28	银收 06	收材料销售款	22 600		946 530
12	30	银付 11	补付货款		53 000	893 530
12	30	银收 07	收回商业汇票款	1 017 000		1 910 530
12	31	银付 12	发放工资		57 000	1 853 530
12	31	银付 13	支付利息费		750	1 852 780
12	31		本月合计	2 560 600	1 177 540	1 852 780

表 10-6 总 分 类 账

会计科目：应收账款

20×9 年		凭证字号	摘要	借方	贷方	借或贷	余 额
月	日						
12	01		月初余额			借	867 600
12	13	转字 4	应收商品销售款	1 017 000		借	1 884 600
12	18	转字 5	应收款转为商业汇票		1 017 000	借	867 600
12	31		本月合计	1 017 000	1 017 000	借	867 600

(6) 月末，将现金日记账、银行存款日记账余额和各种明细分类账的余额及合计数，分别与相应的总分类账户余额核对相符。

东方实业公司本年 12 月月末银行存款日记账和银行存款总账余额均为 1 852 780 元，两者核对相符；应收账款明细账和总账余额均为 867 600 元，两者核对相符。

(7) 根据总分类账和各明细分类账有关资料编制财务报表。

第三节 汇总记账凭证核算形式

一、汇总记账凭证核算形式的特点

汇总记账凭证核算形式的特点是：先定期将全部记账凭证按照收、付款凭证和转账凭证分别归类汇总记账凭证，然后根据汇总记账凭证登记总分类账。

二、汇总记账凭证核算形式的凭证设置和账簿设置

(一) 凭证设置

(1) 记账凭证的设置。在汇总记账凭证核算形式下，为了便于编制汇总记账凭证，记账凭证应设置为收款凭证、付款凭证和转账凭证等专用记账凭证，一般不设置为通用记账凭证。

(2) 汇总记账凭证的设置。为了对记账凭证进行汇总，并以此作为登记总分类账的依据，还应设置汇总收款凭证、汇总付款凭证和汇总转账凭证。

(二) 账簿设置

与记账凭证核算形式相同，汇总记账凭证核算形式也应当设置三栏式现金日记账、银行存款日记账和总分类账（发生额栏目中最好增设对方科目，以反映账户的对应关系）。各总分类账所属的明细分类账的设置也与记账凭证核算形式相同。

三、汇总记账凭证的编制

(一) 汇总收款凭证的编制

1. 科目设置

汇总收款凭证是根据收款凭证汇总编制的，按照“库存现金”和“银行存款”科目的借方

分别设置的，用来汇总一定时期内收款业务的一种汇总记账凭证。

为了便于对一定时期的收款凭证进行汇总，所有汇总收款凭证都应当与收款凭证的借方科目相对应，即将收款凭证的“库存现金”或者“银行存款”分别设置为汇总收款凭证的借方科目。

2. 金额汇总

汇总收款凭证的借方科目设置完成后，定期将该时期所有的收款凭证按照与“库存现金”和“银行存款”对应的贷方科目进行归类和汇总，计算出每一个贷方科目发生额合计数，填入汇总收款凭证中。

3. 汇总时间

汇总收款凭证一般应当每5天或10天汇总一次，每月编制一张。月末时，结计汇总收款凭证每个科目贷方发生额合计数，并据以登记总分类账。

【例10-2】 东方实业公司20×9年12月银行存款汇总收款凭证的编制如表10-7所示。

表10-7 汇总收款凭证

借方科目：银行存款　　　　20×9年12月　　　　第2号

贷方科目	金额				总分类账页	
	(1)	(2)	(3)	合计	借方	贷方
实收资本	80 000			80 000	(略)	(略)
短期借款		150 000		150 000	(略)	(略)
长期借款		500 000		500 000	(略)	(略)
预收账款		300 000	491 000	791 000	(略)	(略)
其他业务收入			22 600	22 600	(略)	(略)
应收票据			1 017 000	1 017 000	(略)	(略)
合计	80 000	950 000	1 530 600	2 560 600		

附：(1) 自1日至10日，凭证自第1号至第1号，共1张。
(2) 自11日至20日，凭证自第2号至第4号，共3张。
(3) 自21日至30日，凭证自第5号至第7号，共3张。

(二) 汇总付款凭证的编制方法

1. 科目设置

汇总付款凭证是根据付款凭证汇总编制的，按照“库存现金”和“银行存款”科目的贷方分别设置的，用来汇总一定时期内付款业务的一种汇总记账凭证。

为了便于对一定时期的付款凭证进行汇总，所有汇总付款凭证都应当与付款凭证的贷方科目相对应，即将付款凭证的“库存现金”或者“银行存款”分别设置为汇总付款凭证的贷方科目。

2. 金额汇总

汇总付款凭证的贷方科目设置完成后，定期将需要汇总的所有付款凭证按照与“库存现金”和“银行存款”对应的借方科目进行归类和汇总，计算出每一个借方科目发生额合计数，填入汇总付款凭证中。

3. 汇总时间

汇总付款凭证一般应当每5天或10天汇总一次，每月编制一张。月末，结计汇总付款凭证每个科目借方发生额合计数，据以登记总分类账。

【例 10-3】 东方实业公司20×9年12月银行存款汇总付款凭证的编制如表10-8所示。

表 10-8 汇总付款凭证

贷方科目：银行存款　　　　20×9年12月　　　　第3号

借方科目	金额				总分类账页	
	(1)	(2)	(3)	合计	借方	贷方
固定资产		20 500		20 500	(略)	(略)
营业外支出		2 000		2 000	(略)	(略)
在建工程		330 000		330 000	(略)	(略)
原材料		500 000		500 000	(略)	(略)
应交税费		113 230	360	113 590	(略)	(略)
在途物资		30 000		30 000	(略)	(略)
财务费用		50		50	(略)	(略)
销售费用			5 000	5 000	(略)	(略)
应付账款			5 650	5 650	(略)	(略)
预付账款			113 000	113 000	(略)	(略)
应付利息		750		750	(略)	(略)
应付职工薪酬			57 000	57 000	(略)	(略)
合计		996 530	181 010	1 177 540		

附：(1) 自1日至10日，共0张。
(2) 自11日至20日，凭证自第1号至第8号，共8张。
(3) 自21日至30日，凭证自第9号至第11号，共3张。

(三) 汇总转账凭证的编制

1. 科目设置

汇总转账凭证是根据转账凭证汇总编制的，按照转账凭证中每一个贷方科目分别设置的，用来汇总一定时期内转账业务的一种汇总记账凭证。

为了便于对一定时期的转账凭证进行汇总，所有汇总转账凭证都应当与转账凭证的贷方科目相对应，即将转账凭证的各贷方科目分别设置成汇总转账凭证的贷方科目。

2. 金额汇总

汇总转账凭证的贷方科目设置完成后，定期将需要汇总的所有转账凭证按照与其贷方科目对应的借方科目进行归类和汇总，计算出每一个借方科目发生额合计数，填入汇总转账凭证中。

3. 汇总时间

汇总转账凭证一般应当每 5 天或 10 天汇总一次，每月编制一张。月末，结计汇总转账凭证每个科目发生额合计数，据以登记总分类账。

必须指出的是，由于汇总转账凭证是一个贷方科目与一个或者几个借方科目相对应的，在汇总转账凭证核算形式下，为了便于编制汇总转账凭证，避免对借方科目的漏汇和重汇，所有转账凭证的填制应该是一个贷方科目同一个或多个借方科目相对应，不能以一个借方科目同几个贷方科目相对应。也就是说，可以填制一借一贷和一贷多借的转账凭证，而不能填制一借多贷和多借多贷的转账凭证。

【例 10-4】 东方实业公司 20×9 年 12 月原材料汇总转账凭证的编制方法如表 10-9 所示。

表 10-9 汇总转账凭证

贷方科目：原材料　　　　20×9 年 12 月　　　　第×号

借方科目	金额				总分类账页	
	(1)	(2)	(3)	合计	借方	贷方
生产成本			920 000	920 000	（略）	（略）
制造费用			21 500	21 500	（略）	（略）
管理费用			3 000	3 000	（略）	（略）
其他业务成本			9 000	9 000	（略）	（略）
合计			953 500	953 500		

附：(1) 自 1 日至 10 日，共 0 张。
(2) 自 11 日至 20 日，共 0 张。
(3) 自 21 日至 30 日，凭证自第 10 号至第 17 号，共 8 张。

四、总分类账的登记方法

(一) 货币资金总分类账的登记

月末，根据汇总收款凭证的合计数，记入库存现金或银行存款总分类账的借方，根据各贷方科目合计数记入有关科目的贷方；根据汇总付款凭证的合计数，记入库存现金或银行存款总分类账的贷方，根据各借方科目的合计数，记入有关科目的借方。

(二)其他总分类账的登记

月末,将汇总转账凭证的合计数记入贷方科目的总分类账的贷方,将各借方科目合计数记入各该借方科目总分类账的借方。

【例 10-5】 东方实业公司 20×9 年 12 月银行存款总分类账的登记如表 10-10 所示;原材料总分类账的登记如表 10-11 所示;其他总分类账的登记略。

表 10-10 总 分 类 账

会计科目:银行存款

20×9 年		凭证字号	摘要	借方		贷方		借或贷	余额
月	日			金额	对方科目	金额	对方科目		
12	01		月初余额					借	469 720
12	31	汇收 2		80 000	实收资本			借	(略)
12	31	汇收 2		150 000	短期借款			借	(略)
12	31	汇收 2		500 000	长期借款			借	(略)
12	31	汇收 2		791 000	预收账款			借	(略)
12	31	汇收 2		22 600	其他业务收入			借	(略)
12	31	汇收 2		1 017 000	应收票据			借	(略)
12	31	汇付 2				20 500	固定资产	借	(略)
12	31	汇付 2				2 000	营业外支出	借	(略)
12	31	汇付 2				330 000	在建工程	借	(略)
12	31	汇付 2				500 000	原材料	借	(略)
12	31	汇付 2				113 590	应交税费	借	(略)
12	31	汇付 2				30 000	在途物资	借	(略)
12	31	汇付 2				50	财务费用	借	(略)
12	31	汇付 2				5 000	销售费用	借	(略)
12	31	汇付 2				5 650	应付账款	借	(略)
12	31	汇付 2				113 000	预付账款	借	(略)
12	31	汇付 2				750	应付利息	借	(略)
12	31	汇付 2				57 000	应付职工薪酬	借	(略)
12	31		本月合计	2 560 600		1 177 540		借	1 852 780

表 10-11 总分类账

会计科目：原材料

20×9 年		凭证号数	摘要	借方		贷方		借或贷	余额
月	日			金额	对方科目	金额	对方科目		
12	01		月初余额					借	
12	31	（略）		（略）	（略）			借	（略）
12	31	（略）		（略）	（略）			借	（略）
12	31	（略）		（略）	（略）			借	（略）
12	31	汇转×				920 000	生产成本	借	（略）
12	31	汇转×				21 500	制造费用	借	（略）
12	31	汇转×				3 000	管理费用	借	（略）
12	31	汇转×				9 000	其他业务成本	借	（略）
12	31		本月合计	（略）		（略）		借	（略）

五、汇总记账凭证核算形式的程序

（1）根据原始凭证编制汇总原始凭证。

（2）根据汇总原始凭证编制收款凭证、付款凭证和转账凭证。

（3）根据收款凭证、付款凭证逐日逐笔登记现金日记账和银行存款日记账。

（4）根据原始凭证、汇总原始凭证或者记账凭证登记各明细分类账。

（5）根据收款凭证、付款凭证和转账凭证，定期编制汇总收款凭证、汇总付款凭证和汇总转账凭证。

（6）根据汇总收款凭证、汇总付款凭证和汇总转账凭证登记总分类账。

（7）月末，将各总分类账户余额与各总分类账户所属的现金日记账、银行存款日记账的余额以及各明细分类账户的余额合计数核对相符。

（8）根据总分类账和各明细分类账的记录编制财务报表。

汇总记账凭证核算形式的程序如图 10-2 所示。

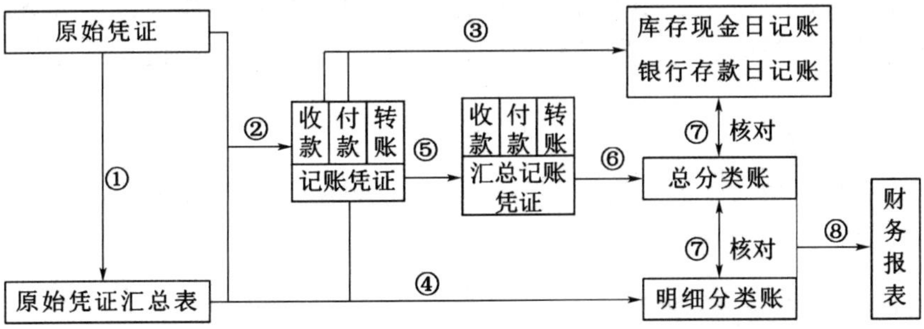

图 10-2 汇总记账凭证核算形式的程序

六、汇总记账凭证核算形式的优缺点及适用范围

(一) 汇总记账凭证核算形式的优点

(1) 根据汇总记账凭证登记总分类账,可以大量减轻总分类账的登记工作,简化会计核算手续。

(2) 汇总记账凭证严格遵从了账户之间的对应关系,能够在汇总记账凭证和账簿中继续反映账户之间的对应关系,便于核对账目。

(二) 汇总记账凭证核算形式的缺点

(1) 汇总手续复杂,汇总记账凭证编制的工作量大。对于经营规模较小,交易或者事项不多的小型企业单位而言,不仅不能简化总分类账的登记程序,反而增加了凭证的汇总手续。

(2) 总分类账中的记录比较简略,难以具体反映企业的经济活动。

(三) 汇总记账凭证核算形式的适用范围

综合上述各项优缺点,汇总记账凭证核算形式比较适用于业务量较大、凭证数量较多的大中型企业单位。

第四节　科目汇总表核算形式

一、科目汇总表核算形式的特点

科目汇总表核算形式的特点是:根据记账凭证定期编制科目汇总表,然后根据科目汇总表登记总分类账。

二、科目汇总表核算形式的凭证设置和账簿设置

(一) 凭证设置

(1) 记账凭证的设置。在科目汇总表核算形式下,与记账凭证核算形式一样,一般也需要设置收款凭证、付款凭证和转账凭证等三种专用记账凭证或者一种通用记账凭证。为了便于按科目汇总编制科目汇总表,避免漏汇和重汇,记账凭证以单式凭证的格式为宜。

(2) 科目汇总表的设置。与其他会计核算形式不同,科目汇总表核算形式除了要求设置收款凭证、付款凭证和转账凭证,还必须设置科目汇总表,以代替记账凭证作为登记总分类账的依据。

(二) 账簿的设置

科目汇总表核算形式下的日记账、总分类账和明细分类账的设置均与记账凭证核算形式相同。

三、科目汇总表的编制

(1) 汇总依据。科目汇总表是根据一定时期内的全部记账凭证,按照相同的会计科目

进行归类后汇总编制的。

（2）汇总时间。科目汇总表可以每 5 天或 10 天汇总一次，每汇总一次编制一张；也可以每 10 天汇总一次，每月编制一张。

【例 10-6】 假定每 10 天编制一张科目汇总表，根据东方实业公司 20×9 年 12 月的记账凭证编制的科目汇总表则分别如表 10-12、表 10-13 和表 10-14 所示。

表 10-12 科目汇总表

20×9 年 12 月 01 日至 10 日　　　　汇 1 号

会计科目	本期发生额	
	借方	贷方
银行存款	80 000	
实收资本		1 270 000
固定资产	1 130 000	
无形资产	60 000	
库存现金		
应付职工薪酬		
合　计	1 270 000	1 270 000

表 10-13 科目汇总表

20×9 年 12 月 11 日至 20 日　　　　汇 2 号

会计科目	本期发生额	
	借方	贷方
银行存款	950 000	996 530
固定资产	350 500	
短期借款		150 000
长期借款		500 000
在建工程	330 000	330 000
原材料	530 000	
应交税费	113 230	117 000
在途物资	30 000	30 000
应付账款	5 000	
应收账款	1 017 000	1 017 000
主营业务收入		900 000
应收票据	1 017 000	
预收账款		300 000
财务费用	800	
营业外收入		5 000
营业外支出	2 000	
合　计	4 345 530	4 345 530

表 10-14 科目汇总表

20×9 年 12 月 21 日至 31 日　　　　汇 3 号

会计科目	本期发生额	
	借方	贷方
银行存款	1 530 600	181 010
原材料	150 000	953 500
应交税费	19 860	237 338.25
应付账款	5 650	5 650
应付票据		50 850
预付账款	113 000	113 000
生产成本	1 091 000	1 091 000
制造费用	126 000	126 000
管理费用	35 800	35 800
应付职工薪酬	65 300	65 300
累计折旧		117 000
库存商品	1 091 000	1 020 700
主营业务收入	1 600 000	700 000
应收票据		1 017 000
预收账款	791 000	491 000
销售费用	5 000	5 000
主营业务成本	1 020 700	1 020 700
其他业务收入	20 000	20 000
其他业务成本	9 000	9 000
税金及附加	7 751	7 751
本年利润	1 625 000	1 625 000
营业外收入	5 000	
营业外支出		2 000
财务费用		800
所得税费用	135 987.25	135 987.25
利润分配	285 573.24	550 748.37
盈余公积		61 194.27
应付利润		81 592.35
库存现金		2 800
其他应收款		5 500
合　计	9 733 221.49	9 733 221.49

四、总分类账的登记方法

在科目汇总表核算形式下，总分类账户的登记方法，取决于科目汇总表的具体形式。

(一) 逐次登记

如果科目汇总表每 10 天汇总一次，每一次编制一张，总分类账可以直接根据每次汇总的结果逐次进行登记。

【例 10-7】 根据[例 10-6]的科目汇总表登记银行存款总分类账，如表 10-15 所示。

表 10-15 总 分 类 账

会计科目：银行存款

20×9 年		凭证字号	摘要	借方金额	贷方金额	借或贷	余额
月	日						
12	01		月初余额			借	469 720
12	10	汇 1		80 000		借	549 720
12	20	汇 2		950 000	996 530	借	503 190
12	31	汇 3		1 530 600	181 010	借	1 852 780
12	31		本月合计	2 560 600	1 177 540	借	1 852 780

(二) 一次登记

如果科目汇总表每 10 天汇总一次，每月汇总编制一张，可以将全月汇总结果一次计入各总分类账。

五、科目汇总表核算形式的程序

(1) 根据原始凭证编制汇总原始凭证。

(2) 根据原始凭证或者汇总原始凭证编制收款凭证、付款凭证和转账凭证。

(3) 根据收款凭证、付款凭证逐日逐笔登记现金日记账和银行存款日记账。

(4) 根据原始凭证、汇总原始凭证或者记账凭证登记各明细分类账。

(5) 根据一定时期内的所有记账凭证，汇总编制科目汇总表。

(6) 根据科目汇总表登记总分类账。

(7) 月末，将各总分类账户余额与各总分类账户所属的现金日记账、银行存款日记账的余额以及各明细分类账户的余额核对相符。

(8) 根据总分类账和各明细分类账的记录编制财务报表。

科目汇总表核算形式的程序如图 10-3 所示。

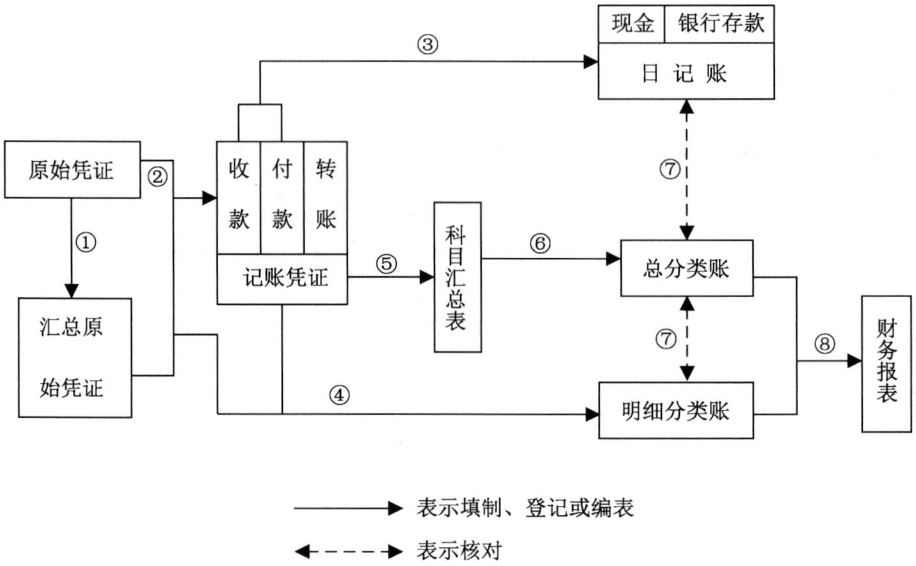

图 10-3　科目汇总表核算形式的程序

六、科目汇总表核算形式的优缺点及适用范围

(一) 科目汇总表核算形式的优点

(1) 根据科目汇总表登记总分类账,减少了过账的工作量。

(2) 汇总方法简单易懂。

(3) 汇总工作可以分散在平时进行,减轻了月末的工作压力。

(4) 科目汇总表本身兼有试算平衡的作用,因而根据科目汇总表记账,可以降低过账错误,保证会计工作质量。

(二) 科目汇总表核算形式的缺点

科目汇总表不能反映会计科目之间的对应关系,不便于根据账簿记录了解交易或者事项的来龙去脉,不便于核对账目和进行会计分析。

(三) 科目汇总表核算形式的适用范围

综合上述各项优缺点,科目汇总表核算形式一般只适用于业务量较大的大中型企业单位。

总结案例

南方公司是一家小型工业企业,只为某汽车制造厂配套生产一种汽车减速器,所需材料均由该汽车制造厂提供。南方公司配备了 1 名会计小张和 1 名出纳小王,完全采用手工记账方式。小张平时都能够及时地根据原始凭证编制收付款记账凭证,并及时地登记明细账;月末再根据收付款记账凭证汇总编制汇总收付款记账凭证,并据此登记总账。但每逢月末,小张总是忙得不可开交,不能按时结账,常常遭经理斥责。小张也满肚子委屈,抱怨经理只图省钱，舍不得再多聘1名会计。

你认为小张的想法对不对，请你为小张出主意，怎样才能既保证工作质量，又提高工作效率，还使领导满意。

分析提示

分析南方公司的业务特点，找出小张所采用的会计核算形式中所存在的问题。

思政德育课堂

本章小结

本章就我国会计实践中常见的几种主要会计核算形式，包括记账凭证核算形式、汇总记账凭证核算形式、科目汇总表核算形式等的特点、凭证与账簿的设置、程序、优缺点及适用范围等进行了系统的介绍。通过本章的学习，使学生全面地了解组织会计核算工作的一般要求，把握其基本规律，并巩固以前各章所学的知识。

思考题

1. 什么是会计核算形式？各种会计核算形式的区别是什么？合理选择会计核算形式有哪些要求？
2. 记账凭证核算形式的特点、程序、优缺点及适用范围是什么？
3. 汇总记账凭证核算形式的特点、程序、优缺点及适用范围是什么？
4. 科目汇总表核算形式的特点、程序、优缺点及适用范围是什么？

巩固训练

一、单项选择题

1. 各种会计核算形式的主要区别是(　　)。
   A. 填制会计凭证　B. 登记总账　C. 编制财务报表　D. 登记明细账
2. 根据记账凭证逐笔登记总分类账，属于(　　)核算形式。
   A. 记账凭证　B. 汇总记账凭证
   C. 科目汇总表　D. 多栏式日记账
3. 记账凭证核算形式比较适用于(　　)的企业。
   A. 生产经营规模较大，业务较多但所用科目较少
   B. 生产经营规模较大，业务较多
   C. 生产经营规模较小，业务较简单
   D. 生产经营规模较小，业务较复杂

4. (　　)是一种最基本的核算形式,也是其他核算形式的基础。

A. 记账凭证核算形式　　B. 科目汇总表核算形式

C. 汇总记账凭证核算形式　　D. 日记总账核算形式

5. 科目汇总表的汇总范围是(　　)。

A. 全部科目的借方余额　　B. 全部科目的贷方余额

C. 全部科目的借、贷方发生额　　D. 部分科目的借、贷方发生额

6. 汇总记账凭证核算形式的优点之一是(　　)。

A. 能够清楚地反映各个科目之间的对应关系

B. 不能清楚地反映各个科目之间的对应关系

C. 能够综合反映企业所有的经济业务

D. 能够序时反映企业所有的经济业务

7. 汇总记账凭证核算形式登记总账的依据是(　　)。

A. 记账凭证　　B. 原始凭证　　C. 汇总记账凭证　　D. 科目汇总表

8. 汇总记账凭证核算形式适用于(　　)的企业。

A. 规模较大、经济业务不多　　B. 规模较小、经济业务不多

C. 规模较小、经济业务较多　　D. 规模较大、经济业务较多

9. 会计报表是根据(　　)资料编制的。

A. 日记账、总分类账和明细账　　B. 日记账和明细分类账

C. 日记账和总分类账　　D. 总分类账和明细分类账

二、多项选择题

1. 各种会计核算形式的相同之处有(　　)。

A. 根据原始凭证编制汇总原始凭证

B. 根据总分类账和明细分类账编制财务报表

C. 根据收、付款凭证登记现金日记账

D. 根据原始凭证及记账凭证登记明细分类账

2. 以记账凭证为依据,按有关科目的贷方设置,按借方科目归类的有(　　)。

A. 科目汇总表　　B. 汇总转账凭证

C. 汇总付款凭证　　D. 汇总收款凭证

3. 汇总记账凭证核算形式下,记账凭证一般应采用(　　)的形式。

A. 一借一贷　　B. 一借多贷　　C. 一贷多借　　D. 多借多贷

4. 登记总分类账的依据可以有(　　)。

A. 记账凭证　　B. 汇总记账凭证

C. 科目汇总表　　D. 多栏式现金日记账

E. 多栏式银行存款日记账

5. 在各种会计核算形式下,明细分类账可以根据(　　)登记。

A. 原始凭证　　B. 原始凭证汇总表

C. 记账凭证　　D. 汇总记账凭证

E. 科目汇总表

三、判断题

1. 记账凭证是登记各种账簿的唯一依据。（ ）
2. 任何会计核算形式的第一步必须将所有的原始凭证都汇总编制为汇总原始凭证。（ ）
3. 汇总记账凭证应按月填制，每月填制一张。（ ）
4. 记账凭证核算形式一般适用于规模小且经济业务较少的单位。（ ）
5. 汇总记账凭证可以明确地反映账户之间的对应关系。（ ）
6. 汇总收款凭证是按贷方科目设置，按借方科目归类，定期汇总，按月编制的。（ ）
7. 科目汇总表不仅可以起到试算平衡作用，还可以反映账户之间的对应关系。（ ）
8. 不同会计核算形式下，财务报表的编制依据是相同的。（ ）

四、业务题

业务一

1. 目的：汇总记账凭证核算形式。
2. 资料：第四章“巩固训练”业务一至业务五有关业务事项。
3. 要求：编制汇总收款凭证、汇总付款凭证和汇总转账凭证。

业务二

1. 目的：科目汇总表核算形式。
2. 资料：第四章“巩固训练”业务一至业务五有关业务事项。
3. 要求：编制科目汇总表。

第十一章
会计工作组织

导入案例

腾讯财务共享服务中心的建立

腾讯在2020年建立了财务共享服务中心，集中处理集团内各部门的日常财务事务，优化会计工作组织，提高运营效率。腾讯整合了各个子公司和业务部门的财务功能，将日常财务核算、资金管理、报销审批等工作集中到财务共享服务中心进行统一处理。通过建立标准化的财务流程和引入自动化工具，腾讯实现了高效的财务工作处理和严格的内部控制，减少了重复劳动和错误的发生。会计工作组织直接影响财务管理的效率和质量。那么会计工作应该如何组织开展？

本章学习目标

1. 了解：会计档案管理的基本要求。
2. 了解：会计机构的设置和对会计从业人员条件、职责、权限等的有关要求。
3. 理解：会计工作组织的意义及会计工作的组织形式。

第一节 会计工作组织概述

会计工作的组织，主要包括会计机构的设置、会计人员的配备与教育、会计法规制度的制定和执行、会计手段的运用等。会计工作的组织是完成会计工作任务、发挥会计工作作用的重要保证。

一、组织会计工作的意义

会计工作是指运用一整套的会计专门方法，对会计事项进行处理的活动。会计工作是一项综合性、政策性较强的管理工作，也是一项严密细致的工作，它是企业经营管理的重要组成部分，同时又与统计、业务工作及其他各项管理工作密切相关。会计工作的好坏，直接影响着各个基层企业生产经营的好坏，也关系到国家的政策、法令、法规能否顺利贯彻。因此，为了协调会计工作同其他管理工作的关系，监督财经政策和制度的贯彻执行，加强落实经济责任制，正确处理各方面的经济关系以及协调会计工作内部各环节之间的关系，企业要科学、合理地组织会计工作，以便具体实施对会计工作的有效管理。

会计工作的组织就是为了适应会计工作的综合性、政策性和严密细致性的特点，对会计机构的设置、会计人员的配备与教育、会计法规制度的制定与执行等项工作所作的统筹安排。科学地组织会计工作，具有十分重要的意义。

（一）有利于保证会计工作的质量，提高会计工作效率

正确地组织会计工作，使会计工作按照事先规定的手续和处理程序有条不紊地进行，可以防止错漏或及时纠正发生的错漏，提高会计工作的质量和效率。

（二）有利于促进企业内部经济责任制的落实

正确地组织会计工作，可以使会计工作同其他经济管理工作更好地分工协作，相互配合，确保与其他经济管理工作协调一致，共同完成经济管理工作的任务。

（三）有利于完善内部会计控制，强化企业经营管理制度

正确地组织会计工作，可以促使会计单位内部各部门更好地履行自己的经济责任，管好和用好资金，厉行节约，增产增收，提高经济管理水平，讲求最佳经济效益。

事业、机关、团体等单位，虽然业务性质与企业不同，但也需要实行经济责任制，也需要组织好会计工作，促使各部门少花钱、多办事，努力增收节支。

二、组织会计工作的要求

（一）政策性要求

遵守国家的统一规定是组织和处理会计工作居于首位的要求。为了充分发挥会计的作用，国家对会计工作的重要方面都作了统一的规定，各企业、事业、机关、团体等单位必须贯彻执行《中华人民共和国会计法》，遵照《企业会计准则》的要求和会计制度的规定，制定本企业、本单位的会计制度，从而保证提供能够为加强国民经济宏观调控所需要的重要指标。

(二)适用性要求

根据各会计主体经营管理的特点组织会计工作,适应各单位行业特点、规模大小、经营特色,作出切合实际的安排并制定具体的实施办法。

(三)效率性要求

在保证工作质量的前提下,尽量节约耗用在会计工作上的时间和费用。账、证、表的设计,各种程序、措施的规定,会计机构的设置和会计人员的配备等,都要符合精简节约的原则,既要把工作做好,又要减少人、财、物的耗费。

第二节　会计机构和会计人员

一、会计机构

(一)会计机构设置

会计机构是各单位办理会计事务的职能机构,会计人员是直接从事会计工作的人员。建立健全会计机构,配备数量和素质相当的会计人员,是各单位做好会计工作、充分发挥会计职能作用的重要保证。

《中华人民共和国会计法》规定,各单位应当根据业务的需要设置会计机构,或者在有关机构中设置会计人员并指定主管会计人员;不具备设置条件的,应当委托经批准设立从事会计代理记账业务的中介机构代理记账。《会计基础工作规范》规定,各单位应当根据会计业务的需要设置会计机构;不具备单独设置会计机构条件的,应当在有关机构中配备专职的会计人员。《会计基础工作规范》还规定,没有设置会计机构和配备会计人员的单位,应当根据《代理记账管理办法》委托会计师事务所或者持有代理记账许可证书的其他代理机构进行代理记账。

(二)会计机构内部稽核制度和内部牵制制度

1. 会计机构内部稽核制度

内部稽核制度是内部控制制度的重要组成部分。会计稽核是会计机构本身对于会计核算工作进行的一种自我检查或审核工作。建立会计机构内部稽核制度的目的在于防止会计核算工作中的差错和有关人员的舞弊,是规范会计行为、提高会计质量的重要保证。从会计工作实际情况看,会计机构内部稽核工作一般包括以下主要内容:

(1) 审核财务、成本、费用等计划指标项目是否齐全、编制依据是否可靠、有关计算是否正确、各项计划指标是否互相衔接等;对审核结果提出建议和意见,以便修改和完善计划与预算。

(2) 审核实际发生的经济业务或财务收支是否符合现行法律、法规、规章制度的规定;对审计中发现的问题,及时予以制止或者纠正。

(3) 审核会计凭证、会计账簿、财务会计报告和其他会计资料内容是否真实、完整,计算是否正确,手续是否齐全,是否符合有关法律、法规、规章制度的规定。

(4) 审计各项财产物资的增减变动和结存情况,并与账面记录进行核对,确定账实是否相符；账实不符时，应查明原因，并提出改进措施。

2. 内部牵制制度

实行内部牵制制度，即钱账分管制度，主要是为了加强会计人员之间相互制约、相互监督、相互核对，提高会计核算工作质量，防止会计事务处理中发生失误和差错以及营私舞弊等行为。

内部牵制制度也是内部控制制度的重要组成部分。内部控制制度是指凡涉及款项和财物收付、结算及登记的任何一项工作，必须由两人或两人以上分工办理，以起到相互制约作用的一种工作制度。例如，在支付现金和银行存款时，应由会计主管人员或其授权的代理人审核、批准，出纳人员付款，记账人员记账；单位购入材料物资，应由采购人员办理采购、报账手续，仓库人员验收入库，记账人员登记入账；发出材料时，应经使用单位领导批准，经办人员领用，仓库人员发料，记账人员记账；单位发放工资时，应由工资核算人员编制工资单，出纳人员向银行提取现金和发放工资，记账人员记账，等等。

二、会计人员

会计人员是指在企业、事业单位中从事会计工作的人员，包括会计机构负责人、会计主管人员、具体从事会计工作的会计师、会计员和出纳员。

（一）会计从业人员应具备的条件

根据《中华人民共和国会计法》和《会计基础工作规范》的规定，会计从业人员必须具备从事会计工作所需要的专业能力，熟悉国家有关法律、法规、规章和国家统一的会计制度，遵守职业道德。

（二）会计机构负责人、会计主管人员应具备的条件

根据《中华人民共和国会计法》规定，会计机构负责人和会计主管人员除了要具备一般会计人员应具备的条件，还应具备会计师以上专业技术职务资格或者从事会计工作 3 年以上经历。会计机构负责人和会计主管人员应具备以下主要条件：

(1) 坚持原则，廉洁奉公。

(2) 具备会计师以上专业技术职务资格或者从事会计工作不少于 3 年。

(3) 熟悉国家财经法律、法规、规章和方针、政策，掌握本行业业务管理的有关知识。

(4) 有较强的组织能力。

(5) 身体状况能适应和胜任本职工作。

（三）总会计师应具备的条件

大、中型企、事业单位、业务主管部门应当根据法律和国家有关规定设置总会计师。总会计师由具有会计师以上专业技术资格的人员担任。总会计师是在单位负责人领导下，主管经济核算和财务会计工作的负责人。总会计师是单位领导成员，协助单位负责人工作，直接对单位负责人负责。总会计师作为单位财务会计的主要负责人，全面负责本单位的财务会计管理和经济核算，参与本单位的重大经营决策活动，是单位负责人的参谋和助手。按照《总会计师条例》的规定，担任总会计师，应当具备以下条件：

(1) 坚持社会主义方向，积极为社会主义市场经济建设和改革开放服务。

(2) 坚持原则，廉洁奉公。

(3) 取得会计师专业技术资格后，主管一个单位或者单位内部一个重要方面的财务会计工作的时间不少于3年。

(4) 要有较高的理论政策水平，熟悉国家财经纪律、法规、方针和政策，掌握现代化管理的有关知识。

(5) 具备本行业的基本业务知识，熟悉行业情况，有较强的组织领导能力。

(6) 身体健康、胜任本职工作。

(四) 会计人员的职责和权限

1. 会计人员的职责

根据《中华人民共和国会计法》规定，会计人员的职责如下：

(1) 进行会计核算。会计人员必须按照会计法规的要求，做好记账、算账和报账工作。

(2) 实行会计监督。在会计核算的同时，会计人员应履行会计监督的义务，对各会计事项的合法性、合理性和合规性实施会计监督。对不真实、不正确和不合法的原始凭证不予受理；对记载不准确、不完整的原始凭证，应予以退回，要求重开或更正补充；对账簿记录与实物、款项及有关资料不符的问题，有权处理的，应及时进行处理，无权处理的，应立即向本单位负责人报告，请求查明原因，作出处理。

(3) 拟定本单位会计事务的具体办法，选择本单位具体会计事项的会计政策。

(4) 参与制定经济计划、业务计划、财务计划、编制预算，在增收节支、杜绝浪费等方面发挥积极作用。

(5) 办理其他会计事项。例如，协助企业其他管理部门做好企业管理的基础工作，提供关于企业改制、合并、分立、投资等方面的会计信息等。

2. 会计人员的主要权限

(1) 会计人员有权要求本单位有关部门、人员认真执行本单位制定的计划和预算；有权督促本单位负责人和本单位其他有关人员遵守财经法纪和本单位财务会计制度。如果本单位负责人有违反国家法纪的情况，会计人员有权拒绝办理付款、报销等业务；如被迫办理的，有权向有关部门检举揭发。

(2) 会计人员有权参与本单位编制计划、制定定额、对外签订经济合同等工作，有权参加有关的生产、经营管理会议和业务会议，有权了解企业的生产经营情况和计划、预算、定额的执行情况，并有权提出自己的意见和建议。

(3) 会计人员有权对本单位所有的会计事项进行会计监督，有权对本单位业务部门和业务人员经办的业务进行监督和检查，各业务部门应予以积极协助。

为了保障会计人员顺利地履行其职责和权限，《中华人民共和国会计法》明确规定，单位负责人为第一会计责任主体。

(五) 会计人员的岗位责任制

企业应建立健全会计机构的岗位责任制，以便加强会计管理，分清职责，提高工作效率，正确考核会计人员的工作业绩。本着这一要求，各会计工作岗位的职责如下：

(1) 会计主管岗位。会计主管是企业会计工作的组织者和领导者。该岗位的主要职责是：领导本单位的财务会计工作；组织制定和贯彻本单位的财务制度；组织编制和实施本单位财务成本、银行借款等计划；组织实施全面的经济核算；参与生产经营会议和经营决策等；

负责编制和审核本单位的财务会计报告；负责会计人员的考核、管理和聘用等。

（2）出纳岗位。出纳是企业货币资金的主要管理者。该岗位的职责主要有：按照国家有关现金和结算管理制度的规定，办理现金收付和银行结算业务；保管库存现金；编制和审核有关原始凭证，登记有关现金日记账和银行存款日记账；保管有关印章、空白收据和空白支票，按规定用途使用等。

（3）财产物资核算岗位。该岗位主要针对企业的固定资产和库存材料进行核算和管理。其职责主要包括：签订有关固定资产管理、使用、核算办法的合同；负责固定资产的明细核算、编制固定资产报表、计提固定资产折旧、参与固定资产的清查；分析固定资产使用效果；组织参与库存材料的管理、核算和清查。

（4）工资核算岗位。该岗位的职责主要包括：监督工资基金的使用情况；审核和发放工资、奖金和津贴等；负责工资费用的分配和明细核算等。

（5）往来结算岗位。该岗位主要核算和管理本单位与其他单位或个人在经济往来中发生的结算款项，主要职责包括：登记应收、应付账款明细账；及时清算结算资金；分析应收账款的账龄，计提坏账准备，核算坏账损失；参与制定资金管理制度等。

（6）总账报表岗位。该岗位的主要职责有：负责登记总账，并与有关的日记账和明细账进行核对；进行总账余额的试算平衡，编制资产负债表，并与其他会计报表核对；参与财务状况和经营成果的综合分析；制定或参与制定财务计划，参与企业的生产经营决策等。

（7）稽核工作岗位。该岗位的主要职责有：负责稽核工作的组织安排；明确负责稽核工作的职责范围；负责审核会计凭证、会计账簿和会计报表。

（8）成本费用核算工作岗位。该岗位的主要职责有：会同有关部门制定成本管理与核算办法；参与编制成本费用计划，并分析其执行情况；负责登记生产成本、制造费用和管理费用等费用明细账，编制成本费用报表；指导车间和班组成本核算，参与在产品和产成品的清查盘点等。

（六）会计人员继续教育

为了规范会计专业技术人员的继续教育，保障会计专业技术人员的合法权益，不断提高会计专业技术人员的素质，《中华人民共和国会计法》和《专业技术人员继续教育规定》都对会计人员继续教育作出了规定。

为了便于会计人员及时更新知识、不断提高自身素质、适应工作需要，根据统一规划、分级管理的原则，各地、各部门要认真组织包括国家机关、企业、事业单位以及社会团体等组织（以下统称单位）中，具有会计专业技术资格的人员，或不具有会计专业技术资格但从事会计工作的人员（以下简称会计专业技术人员），接受培训学习，做好会计人员的继续教育工作。

1. 会计专业技术人员继续教育工作应当遵循的基本原则

（1）以人为本，按需施教。会计专业技术人员继续教育面向会计专业技术人员，引导会计专业技术人员更新知识、拓展技能，完善知识结构、全面提高素质。

（2）突出重点，提高能力。把握会计行业发展趋势和会计专业技术人员从业基本要求，引导会计专业技术人员树立诚信理念、提高职业道德和业务素质，全面提升专业胜任能力。

（3）加强指导，创新机制。统筹教育资源，引导社会力量参与继续教育，不断丰富继续教育内容，创新继续教育形式，提高继续教育质量，形成政府部门规划指导、社会力量积极参与、用人单位支持配合的会计专业技术人员继续教育新格局。

用人单位应当保障本单位会计专业技术人员参加继续教育的权利。会计专业技术人员享有参加继续教育的权利和接受继续教育的义务。

具有会计专业技术资格的人员应当自取得会计专业技术资格的次年开始参加继续教育,并在规定时间内取得规定学分。不具有会计专业技术资格但从事会计工作的人员应当自从事会计工作的次年开始参加继续教育,并在规定时间内取得规定学分。

2. 会计专业技术人员继续教育的内容

会计专业技术人员继续教育内容包括公需科目和专业科目。

公需科目包括会计专业技术人员应当普遍掌握的法律法规、政策理论、职业道德、技术信息等基本知识。专业科目包括会计专业技术人员从事会计工作应当掌握的财务会计、管理会计、财务管理、内部控制与风险管理、会计信息化、会计职业道德、财税金融、会计法律法规等相关专业知识。

财政部会同人力资源社会保障部根据会计专业技术人员能力框架,定期发布继续教育公需科目指南、专业科目指南,对会计专业技术人员继续教育内容进行指导。

3. 会计专业技术人员继续教育的形式

会计专业技术人员可以自愿选择参加继续教育的形式。会计专业技术人员参加继续教育的形式如下:

(1) 参加县级以上地方人民政府财政部门、人力资源社会保障部门,新疆生产建设兵团财政局、人力资源社会保障局,中共中央直属机关事务管理局,国家机关事务管理局(以下统称继续教育管理部门)组织的会计专业技术人员继续教育培训、高端会计人才培训、全国会计专业技术资格考试等会计相关考试、会计类专业会议等。

(2) 参加会计继续教育机构或用人单位组织的会计专业技术人员继续教育培训。

(3) 参加国家教育行政主管部门承认的中专以上(含中专,下同)会计类专业学历(学位)教育;承担继续教育管理部门或行业组织(团体)的会计类研究课题,或在有国内统一刊号(CN)的经济、管理类报刊上发表会计类论文;公开出版会计类书籍;参加注册会计师、资产评估师、税务师等继续教育培训。

(4) 继续教育管理部门认可的其他形式。

会计专业技术人员参加继续教育采用的课程、教学方法,应当适应会计工作要求和特点;同时,积极推广网络教育等方式,提高继续教育教学和管理的信息化水平。

4. 会计专业技术人员继续教育的学分管理

会计专业技术人员继续教育实行学分制管理,每年参加继续教育取得的学分不少于 90 学分。其中,专业科目一般不少于总学分的 2/3。

会计专业技术人员参加继续教育取得的学分,在全国范围内当年度有效,不得结转以后年度。

参加《会计专业技术人员继续教育规定》第 10 条规定形式的继续教育,其学分计量标准如下:

(1) 参加全国会计专业技术资格考试等会计相关考试,每通过一科考试或被录取的,折算为 90 学分。

（2）参加会计类专业会议，每天折算为10学分。

（3）参加国家教育行政主管部门承认的中专以上会计类专业学历（学位）教育，通过当年度一门学习课程考试或考核的，折算为90学分。

（4）独立承担继续教育管理部门或行业组织（团体）的会计类研究课题，课题结项的，每项研究课题折算为90学分；与他人合作完成的，每项研究课题的课题主持人折算为90学分，其他参与人每人折算为60学分。

（5）独立在有国内统一刊号（CN）的经济、管理类报刊上发表会计类论文的，每篇论文折算为30学分；与他人合作发表的，每篇论文的第一作者折算为30学分，其他作者每人折算为10学分。

（6）独立公开出版会计类书籍的，每本会计类书籍折算为90学分；与他人合作出版的，每本会计类书籍的第一作者折算为90学分，其他作者每人折算为60学分。

（7）参加其他形式的继续教育，学分计量标准由各省、自治区、直辖市、计划单列市财政厅（局）（以下简称省级财政部门）、新疆生产建设兵团财政局会同本地区人力资源社会保障部门、中央主管单位制定。

5. 会计专业技术人员继续教育的登记管理。

用人单位应当对会计专业技术人员参加继续教育的种类、内容、时间和考试考核结果等情况进行记录，并在培训结束后及时按照要求将有关情况报送所在地县级以上地方人民政府财政部门、新疆生产建设兵团财政局或中央主管单位。

省级财政部门、新疆生产建设兵团财政局、中央主管单位应当建立会计专业技术人员继续教育信息管理系统，对会计专业技术人员参加继续教育取得的学分进行登记，如实记载会计专业技术人员接受继续教育的情况。

继续教育登记可以采用以下方式：

（1）会计专业技术人员参加继续教育管理部门组织的继续教育和会计相关考试，县级以上地方人民政府财政部门、新疆生产建设兵团财政局或中央主管单位应当直接为会计专业技术人员办理继续教育事项登记。

（2）会计专业技术人员参加会计继续教育机构或用人单位组织的继续教育，县级以上地方人民政府财政部门、新疆生产建设兵团财政局或中央主管单位应当根据会计继续教育机构或用人单位报送的会计专业技术人员继续教育信息，为会计专业技术人员办理继续教育事项登记。

（3）会计专业技术人员参加继续教育采取除上述（1）（2）以外其他形式的，应当在年度内登录所属县级以上地方人民政府财政部门、新疆生产建设兵团财政局或中央主管单位指定网站，按要求上传相关证明材料，申请办理继续教育事项登记；也可持相关证明材料向所属继续教育管理部门申请办理继续教育事项登记。

6. 会计继续教育机构管理

会计继续教育机构必须同时符合以下条件：

（1）具备与承担继续教育相适应的教学设施，面授教育机构还应有相应的教学场所。

（2）拥有与承担继续教育相适应的师资队伍和管理力量。

（3）制定完善的教学计划、管理制度和其他相关制度。

(4) 能够完成所承担的继续教育任务,保证教学质量。

(5) 符合有关法律法规的规定。

应当充分发挥国家会计学院、会计行业组织(团体)、各类继续教育培训基地(中心)等在开展会计专业技术人员继续教育方面的主渠道作用,鼓励、引导高等院校、科研院所等单位参与会计专业技术人员继续教育工作。

第三节　会计工作的组织形式

为了科学地组织会计工作,需要根据企业规模的大小、经济业务的复杂程度以及企业内部各组织机构的设置情况,来确定企业会计工作的组织形式。企业会计工作的组织形式一般分为集中核算和非集中核算两种形式。

一、集中核算形式

集中核算就是在厂部一级设置专门的会计机构,把整个企业的主要会计工作都集中在会计部门进行。企业内部各部门对本部门所发生的经济业务不进行全面核算,只填制或取得原始凭证,并对原始凭证进行适当的汇总,定期将原始凭证和汇总原始凭证送交会计部门,由会计部门加以审核,并据以登记有关账簿。

集中核算形式由于核算工作集中,便于会计人员进行分工,便于实行核算工作的现代化,可以简化和加速核算工作,有利于提高工作效率,减少核算费用,集中掌握和了解各单位生产经营活动情况。但由于这种组织形式的核算工作不是直接在单位内部各部门进行的,不便于各部门的领导随时利用核算资料检查本部门的经济活动情况。

二、非集中核算形式

非集中核算又称分散核算。这种组织形式是对企业内部各部门所发生的经济业务,由各级部门设置并登记账簿,进行比较全面的核算。各部门可以单位计算盈亏,编制内部会计报表,定期报送给企业会计部门,以便汇总编制整个企业的会计报表。

非集中核算形式可以使各部门经常地利用核算资料来领导和检查本部门的工作,但该组织形式不便于采用合理的凭证整理方法,会计人员的合理分工受到一定的限制,核算工作量较大,核算成本较高。

在实行内部经济核算制的情况下,企业所属各部门,特别是业务部门,都由企业核发一定数量的资金,都有一定的业务经营和管理权力,负有完成各项任务的责任,并可按照工作成果取得一定的物质利益。这些部门为了反映和考核各自的经营成果,可以进行比较全面的核算,单独计算盈亏,按期编报各种内部会计报表。但这些部门不能单独与企业外部单位签订交易合同,也不能在银行开设结算账户,企业对外部单位发生的债权债务的结算,要统一由企业会计部门负责办理。因此,这些部门通常被称为半独立核算单位。

应该说,集中核算与非集中核算是相对的。企业对其内部各部门所发生的经济业务是采取集中核算还是采取非集中核算形式，抑或两者相互结合，主要取决于企业单位的特点及管理要求，企业最终要从有利于加强经营管理、加强经济核算的角度来抉择。但是，无论采取哪一种组织形式，各单位对外的货币资金收付和债权债务结算等，都应由会计部门集中办理。

第四节 会计档案管理

一、会计档案及其组成

会计档案是国家经济档案的重要组成部分，是记录和反映经济业务的重要史料和证据，也是检查遵守财经纪律情况的书面证明和总结经营管理经验的重要参考资料。各单位要认真做好会计档案的管理工作，妥善保管会计档案并予以充分利用。

（一）会计档案

会计档案是机关团体和企事业单位在会计活动中形成的，并按照一定规定保存备查的会计凭证、会计账簿和财务会计报告等会计信息载体。它是记录和反映单位经济业务的重要史料和证据。

（二）会计档案的组成

（1）会计凭证类，包括原始凭证、记账凭证、汇总凭证、其他会计凭证。

（2）会计账簿类，包括总账、明细账、日记账、固定资产卡片、辅助账簿、其他会计账簿。

（3）财务会计报告类，包括月度、季度、半年度、年度财务会计报告和其他财务会计报告。

（4）其他类，包括银行存款余额调节表、银行对账单、其他应当保存的会计核算专业资料、会计档案移交清册、会计档案保管清册、会计档案销毁清册。

二、会计档案的管理办法

为了加强会计档案的科学管理，统一全国会计档案制度，做好会计档案工作，财政部和国家档案局联合制定和颁布了《会计档案管理办法》。

（一）会计档案立卷、归档

各单位每年形成的会计档案，都应由会计部门按照归档的要求，整理、立卷并装订成册，编制会计档案保管清册。

（二）会计档案的保管、销毁、调阅和移交

1. 会计档案的保管

当年的会计档案，要在会计年度终了后，由本单位会计机构暂时保管 1 年，期满后，应当由会计机构编制移交清册，移交本单位档案机构统一保管；因工作需要确需推迟移交的，应当经单位档案管理机构同意。单位会计机构暂时保管会计档案最长不应超过 3 年。暂时保管期间，会计档案的保管应当符合国家档案管理的有关规定，且出纳人员不得兼管会计档案。未设立档案机构的，应当在会计机构内部指定专人保管，但出纳人员不得兼管会计档案。移交本单位档案机构保管的会计档案，原则上应当保持原卷册的封

装。个别需要拆封重新整理的,档案机构应当会同会计机构和经办人员共同拆封整理,以分清责任。

会计档案应分类保存,并建立相应的分类目录或卡片,随时进行登记。保管人员要严格执行安全保密制度,不得随意销毁会计档案。按照《会计档案管理办法》的规定,会计档案的保管期限分为永久、定期两类。其中,定期保管期限一般分为10年和30年。年度财务会计报告、会计档案保管清册、会计档案销毁清册及会计档案鉴定意见书要永久保存;会计凭证、会计账簿及会计档案移交清册保管期限为30年;中期财务会计报告、银行存款余额调节表、银行对账单及纳税申报表保管期限为10年;固定资产卡片的保管期限为固定资产报废清理后保管5年。会计档案的保管期限,从会计年度终了后的第一天算起。

各类会计档案的保管期限原则上应当按照《会计档案管理办法》附表执行,《会计档案管理办法》规定的会计档案保管期限为最低保管期限。单位应当定期对已到保管期限的会计档案进行鉴定,并形成会计档案鉴定意见书。经鉴定,仍需继续保存的会计档案,应当重新划定保管期限;对保管期满,确无保存价值的会计档案,可以销毁。会计档案鉴定工作应当由单位档案管理机构牵头,组织单位会计、审计、纪检监察等机构或人员共同进行。

2. 会计档案的销毁

保管期满但未结清的债权债务原始凭证和涉及其他未了事项的原始凭证不得销毁,纸质会计档案应当单独抽出立卷,电子会计档案单独转存,保管到未了事项完结为止。单独抽出立卷或转存的会计档案,应当在会计档案鉴定意见书、会计档案销毁清册和会计档案保管清册中列明。正在项目建设期间的建设单位,其保管期满的会计档案不得销毁。

保管期满的其他会计档案,可以按照以下程序予以销毁:

(1) 单位档案管理机构编制会计档案销毁清册,列明拟销毁会计档案的名称、卷号、册数、起止年度和档案编号、应保管期限、已保管期限、销毁时间等内容。

(2) 单位负责人、档案管理机构负责人、会计管理机构负责人、档案管理机构经办人、会计管理机构经办人在会计档案销毁清册上签署意见。

(3) 单位档案管理机构负责组织会计档案销毁工作,并与会计管理机构共同派员监销。国家机关销毁会计档案时,应当由同级财政部门、审计部门派员参加监销;财政部门销毁会计档案时,应当由同级审计部门派员参加监销。

(4) 监销人在销毁会计档案前,应当按照会计档案销毁清册所列内容清点核对所要销毁的会计档案;销毁后,应当在会计档案销毁清册上签名或盖章,并将监销情况报告本单位负责人。

电子会计档案的销毁还应当符合国家有关电子档案的规定,并由单位档案管理机构、会计管理机构和信息系统管理机构共同派员监销。

3. 会计档案的调阅

各单位应当建立健全会计档案查阅、复制登记制度。各单位保存的会计档案不得借出。如有特殊需要,经本单位负责人批准,可以提供查阅或者复制,并办理登记手续。查阅或者复制会计档案的人员,严禁在会计档案上涂画、拆封和抽换。

4. 会计档案的交接

单位之间交接会计档案时,交接双方应当办理会计档案交接手续。移交会计档案的单位，应当编制会计档案移交清册，列明应当移交的会计档案名称、卷号、册数、起止年度、档案编号、应保管期限和已保管期限等内容。交接会计档案时，交接双方应当按照会计档案移交清册所列内容逐项交接，并由交接双方的单位有关负责人负责监督。交接完毕后，交接双方经办人和监督人应当在会计档案移交清册上签名或盖章。

电子会计档案应当与其元数据一并移交，特殊格式的电子会计档案应当与其读取平台一并移交。档案接收单位应当对保存电子会计档案的载体及其技术环境进行检验，确保所接收电子会计档案的准确、完整、可用和安全。

5. 会计档案的移交

单位因撤销、解散、破产或者其他原因而终止的，在终止和办理注销登记手续之前形成的会计档案，一般应当由终止单位的业务主管部门或财产所有者代管或移交有关档案管理机构代管。会计档案保管人员调动工作，应按照规定，办理正式的交接手续。

第五节　会计工作交接

会计人员工作交接是会计工作中的一项重要内容。会计人员调动工作或者离职时，与接管人员办清交接手续，是会计人员应尽的职责，也是做好会计工作的要求。做好会计交接工作是保证会计工作连续进行的必要措施，可以防止因会计人员的更换出现账目不清、财务混乱等现象；也是分清移交人员和接管人员责任的有效措施。

一、交接前的准备工作

（1）已经受理的经济业务尚未填制会计凭证的应当填制完毕。

（2）尚未登记的账簿应当登记完毕，结出余额，并在最后一笔余额后加盖经办人印章。

（3）整理好应该移交的各项资料，对未了事项和遗留问题要写出书面材料。

（4）编制移交清册，列明应该移交的会计凭证、会计账簿、财务会计报告、公章、现金、有价证券、支票簿、发票、文件、其他会计资料和物品等内容；实行会计电算化的单位，从事该项工作的移交人员应在移交清册上列明会计软件及密码、会计软件数据盘、磁带等内容。

（5）会计机构负责人（会计主管人员）移交时，应将财务会计工作、重大财务收支问题和会计人员的情况等向接管人员介绍清楚。

二、交接程序

移交人员离职前，必须将本人经管的会计工作，在规定期限内全部向接管人员移交清楚。接管人员应按照移交清册认真逐项点收。

（1）根据会计账簿记录余额，对现金进行当面点交，不得短缺。接替人员发现不一致或“白条抵库”现象时，移交人员必须在规定期限内负责查清处理。

（2）有价证券的数量要与会计账簿记录一致。有价证券面额与发行价不一致时，按照会计账簿余额交接。

（3）会计凭证、会计账簿、财务会计报告和其他会计资料必须完整无缺，不得遗漏。如有短缺,必须查清原因,并在移交清册中加以说明,由移交人员负责。

(4) 银行存款账户余额要与银行对账单核对相符,如有未达账项,应编制银行存款余额调节表并调节相符;各种财产物资和债权债务的明细账户余额,要与总账有关账户的余额核对相符;对重要实物要实地盘点,对余额较大的往来账户要与往来单位、个人核对。

(5) 公章、收据、空白支票、发票、科目印章以及其他物品等必须交接清楚。

(6) 实行会计电算化的单位,交接双方应在电子计算机上对有关数据进行实际操作,确认数字正确无误后,方可交接。

三、会计交接的监督

为了明确责任,会计人员办理工作交接时,必须由专人负责监交。通过监交,保证双方都按照国家有关规定认真办理交接手续,保证会计工作不因人员变动而受影响,保证交接双方处在平等的法律地位上享有权利和承担义务。移交清册应当经过监交人员审查和签名、盖章,作为交接双方明确责任的证件。对监交的具体要求是:

(1) 一般会计人员办理交接手续,由会计机构负责人和会计主管人员监交。

(2) 会计机构负责人和会计主管人员办理交接手续,由单位负责人监交,必要时主管单位可以派人会同监交。需由主管单位监交或者主管单位认为需要参与监交的通常有三种情况:一是所属单位负责人因单位撤并等原因不能监交的,需要由主管单位派人代表主管单位监交;二是所属单位负责人有意拖延而不能尽快监交的,需要由主管单位派人监督监交;三是不宜由所属单位负责人单独监交的,而需要主管单位派人会同监交。

四、交接后的有关事宜

会计工作交接完毕后,交接双方和监交人员应在移交清册上签名或盖章,并在移交清册上注明单位名称、交接日期、移交清册页数以及需要说明的问题和意见等。接管人员应继续使用移交前的账簿,不得擅自另立账簿,以保证会计记录前后衔接,内容完整。

移交清册一般一式三份,交接双方各执一份,存档一份。

总结案例

小李因个人原因决定辞职,公司在小李提出离职申请后的两周内,聘请了新会计小王接替其岗位。由于小李在公司工作多年,积累了大量的会计资料和财务操作经验,而公司财务管理的很多细节只有小李熟悉,交接工作显得尤为重要。公司要求交接必须在小李离职前一周内完成,以确保财务工作的连续性。然而,在实际交接过程中,暴露出一些问题,使得交接工作并不顺利。面临的挑战有:①时间紧迫,小李的离职相当突然,新会计小王只有不到一周的时间进行交接;②资料复杂且管理不规范,由于公司规模较小,会计工作流程和档案管理相对松散,缺乏标准化的管理,会计资料较为混乱;③操作权限和系统管理较为复杂,小李长期负责所有财务工作,涉及的系统权限和操作范围较广,需要全面变更,防止信息安全隐患。请你说明公司该如何做才能更好地完成交接工作。

分析提示

从交接准备、交接程序、交接监督三方面分别进行分析。

思政德育课堂

本章小结

本章阐述了会计工作的组织形式，介绍了会计机构设置和会计人员从业资格的有关要求，会计档案管理的基本要求等。本章内容主要根据会计法规的要求编写，是作为一名准备从事会计工作的人员必须具备的基本常识。

思考题

1. 什么是内部牵制制度？其内容是什么？
2. 什么是集中核算和非集中核算？
3. 我国《会计档案管理办法》对会计档案的保管和销毁有哪些规定？

巩固训练

一、单项选择题

1. 下列说法中，正确的是(　　)。
   A. 会计档案销毁清册需要保管 30 年
   B. 银行存款余额调节表需要保管 5 年
   C. 固定资产卡片需要在固定资产报废清理后保管 5 年
   D. 现金日记账需要保管 15 年
2. 实行(　　)方式的企业单位一般不设独立的会计机构，只配备专职会计人员进行记账工作。
   A. 独立核算　　B. 集中核算　　C. 非独立核算　　D. 非集中核算
3. 会计工作的组织不包括(　　)。
   A. 会计机构的设置　　B. 会计人员的配备
   C. 会计档案的保管　　D. 会计报表的编制
4. 下列会计资料中，属于会计档案的是(　　)。
   A. 财务预算　　B. 经济合同　　C. 会计账簿　　D. 预测方法
5. 各单位保存的会计档案不得借出。如有特殊需要，经(　　)批准，可以提供查阅或者复制，并办理登记手续。
   A. 单位财务负责人　　B. 单位负责人
   C. 单位会计主管　　D. 单位档案管理主管

二、多项选择题

1. 会计档案按信息载体的形式不同，可以分为(　　)。

   A. 会计凭证　　B. 会计账簿　　C. 财务会计报告　　D. 其他

2. 会计档案定期保存的期限分别为(　　)。

   A. 5 年　　B. 10 年　　C. 永久　　D. 30 年

三、判断题

1. 财政部主管全国的会计工作。　(　　)
2. 所有的会计档案都须永久保存。　(　　)
3. 会计档案是重要的经济档案之一。　(　　)
4. 未结清的债权债务原始凭证和涉及其他未了事项的原始凭证，应由档案部门保管到未了事项完结后才能销毁。　(　　)

第十二章

会计法规体系与会计职业道德规范

导入案例

金正大财务造假案

2022 年 1 月 4 日，证监会发布了针对金正大 230.73 亿元财务造假案涉事人员的《行政处罚决定书》和《市场禁入决定书》，揭露了金正大在财务管理中的严重违规行为。金正大的财务造假行为包括通过虚构贸易业务虚增收入和利润，未按规定披露关联方及关联交易，以及在部分资产、负债科目上存在虚假记载。金正大曾是国内化肥行业的龙头企业，但由于财务造假和管理不善，其市场地位和品牌信誉受到了严重打击，彻底从行业领先者的位置上跌落。健全的财务管理和合规制度能够帮助企业在面对经营困境时，作出更加合规和有效的应对策略。那么，企业需要遵守哪些会计法律、法规？

本章学习目标

1. 了解：我国会计相关的法律、行政法规、部门规章。
2. 理解：会计法规的分类；会计准则的含义和内容。
3. 掌握：我国会计职业发展现状；会计职业道德的内容。

第一节　会计法规体系

会计是以货币为主要计量单位,对一定主体的交易或者事项进行核算和监督,并向有关方面提供反映企业财务状况、经营成果和现金流量等财务信息的信息系统。换言之,会计是信息的生产者,而信息的获取以及使用所涉及的经济利益关系远远超出企业范围。会计不仅关乎企业单位的财务收支和利益分配,还会影响国家、投资者、债权人、客户以及职工个人的经济利益。因此,为了保证信息之间的可比性以及信息处理过程与结果的客观公正性,首先需要对会计进行规范,具有指导性和约束力的会计法规体系便应运而生。

一、会计法规体系的含义与特点

会计法规,是国家立法机关和行政管理机构制定的各种会计法律、规章、制度的总称,是会计机构和会计人员开展会计工作必须遵守的行为准则,也是调整会计活动中各种经济利益关系的基本规范。

会计法规体系,是将一国现行的全部会计法律规范根据一定的标准和原则划分成不同的会计法律规范板块,并由这些板块所构成的具有内在联系的有机统一整体。因此,就法规体系的形式特点而言,会计法规体系是由一国的现行会计法律规范构成的体系(不包括具有完整意义的国际法范畴,也不包括宣布废止的法律规范或者虽然制定颁布但还尚未生效的法律规范)。会计规范体系与会计法规体系有所不同,就目前的定义来看,会计法规体系通常指的是狭义的会计规范体系,而不包括会计职业道德与原则等其他内容。

二、当代中国的会计法规体系

我国会计法规体系是由会计法规组成的具有结构性与逻辑性的有机统一整体。而关于当代中国的会计法规体系的构成问题,缺少公认的说法,有多种观点。主流观点有:根据法律的效力层次划分五个层次的会计法规体系(会计法律、会计行政法规、会计部门规章、地方性会计法规、内部会计管理制度)和根据会计法规内容划分四个层次的会计法规体系(《中华人民共和国会计法》、会计行政规章、会计准则和会计制度)以及根据法律规范的效力与内容分别进行纵向与横向划分多段的会计法规体系(纵向有会计法律、会计行政法规、会计部门规章、地方政府和行业主管部门的会计规章;横向有会计核算方面的法规、会计监督方面的法规、会计机构和会计人员方面的法规、会计工作管理方面的法规)。

根据我国法律效力层次与会计法规现状,本教材认为我国的会计法规体系通常由四个部分构成:一是会计法律;二是会计行政法规;三是会计规章;四是其他会计规范性文件。

(一) 会计法律

在我国,作为法律渊源之一的"法律"一词,专指由国家最高权力机关及其常设机关,即全国人大及其常委会制定颁布的规范性文件,其法律效力仅次于宪法。根据现行宪法的规定,法律又分为两类:一是基本法律,即由全国人大制定和修改的规范性法律文件;二是基本法律以外的其他法律,即由全国人大常委会制定和修改的除应当由全国人大制定的法律以外的规范性法律文件，这类法律数量较多，是我国法律渊源的重要组成部分。

以下简要介绍会计法规体系中的专门法律《中华人民共和国会计法》、会计相关的专业法律《中华人民共和国注册会计师法》、与会计密切相关的民商类法律《中华人民共和国公司法》以及典型的、与会计密切相关的经济类法律《中华人民共和国税收征收管理法》。

（1）《中华人民共和国会计法》是会计工作的根本大法。该法强调了会计行为的规范性，要求各单位必须依法设置会计账簿，并保证其真实、完整；明确规定了会计工作的责任制管理以及归责制度，要求单位负责人对本单位的会计工作和会计资料的真实性、完整性负责；同时也强调了会计机构、会计人员须依照规定进行会计核算，实行会计监督。总之，该法规范会计行为，保证会计资料真实、完整，加强经济管理和财务管理，提高经济效益，维护社会主义市场经济秩序，是会计工作需要遵循的最高准则。

《中华人民共和国会计法》最早于 1985 年 1 月 21 日第六届全国人大常委会第九次会议通过，并于同年 5 月 1 日正式施行。由于我国经济环境的变化，于 1993 年 12 月第八届全国人大常委会第五次会议进行第一次修正，并于 1999 年 10 月第九届全国人大常委会第十二次会议修订；为了加强会计法治建设，依法开展会计工作、实施会计监管，贯彻落实“全面依法治国”方略的根本要求，于 2017 年 11 月 4 日第十二届全国人大常委会第三十次会议进行第二次修正；于 2024 年 6 月 28 日第十四届全国人大常委会第十次会议通过第三次修正，保持现行基本制度不变，重点解决会计工作中的突出问题，决定自 2024 年 7 月 1 日起施行。该法共 6 章 51 条：第一章，总则；第二章，会计核算；第三章，会计监督；第四章，会计机构和会计人员；第五章，法律责任；第六章，附则。

（2）《中华人民共和国注册会计师法》是我国注册会计师工作的基本法律。该法规定了我国注册会计师人员定义以及相关业务机构、协会内涵，同时强调了我国相关政府部门对注册会计师机构的监督和指导作用，明确责任归属。总之，该法是为了发挥注册会计师在社会经济活动中的鉴证和服务作用，加强对注册会计师的管理，维护社会公共利益和投资者的合法权益，促进社会主义市场经济的健康发展的注册会计师工作的基本遵循。

1993 年 10 月 31 日，第八届全国人大常委会第四次会议通过《中华人民共和国注册会计师法》，于 1994 年 1 月 1 日起施行，用于加强对我国注册会计师的管理以及指导；2014 年 8 月第十二届全国人大常委会第十次会议对其进行修正，进一步完善了注册会计师的管理和执业规范。该法共 7 章 46 条：第一章，总则；第二章，考试和注册；第三章，业务范围和规则；第四章，会计师事务所；第五章，注册会计师协会；第六章，法律责任；第七章，附则。

（3）《中华人民共和国公司法》的主要作用在于规范公司的组织和行为，保护公司、股东和债权人的合法权益，维护社会经济秩序，规范公司行为，是会计工作不可或缺的一环。因此，该法的第八章专章规定公司的会计制度，具体规定了公司财务会计报告、会计账簿、会计师事务所的合作以及其他会计相关事宜。该法于 1993 年 12 月 29 日第八届全国人大常委会第五次会议通过，后续经过多次修订更正。该法共 13 章 218 条。

（4）《中华人民共和国税收征收管理法》主要核心在于加强税收征收管理，规范税收征收和缴纳行为，保障国家税收收入，保护纳税人的合法权益，促进经济和社会发展。而在该法中，会计工作亦是不可替代的角色，该法多处提及会计工作，集中体现在第二章第二节中对财务、会计制度和财务、会计处理办法以及会计核算软件在税收中的管理规定。该法于

1992 年 9 月 4 日第七届全国人大常委会第二十七次会议通过，于 2001 年 4 月第一次修正，后续经过多次修正。该法共 6 章 94 条。

（二）会计行政法规

会计行政法规专指我国最高行政机关即国务院依照宪法规定的权限和法定程序制定和修改的规范性法律文件的总称，其法律地位仅次于宪法和法律。它调整范围广，数量多，起着重要作用。与此同时，国务院常务会议通过的决议、决定和发布的行政命令，亦属于行政法规的范畴，具有同等法律效力。会计相关的行政法规主要有《企业财务会计报告条例》《总会计师条例》。

《企业财务会计报告条例》的作用在于规范企业财务会计报告，保证财务会计报告的真实、完整。该条例共 6 章 46 条，具体规定了财务会计报告的构成、编制、对外提供、法律责任等。

《总会计师条例》核心在于确定总会计师的职权和地位，发挥总会计师在加强经济管理、提高经济效益中的作用，该条例共 5 章 23 条，主要是对总会计师的设置、权限、任免和奖惩作出规定。

（三）会计规章

会计规章可以分为两类：一是部门规章，即国务院所属各部委、中国人民银行、审计署和具有行政管理职能的直属机构在自己的职权范围内依照程序发布的规章；二是省、自治区、直辖市和设区的市、自治州的人民政府，可以根据法律、行政法规和本省、自治区、直辖市的地方性法规，制定规章，这种规章称为地方政府规章，以区别于国务院各部委指定的部门规章。会计相关的规章主要由国务院下属财政部制定颁行，下面介绍主要的会计规章，如《企业会计准则——基本准则》《企业财务通则》。

我国的《企业会计准则——基本准则》类似于国际会计准则理事会的《编报财务报表的框架》和美国财务会计准则委员会的《财务会计概念公告》，在企业会计准则体系建设中扮演着重要角色，在整个企业会计准则体系中起着统驭作用。该准则共 11 章 50 条，目的在于规范企业会计确认、计量和报告行为，保证会计信息质量。基本准则规范了包括财务报告目标、会计基本假设、会计信息质量要求、会计要素的定义及其确认、计量原则、财务报告等在内的基本问题，是会计准则制定的出发点，是制定具体准则的基础。基本准则属于规章部分，而具体准则则是以财政部文件形式公布，故将其列为其他规范性文件。基本准则在会计准则体系中具有重要的地位，主要表现为两个方面：一是统一具体准则的制定；二是为会计实务中出现的、具体准则尚未规范的新问题提供会计处理依据。

《企业财务通则》作为企业财务管理的基本准则，也是现代企业法律制度的必要组成部分，对于规范企业财务行为、指导企业建立健全有效的内部财务制度、明确企业各方的权责利关系、合理界定政府管理与企业自主管理的界限和责任，具有不可替代的作用。该通则共 10 章 58 条，主要目的在于加强企业财务管理，规范企业财务行为，保护企业及其相关方的合法权益，推进现代企业制度建设，对国有企业财务管理体制、资金筹集、资产营运、成本控制、收益分配、重组清算、信息管理、财务监督等方面进行了规范。

（四）其他会计规范性文件

规范性法律文件，专指一定的国家机关按照法定权力范围，依据法定程序制定的、以权利义务为主要内容的、有约束力的、要求人们普遍遵守的行为规则的总称，是一个国家法律体系的主干部分，包括宪法、法律、法规和规章以及其他机关或团体所作出的具有约束性的非立法性文件。其他规范性文件则主要包括财政部以财会字印发的会计具体准则以及应用指南等。

其中，会计准则是机关团体和企业开展会计活动、生成会计信息的基本依据，是国际国内资本市场通用的商业规则和技术语言，更是国家统一的会计制度的重要组成部分。我国已颁布的会计准则有：《企业会计准则》《小企业会计准则》《政府会计准则》《事业单位会计准则》。

企业会计准则体系包括基本准则、具体准则、应用指南、解释公告等。2006 年 2 月 15 日，财政部发布了 1 个基本准则和 38 项具体准则，决定自 2007 年 1 月 1 日起在上市公司施行。为了实现我国企业会计准则与国际财务报告准则的持续趋同，财政部于 2014 年陆续修订基本准则以及多项具体准则，同时发布了 4 项新的具体准则。财政部发布的企业会计具体准则，如表 12-1 所示。

表 12-1　企业会计具体准则的发布

编号	准则名称	编号	准则名称
1	存货	22	金融工具确认和计量
2	长期股权投资	23	金融资产转移
3	投资性房地产	24	套期会计
4	固定资产	25	保险合同
5	生物资产	26	再保险合同（已废止）
6	无形资产	27	石油天然气开采
7	非货币性资产交换	28	会计政策、会计估计变更和差错更正
8	资产减值	29	资产负债表日后事项
9	职工薪酬	30	财务报表列报
10	企业年金基金	31	现金流量表
11	股份支付	32	中期财务报告
12	债务重组	33	合并财务报表
13	或有事项	34	每股收益
14	收入	35	分部报告
15	建造合同（已废止）	36	关联方披露
16	政府补助	37	金融工具列报
17	借款费用	38	首次执行企业会计准则
18	所得税	39	公允价值计量
19	外币折算	40	合营安排
20	企业合并	41	在其他主体中权益的披露
21	租赁	42	持有待售的非流动资产、处置组和终止经营

《小企业会计准则》是为了规范小企业会计确认、计量和报告行为，促进小企业可持续发展，发挥小企业在国民经济和社会发展中的重要作用，根据《中华人民共和国会计法》及其他有关法律和法规制定的企业会计准则，自2013年1月1日起在小企业范围内施行，小企业可提前执行，于2004年4月27日发布的《小企业会计制度》(财会〔2004〕2号)同时废止。但是要注意，符合《小企业会计准则》规定的小企业(三类除外：①股票或债券在市场上公开交易的小企业；②金融机构或其他具有金融性质的小企业；③企业集团内的母公司和子公司)可以执行《小企业会计准则》也可以执行《企业会计准则》。执行《小企业会计准则》的小企业转为执行《企业会计准则》时，应当按照《企业会计准则第38号——首次执行企业会计准则》等相关规定进行会计处理。

政府会计准则体系由基本准则、具体准则和应用指南组成。财政部于2015年10月23日发布《政府会计准则——基本准则》，自2017年1月1日起在各级政府、各部门、各单位施行(与本级政府财政部门直接或者间接发生预算拨款关系的国家机关、军队、政党组织、社会团体、事业单位和其他单位。军队、已纳入企业财务管理体系的单位和执行《民间非营利组织会计制度》的社会团体，不适用本准则)。财政部同时发布了多项具体准则及应用指南，如表12-2所示。

表12-2　具体准则及应用指南

准则及应用指南名称	
政府会计准则第1号——存货	政府会计准则第6号——政府储备物资
政府会计准则第2号——投资	政府会计准则第7号——会计调整
政府会计准则第3号——固定资产	政府会计准则第8号——负债
政府会计准则第3号——固定资产应用指南	政府会计准则第9号——财务报表编制和列报
政府会计准则第4号——无形资产	政府会计准则第10号——政府和社会资本合作项目合同
政府会计准则第5号——公共基础设施	政府会计准则第10号——政府和社会资本合作项目合同——应用指南

为了规范行政事业单位会计核算，根据《中华人民共和国会计法》《政府会计准则——基本准则》等法律、行政法规和规章，财政部制定了《政府会计制度——行政事业单位会计科目和报表》，自2019年1月1日起施行，由政府会计制度下的行政事业单位执行，执行该制度的行政单位可以不再执行其他如《行政单位会计制度》《事业单位会计准则》《事业单位会计制度》等会计准则及制度。

2012年12月6日，财政部修订发布了《事业单位会计准则》，自2013年1月1日起在各级各类事业单位施行。该准则适用于各级各类事业单位，目标是事业单位会计核算向会计信息使用者提供与事业单位财务状况、事业成果、预算执行等有关的会计信息，反映事业单位受托责任的履行情况，有助于会计信息使用者进行社会管理、作出经济决策(事业单位会计信息使用者包括政府及其有关部门、举办单位、债权人、事业单位自身和其他利益相关者)。为促进事业单位加强成本核算工作、提升单位内部管理水平和运行效率、夯实绩效管理基础，财政部根据《中华人民共和国会计法》以及政府会计准则制度等，制定《事业单位成本核算基本指引》，适用于执行政府会计准则制度且开展成本核算工作的事业单位。后又陆续制定了多项具体指引：《事业单位成本核算具体指引——科学事业单位》(2022)、《事业单位成本核算具体指引——高等学校》(2022)、《事业单位成本核算具体指引——公立医院》(2021)。

第二节　会计职业道德规范

会计信息的生成实际上是会计人员执行会计规则的结果，会计信息的质量不仅取决于"规则"的质量，也受到"规则执行"质量的重要影响。从"经济人"的角度考虑，人的目标是追求自身利益最大化，在充满诱惑的现实生活中为了追求自身的利益，会计人员就有了"违规"的可能。资本市场上会计造假事件层出不穷，严重影响了会计信息质量，给投资者、债权人等会计信息使用者造成了巨大损失。会计信息作为支持经济决策的重要信息来源，具有重要的作用，特别是上市公司的公开信息，对整个资本市场的有效运行和资源合理配置意义重大。因此，加强会计人员的职业道德教育成为提高资本市场运行效率和会计信息质量的严峻任务。

一、会计职业道德的含义与特征

在现代社会中，道德被定义为人们应遵循的行为原则和标准，是调整人际关系的行为规范的总和。它以善恶评价为标准，依靠社会舆论、传统习俗和个人信念的力量来确立行为准则和约束社会关系，与法律一起来保障社会的正常秩序。道德渗透在社会生活的各个方面，如社会公德、职业道德、婚姻家庭道德等，为社会生活的准则规范提供了重要的支撑。

职业道德是道德的一种表现形式，包括广义和狭义之分。广义职业道德较为抽象，是指所有从业人员在任何职业活动中应遵循的行为规范。狭义职业道德则更为具体，是指在特定职业中的从业人员应遵循的行为准则和规范。不同职业的从业人员在特定职业活动中形成了具体的职业关系，包括职业主体与服务对象之间的关系、职业团体之间的关系、同一职业团体内部人员之间的关系，以及职业劳动者、职业团体与国家之间的关系等。要协调这些复杂的社会关系，除了需要政治、行政、法律、经济等规范和手段，还要有不同执业人员的道德规范，即职业道德。而会计职业道德则是指在会计职业活动中应当遵循的、体现会计职业特征的、调整会计职业关系的职业行为准则和规范，这里的会计职业主要包括一般财会人员和注册会计师。

会计职业道德是指在会计职业活动中应当遵循的、体现会计职业特征的、调整会计职业关系的职业行为准则和规范。这些规范具有以下几个特征：

首先，会计职业道德具有相对稳定性。尽管经济社会和经济关系千变万化，由于经济社会存在的长期性和稳定性，会计职业活动的长久性和职业道德的相对稳定性得以保持。这种稳定性使得会计职业人员能够遵循一些长期有效的职业准则和规范，为经济社会的发展作出贡献。其次，会计职业道德的利益关联性较强。会计职业活动与经济利益密切相关，会计主体确认、计量、记录和报告的程序、标准和方法的变化，都会直接影响与其相关的各方经济利益。因此，会计职业人员必须遵守职业道德规范，保护经济活动的公平、公正和透明性，维护各方的利益。最后，会计职业道德具有高度的专业技术性和精细化。会计职业是一门专业技术性极强的职业，要求会计职业人员具备扎实的会计专业知识和技能，能够对单位经济事项进行确认、计量、记录和报告。因此，会计职业道德也必须保持高度精细化和专业化，以确保会计职业人员能够准确、规范、公正地执行其职业职责，为经济社会的可持续发展提供保障。

二、会计人员职业道德规范的基本内容

为推进会计诚信体系建设、提高会计人员职业道德水平，财政部于 2023 年 1 月制定印发了《会计人员职业道德规范》，这是我国首次制定全国性的会计人员职业道德规范。该规范提出了三条逻辑清晰、层层递进的要求（以下简称“三坚三守”）：第一条“坚持诚信，守法奉公”是对会计人员的自律要求；第二条“坚持准则，守责敬业”是对会计人员的履职要求；第三条“坚持学习，守正创新”是对会计人员的发展要求。该规范提出“三坚三守”，强调会计人员“坚”和“守”的职业特性和价值追求，是对会计人员职业道德要求的集中表达。

（一）坚持诚信，守法奉公

1. 坚持诚信的内涵

“诚”即言行与内心想法一致，不弄虚作假，不欺上瞒下。“信”即恪守自己的承诺，讲信用，重信用，信守诺言，保守秘密。诚实是人类道德准则的核心之一，它代表着一个人的思想和行为是一致的，不会出现欺骗、虚假和虚伪的情况。一个人只有在内心深处真正坦诚，才能与别人建立起稳固的关系。“诚”不仅仅是一种美德，更是一个人在人际关系中赢得信任和尊重的关键，会计人员更是如此。与此同时，“信”也是构建健康的人际关系的重要因素，它代表着一名会计人员能够信赖他人，也能够被他人信赖。信任是建立在诚实和承诺之上的，只有在遵守自己的诺言和信守承诺的情况下，才能赢得别人的信任。在企业和组织中，诚信是建立品牌和声誉的基石。一家企业只有保持高度的诚信和道德标准，才能赢得客户和市场的信任和忠诚。诚信也是企业文化的核心，它代表着企业的价值观和经营理念，是企业成功的关键因素之一。在国家和政府层面，诚信也是重要的价值观。诚信不仅是国家形象的表现，也是国家繁荣和稳定的基础。一个诚实守信的政府能够建立良好的国际形象和声誉，赢得国际社会的尊重和信任。对于会计人员来说，诚信是工作的基石，也是工作的最高准则。总之，诚实和信任是人类道德准则的基石。无论是在个人职业、组织、企业还是国家层面，诚信都是维护稳定、繁荣和发展的不可或缺的力量。只有保持高度的诚信和道德标准，才能建立健康、稳定和繁荣的社会和世界。

2. 坚持诚信的基本要求

在会计职业中，诚信是一项非常重要的品质和职业素养，对于会计人员而言更是至关重要。要想坚持诚信，会计人员必须树立起诚信理念，以诚实守信为己任，秉持严于律己、心存敬畏的态度。这就要求会计人员要在言行上始终保持一致，坚持以实事求是、如实反映单位经济活动情况，绝不做虚假之事，抵制作伪作假。同时，会计人员也要时刻注意保护国家和社会公众的利益，不得以任何方式伤害公众利益。

会计人员由于其职业特性，经常会接触到一些单位有关经济秘密，如财务状况、经营情

况、成本资料等，会计人员必须时刻谨记保守商业秘密的重要性，对机密资料严格保密，不得泄露。《会计基础工作规范》第 23 条规定，会计人员应当保守本单位的商业秘密，除法律规定和单位领导人员同意外，不能私自向外界提供或泄露单位的会计信息。在日常工作和生活中，会计人员还应该坚定反对利用职业便利来交换利益的决心，不得违反职业道德和职业规范。在与经济利益紧密关联的会计职业中，踏出的每一步都有痕迹，会计人员在平时就应注意培养自己诚实守信、洁身自好的观念和习惯。总之，诚信是会计人员必须始终坚持的基本准则和职业素养。只有树立起严谨、诚实、守信的职业态度和观念，才能在职业生涯中赢得信任和尊重，更好地履行职业职责，为国家和社会作出贡献。

3. 守法奉公的内涵

守法奉公是指遵守法律法规，尊重法纪，忠诚履行公共职责，以社会和国家利益为重，树立正义的理念。守法奉公是建设法治社会的重要基础，是公民、组织和机关行使权利和履行义务的必然要求。

在广义上，遵守法律意味着全面执行法律规定，而在狭义上，守法则是公民、组织和机关在行使自身权利的过程中必须遵循法律规定的基本准则。守法不仅是合法行为的标准，也是秩序的保障和法律目的实现的需要。全体人民共同的意志和根本利益通过法律得以体现和保护，只有严格遵守法律，才能使人民的根本利益得到充分实现。

对于会计人员来说，守法奉公的要求更加严格，因为他们与经济利益紧密相关。作为经济活动的监督者和记录者，会计人员必须以更高的标准来要求自己，确保自己始终遵循法律法规，严格遵守职业道德规范。只有坚持清正廉洁的行为准则，才能有效地防止他人对经济利益的不法侵害，正确行使反映和监督的职责，保证各项经济活动有序开展。

4. 守法奉公的基本要求

守法奉公是会计人员必须坚守的职业道德和社会责任。为了实现这一目标，会计人员应在树立正确法律观念上下功夫，并加强对法律意识的培养。法律意识是指对法律思想、观点、心理或态度等的总称，是社会意识的一种特殊形式。而法律观念是对法律的认识态度，是介于感性和理性阶段之间的一种特有的法律意识的反映阶段。会计人员应以习近平新时代法治思想为引领，以新时代法治文化为支撑，注重加强法律素养的培养和提升，成为一名具备高度法律素养的优秀会计人才。

会计人员在实践中还应该严格遵守法律法规，抵制任何形式的违法行为，不仅在外在行为上如此，更重要的是在内在动机上也要符合法律的精神和要求。在日常工作和生活中，会计人员必须坚持法律原则，恪守法律规定，严格履行法律义务，充分行使法律权利，实现规范会计行为、维护经济秩序的法律调整目的。

此外，遵守纪律也是会计人员必须遵循的准则。会计人员应该始终保持敬畏法律、敬畏职业的态度，履行职业道德和职业责任，正确处理会计职业权利和职业义务的关系。同时，会计人员还应该增强抵制不正之风的能力，坚决抵制违法行为和不道德行为，防范各种风险，维护会计行业的声誉，树立良好的职业形象。

总之，守法奉公是会计人员必须践行的职业准则和社会责任。会计人员应该树立正确的法律观念，严格遵守法律法规，遵守公司或事务所的纪律，勇于承担职业责任和履行职业义务，不断提升自身素质和能力，从而为维护经济秩序和社会稳定作出应有的贡献。

(二)坚持准则,守责敬业

1. 坚守准则的内涵

坚守准则要求会计人员在处理业务时要严格遵守会计法律制度,不受主观意识或他人意志的影响。其中,准则不仅仅指会计准则,还包括会计法律、法规、国家统一的会计制度以及与会计工作相关的法律制度。在会计核算和监督中,会计人员应该以准则作为行动指南,始终保持专业的敬业精神和正确的价值观。当面对利益冲突时,会计人员应该始终坚持准则,把维护国家利益、社会公众利益和正常的社会经济秩序放在第一位,不被任何利益所左右。同时,当遇到道德矛盾时,会计人员应该尽量以准则为主,合理分配利益,并以正确的道德观念指导自己的行为。在实践中,会计人员必须严格遵守准则的内涵,始终以正确的态度和行动维护会计行业的良好形象,同时为经济发展和社会进步作出积极的贡献。

2. 坚持准则的基本要求

(1) 深入理解准则。只有深入理解准则,才能准确把握会计法规体系、会计法律制度、会计职业道德规范的要求与内涵,这是坚持准则的前提。会计人员应该加强学习,掌握最新的准则内容和精神,尤其是面对经济关系日新月异的变化,必须保持敏锐的嗅觉,及时掌握准则的最新变化,才能在业务处理中作出符合规范的决策。

(2) 严格执行准则。准则是会计人员执行业务的标准、尺度,只有将准则的要求完整地应用到业务中去,才能保证会计信息的真实性和完整性。在执行准则的过程中,会计人员应当认真履行职责,积极参与会计核算和监督,时时按照准则行事,自觉将单位具体经济业务事项与准则相对照,对违反准则的行为及时纠正并追究责任。

(3) 坚守准则。坚守准则是会计人员必须时刻保持的一种精神状态。在职业发展中,会计人员很可能会面临一些道德冲突,而会计人员必须坚守准则、克服诱惑、拒绝干扰,做到清正廉洁,始终保持职业操守,做到公正、公平、公开,真正成为社会信任和支持的职业人。坚持准则是会计人员职业生涯中不可或缺的重要要求,只有深入理解准则、严格执行准则和坚守准则,才能够真正实现会计职业的价值和意义。

3. 守责敬业的内涵

守责敬业作为最基本的职业道德规范,是对从业者工作态度的普遍要求。在职业生涯中,守责就是要承担起本职工作的责任,按照法律法规和职业准则的规定开展工作,保证工作的准确性和完整性。而敬业则是要以严谨的态度对待工作,全身心地投入到工作中,尽最大的努力来完成任务,不断提高自身的专业技能和知识水平。

作为会计职业道德规范,守责敬业要求会计人员在职业活动中具备高度的责任感和事业心,充分认识自己本职工作在社会经济活动中的重要性,认识会计工作的社会意义和道德价值,并具有对职业的荣誉感和自豪感。这样,会计人员才能全身心地投入到工作中,具备高度的劳动热情和创造性,以达到更好的工作效果。

守责敬业的内涵是非常广泛的,除了要做好本职工作,还包括了职业操守、职业形象、职业道德、职业规范等方面的要求。会计人员应该始终遵循职业准则,保持专业的形象和操守,始终保持职业道德和职业规范,以树立良好的职业形象,为企业和社会作出积极贡献。只有在守责敬业的基础上,会计人员才能获得职业成功和成就,才能推动整个会计行业的良性发展。

4. 守责敬业的基本要求

第一，明职苛责，尽职尽责。会计人员在现代经济活动中，所承担的责任和义务因不同岗位而异。注册会计师接受单位委托对委托者进行审计、鉴证或提供咨询服务，要维护委托人的权益，保守商业秘密，依法出具审计报告。单位内部会计人员不仅要尽职尽责地履行会计职能，真实完整地记录服务主体的经济活动状况，负责其资金的有效运作，积极参与经营与决策，还应抵制不当的开支，防止有人侵占单位资产，从而保护财产的安全与完整。不同的会计岗位产生不同的职责，会计人员应熟悉职务的责任，认真遵守相关法律法规与单位章程，从而更好地尽职尽责，发挥会计的作用。

第二，敬业爱岗，树立职业荣誉感。会计人员一直以来都承担着生成和提供会计信息、维护国家财经纪律和经济秩序的重要职责。会计法规体系建设、构筑诚实守信的会计环境已成为国家重点工作，会计人员作为职业建设的重点人群，应引导职业道德建设与行为规范。守责敬业精神是基本的会计职业道德规范，自始至终都是人们对职业的正确认识以及正确态度的指导。如果会计人员对所从事的工作产生消极的态度，就会对工作效率产生影响，甚至影响完成基本本职工作的能力，不仅对自己不利，也会对会计职业造成不良影响。

第三，忠于职守，敢于斗争。在会计工作中，由于各种利益的交织，常常会使得会计人员在道德上产生冲突。如果会计人员为了自己的利益不受影响，放弃原则，就会使会计工作严重偏离职责，会计信息的真实性、完整性就无法保证。如果坚持忠于职守，又可能会受到各方面的阻挠甚至打击报复。此时，我们要相信法律的力量，在我国的会计改革与发展中，会计法规始终在不断完善，会计制度在不断改进，会计人员的合法权益不断加强维护，赋予会计人员更多权利的同时也强化了会计人员的法律责任。会计人员要敢于同违反会计法律法规和法律制度的现象作斗争，确保会计信息的真实性与完整性。这是对自己负责，对职业负责，对国家和社会负责。

（三）坚持学习，守正创新

1. 坚持学习的内涵

坚持学习是每位会计人员必须具备的品质。随着全球化和科技的快速发展，会计作为现代经济中不可或缺的一部分，扮演着越来越重要的角色，会计人员也面临着前所未有的竞争和压力。为了适应日新月异的市场经济和不断提高自我素质，会计人员需要具备持续学习和不断更新专业知识的内涵，在工作中不断掌握新的会计法规、会计准则和会计软件等。因此，会计人员需要有不断学习和更新自己专业知识的意识和行动，通过不断学习提高自己的综合素质，拓宽视野，增强专业素养，从而提高个人的核心竞争力。同样地，坚持学习也意味着持续自我提高。会计人员需要始终保持学习状态，主动掌握先进的会计理论和实践经验，积极参加培训、互动交流等学习活动，从中获得实践锻炼和经验积累。只有在不断学习和锤炼自我的过程中，会计人员才能掌握高超的业务能力和管理技能，适应经济发展的需要。坚持学习还体现了会计人员的职业责任和使命感。会计人员应该了解自己所承担的社会责任，不断提高自己的专业水平，更好地为企业和社会服务。在持续学习的过程中，会计人员还需要具备不断反思和自我批评的意识，不断完善自我，提高自我效能，为社会作出更大的贡献。

2. 坚持学习的基本要求

(1) 始终秉持专业精神。专业精神主要是指劳动者对所从事的工作是否执著于专业的规范、要求、品质化程序等,其不仅是由专业基础生发出的对本职业的精神动力,还包括从事本职业表现出来的敬业精神。始终秉持专业精神是至关重要的,专业精神代表着劳动者对其所从事工作的热爱和执著,同时也包括其对专业规范、要求和品质化程序的严格遵守。这种精神对每个从事会计工作的人来说至关重要,因为会计工作是一项高度专业化和技术化的工作,对专业性和技术性的要求非常高。会计人员只有具备坚定的专业精神,才能在岗位上发挥最佳的水平。

(2) 始终保有勤学进取的理念。在这个科技飞速发展的时代,专业技能和知识的提升是一项持续不断的任务。会计人员只有始终保持学习的状态,不断提升个人的专业技能和知识水平,才能不断适应新形势和新情况的需要。同时,不断在学习和实践中锤炼自己的技能和能力,从而为自己和会计职业的发展打下坚实的基础。

3. 守正创新的内涵

守正与创新是一体两面的概念,旨在遵循唯物辩证法的要求,实现不断进步与发展。守正是为了避免迷失方向、不犯颠覆性错误,保持经验的积累和传承;创新则是要把握时代发展的趋势,引领时代前行。在这种意义下,守正与创新是相辅相成的,它们同时强调了变与不变、继承与发展、原则性与创造性等方面的辩证统一。为了达到这种统一,我们必须坚持一定的原则和规则,同时在新事物的发展中扩展认识的深度和广度,注入新的活力和新的思维方式。在会计职业中,守正就是坚持会计职业规则和职业道德,以道不变、志不改的坚定,专注于为客户、企业和社会提供最优质的服务。只有这样,我们才能把发展主动权掌握在自己手中,为会计行业的可持续发展作出贡献。而创新则是为了准确把握时代的大势,紧跟时代的步伐,积极面对一切新兴事物。这需要我们不断拓展自己的认知,为理论创新注入新的实践,以与时俱进的理论来指导实践,为会计职业的未来发展提供更好的思路和指导。守正和创新是会计职业中不可或缺的核心价值观。只有在两者的综合运用下,我们才能更好地实现发展和创新,为行业和社会作出更大的贡献。

4. 守正创新的基本要求

(1) 坚守正道,按规则办事。守正创新不是简单地否定传统,否定原则,而是在继承传统的基础上创新,在正确的方向前提下去改进,注重传统与现代的结合,在改变的同时不忘初心。守正创新不仅强调了要跟随时代趋势去改变、去创造,还突出了一定要在正确的方向下前行。在追求创新的过程中,我们必须牢记道德准则和职业规范,注重社会责任和公共利益,不盲目追求利益最大化,不以牺牲职业规范和社会价值为代价。

(2) 与时俱进、开拓创新。守正创新需要一直保持学习和思考的态度,善于把握机遇,挑战自我,注重实践和团队协作。我们应坚持并发扬创新精神,勇于推翻陈规、打破旧习惯,创造符合新时代要求的新思路、新方法和新模式。这既是对自己的深入了解和发展,也是对整个会计行业进步和发展的有力推动。为了深入贯彻守正创新的思想理念,我们需要不断学习、思考和实践,在传统的基础上不断进行创新,并为推动会计事业的高质量发展作出贡献,同时深入了解并坚守职业规范,真正成为时代的先锋。

总结案例

某公司因业务发展需要，招聘张某任出纳。张某一开始勤恳敬业，公司对他的工作表现较为满意。但受到同事在股市赚钱的影响，张某也开始涉足股市。然而事与愿违，张某进入股市后很快被套牢，他急于翻本又苦于没有资金，故开始对自己每天经手的现金动了想法，凭借财务主管对他的信任，张某拿财务主管的财务专用章在自己保管的空白现金支票上任意盖章取款，并在月底公司核对银行对账单前及时还清款项。请问张某是违背了法律还是只违背了职业道德规范？

分析提示

注意法律与道德的联系与区别。

思政德育课堂

本章小结

会计法规体系是由各类会计法律规范板块所构成的、具有内在联系的有机统一整体。会计职业发展未来可期，而最新的《会计人员职业道德规范》不断完善和强化会计职业道德。本章主要介绍会计法规体系的概念与构成、会计人员职业道德规范的内容。

思考题

1. 我国会计法规体系的构成是什么？
2. 我国首次制定会计人员职业道德规范有何意义？
3. 你对今后的个人职业发展有何打算？

巩固训练

一、单项选择题

1. 下列各项中，属于是会计工作人员需要遵循的最高准则是（　　）。
   A.《中华人民共和国会计法》　　B.《中华人民共和国公司法》
   C.《总会计师条例》　　D.《企业会计准则》
2. 下列各项中，属于是会计规章的是（　　）。
   A.《中华人民共和国税收征收管理法》
   B.《企业财务会计报告条例》
   C.《企业会计准则——基本准则》
   D.《小企业会计准则》

3. 在围绕服务于经济建设和改革开放进行整顿和改革的背景下，首次对会计人员技术职称的评定标准、评定办法、批准权限和批准程序作出规定的是（　　）。

A.《会计干部技术职称暂行规定》

B.《关于实行专业技术职务聘任制度的规定》

C.《会计人员职权条例》

D.《企事业单位评聘专业技术职务若干问题暂行规定》

4.《小企业会计准则》是为了规范小企业会计确认、计量和报告行为，促进小企业可持续发展而制定的符合我国小企业发展状况的会计准则。符合该准则规定的小企业有三类，（　　）除外。

A. 只有贸易性质或不含有服务性质的小企业

B. 金融机构或其他具有金融性质的小企业

C. 股票或债券在市场上公开交易的小企业

D. 企业集团内的母公司和子公司

5. 一般具有能够担任单位会计机构负责人或会计主管人员的能力和水平的会计人员职称是（　　）职称。

A. 初级会计　　B. 中级会计　　C. 高级会计　　D. 注册会计师

6. 当面临利益冲突时，会计人员应该始终坚持准则，把维护国家利益、社会公众利益和正常的社会经济秩序放在第一位，同时当遇到道德矛盾时，会计人员应该尽量以准则为准，合理分配利益，并以正确的道德观念指导自己的行为。这主要体现了《会计人员职业道德规范》中的（　　）要求。

A. 坚持诚信，守法奉公　　B. 坚持参与，守责管理

C. 坚持准则，守责敬业　　D. 坚持学习，守正创新

二、多项选择题

1. 下列各项中，属于法律的有（　　）。

A.《中华人民共和国会计法》　　B.《中华人民共和国注册会计师法》

C.《企业财务会计报告条例》　　D.《企业会计准则——基本准则》

2. 我国的会计职称制度改革与发展历程，总体分为（　　）三个阶段。

A. 主要进行评定技术职称　　B. 主要实行会计专业职务聘任制度

C. 主要实行会计专业职务评审制度　　D. 主要实行会计专业技术资格考试制度

3. 会计准则是机关团体和企业开展会计活动、生成会计信息的基本依据，我国已颁布的会计准则有（　　）。

A.《企业会计准则》　　B.《小企业会计准则》

C.《政府会计准则》　　D.《事业单位会计准则》

4. 根据全国会计专业技术资格考试的报考条件，报名参加会计资格考试的人员，应具备的基本条件包括（　　）。

A. 遵守《中华人民共和国会计法》和国家统一的会计制度等法律法规

B. 具备良好的职业道德，无严重违反财经纪律的行为

C. 达到法定年龄，无违法违纪行为

D. 热爱会计工作，具备相应的会计专业知识和业务技能

5. 下列各项中，属于 2023 年 2 月制定印发的《会计人员职业道德规范》内容的有（　　）。
A. 坚持诚信，守法奉公　　B. 坚持参与，守责管理
C. 坚持准则，守责敬业　　D. 坚持学习，守正创新

三、判断题

1.《中华人民共和国会计法》是会计工作的根本大法。（　　）
2. 在我国，法律在广义上指的是国家最高权力机关及其常设机关，即全国人民代表大会及其常委会制定颁布的规范性文件。（　　）
3.《总会计师条例》主要是对总会计师的任免作出了具体规定。（　　）
4. 规章有地方政府规章和部门规章两类。（　　）
5.《企业会计准则》适用于我国境内所有企业，包括小微企业。（　　）
6. 会计专业职务是担任会计职务的任职资格，有初级、中级、高级之分。（　　）
7. 报名参加初级会计专业技术资格考试的人员，除具备基本条件外，还必须具备高中毕业（含高中、中专、职高和技校）及以上学历。（　　）
8.《注册会计师全国统一考试办法》将考试划分为专业阶段考试和综合阶段考试。考生在通过专业阶段考试的全部科目后，才能参加综合阶段考试。（　　）
9. 会计职业道德具有相对稳定性。（　　）
10. 2023 年 2 月制定印发的《会计人员职业道德规范》是我国首次制定全国性的会计人员职业道德规范。（　　）

第十三章

大数据时代背景下的会计发展

导入案例

大数据时代宇通集团的会计发展

随着大数据技术的发展和应用，宇通集团逐渐将大数据作为改变企业商业模式和挖掘新盈利点的重要工具。宇通集团通过引入全面预算管理和本量利分析两种管理会计工具，对企业是否需要改变盈利模式，以及实施大数据增值模式的必要性进行了深入分析。全面预算管理帮助宇通集团规划财务资源的最优配置，确保各项增值业务的顺利实施。本量利分析则进一步评估了不同业务模式下的盈利能力和风险状况，为企业未来的发展方向提供了科学依据。这些管理会计工具的应用，使宇通集团能够充分利用大数据的力量，提高企业运营效率，优化资源配置，最终实现利润最大化。那么在大数据时代，会计应如何向前发展？

本章学习目标

1. 了解：大数据下的会计信息的新特点。
2. 理解：大数据时代背景下会计的发展方向。

第一节　大数据时代背景下的会计变化与发展

一、大数据的概念及其特征

大数据的概念最初是由麦肯锡咨询公司提出的。该公司认为，在当今的每个行业和业务职能领域中，大数据已经成为重要的生产因素，数据已经渗透到各个领域。大数据是指容量大、类型多、存取速度快、应用价值高的数据集合。它是采集、存储和关联分析数量巨大、来源分散、格式多样的数据，发现新知识、创造新价值、提升新能力的新一代信息技术和服务业态。国际数据公司(IDC)总结了大数据的四个特征(4V 特征)，包括海量的数据规模(volume)、快速的数据流转和动态的数据体系(velocity)、多样的数据类型(variety)、巨大的数据价值(value)。

信息技术与经济社会的交汇融合引发了数据的迅猛增长，数据已经成为国家基础性战略资源。大数据正在对全球生产、流通、分配、消费活动以及经济运行机制、社会生活方式和国家治理能力产生重要影响。在全球范围内，使用大数据来推动经济发展、完善社会治理、提升政府服务和监管能力正在成为趋势。许多发达国家都制定和实施了大数据战略性文件，以大力推动大数据的发展和应用。目前，中国拥有全球最大的互联网和移动互联网用户规模，具备丰富的数据资源和应用市场优势，大数据的关键技术研发已经实现突破性进展，发展出许多互联网创新企业和创新应用，一些地方政府已经启动了大数据相关工作。坚持创新驱动发展，加快大数据的部署和深化大数据的应用，已经成为稳增长、促改革、调结构、惠民生和推动政府治理能力现代化的内在需要和必然选择。大数据的发展与其他领域的发展相互促进，近年来其他领域的高速发展不断推动大数据技术的演进和应用范围的扩展。大数据已经影响了现实的各个方面，从商业科技到医疗、政府、教育、经济以及社会各个领域。

二、大数据时代下数字化转型的新形势

一方面，中国正在经历数字技术的快速发展和应用，随之而来的是经济社会的数字化转型，这也为会计信息的数字化应用带来了前所未有的机遇和挑战。然而，实现会计工作的数字化转型仍需解决标准、制度和人才缺乏等问题。另一方面，各单位的业财融合需求更加迫切。虽然一些企事业单位已初步实现了业财融合，但是业务创新和新技术的发展正不断提出新的更高要求。与此同时，大部分单位的业财融合还处于初步或局部应用阶段，需加大力度推动全面实施。会计数据要素也日益重要，成为企业经营管理的重要资源之一，它们可以有效地处理会计核算、会计报告、管理会计、内部控制等会计工作。但是将分散、非结构化的会计数据转化为聚合、结构化的会计数据元素，需要解决数据治理问题，并提高数据要素的服务单位价值创造的能力。随着基于网络环境的会计信息系统的广泛应用，会计数据的安全风险也不容忽视。单位内部和单位之间会计数据的共享、使用、传输和存储都存在数据泄

露、篡改和破坏的风险。因此,需要采取有效的防范措施以确保会计数据的安全。

三、大数据时代下会计信息的新特点

(1) 会计数据变得更加完整和准确。在大数据时代,会计数据的来源变得更加广泛和多样化,不再仅限于传统的单一数据来源。相比于过去,会计数据的数量和细节都得到了极大的提升,使得会计信息更加准确和全面。此外,大数据时代的数据更加难以篡改,避免了传统数据的局限性和不准确性。

(2) 会计数据变得更加多样化。在传统的会计数据处理中,原始数据往往会被过滤和压缩,导致数据的丢失和准确度下降。而在大数据时代,会计数据的多样性得到了极大的提升,包括数据格式、来源和种类。这些多样化的数据源提供了更加广泛和详细的数据细节,有助于企业决策者更好地了解企业的经营情况。

(3) 会计数据变得更加实时和适应性更强。在传统的会计数据处理中,数据往往是基于过去的信息进行分析和处理的,导致数据具有滞后性。而在大数据时代,数据的处理和分析能力得到了极大的提升,数据的更新速度也大大提高。这种实时性和及时性的数据处理能力使得会计数据更加适应当下的市场变化和经济环境,能够为企业决策者提供更加准确和有用的信息。

总之,大数据时代的到来为会计信息的处理和分析带来了巨大的变化和机遇。随着大数据技术的不断发展,会计信息的可靠性和实时性将得到更大程度的提升,为企业决策者提供更加全面和准确的数据支持。

四、大数据时代对会计人员的新影响

随着大数据时代的到来,会计人员面临着全新的挑战。传统上,财务会计的主要功能是记录企业历史交易和事件的会计要素,反映企业历史经营状况,提供财富信息给利益相关者,并受到投资者监督。然而,在日益激烈的市场竞争和不断变化的商业模式下,会计必须向更具预测性、内部报告功能转变,以提高企业的发展水平和价值创造能力,为企业的业务发展提供决策支持。因此,会计不再仅有记录和反映历史的职能,而是需要面向未来,发挥预测和内部报告的功能。

在大数据时代下,会计信息的获取、存储和处理方式也发生了重大改变。首先,由于互联网技术飞速发展,海量数据广泛涌动,大数据使得会计数据和信息可以快速、方便地获取,存储在计算机中,并通过网络传输。其次,由于大数据提供了新的数据存储模式,可以存储海量数据,数据存储和处理方式更加便捷。数据存放在不同部门建立的数据库中,为企业生产、销售、投资、客户关系等提供分布式存储,通过对海量数据的分析,企业可以提取有价值的信息资源,为企业的发展决策提供依据和支持。

随着大数据时代的到来,会计人员的角色需求也发生了变化。由于大数据可以大大节省数据收集、处理和管理的程序和时间,提高工作效率,会计人员需要具备更广泛的技能,包括数据分析、信息技术、商业智能和数据可视化等,以更好地参与企业的生产经营决策,提高企业内部管理水平,提高生产力,促进企业价值的增加。运用大数据能够为企业提供相关会计信息,帮助企业发现发展中存在的问题,并提供解决方案,为企业的发展提供对策。故在飞速发展的科技时代，只能发挥传统会计基本作用的会计人员对企业的重要性将会持续地下降，即企业会对会计人员提出更高的要求。

第二节　大数据时代背景下会计人员的发展方向

一、提高个人对会计数据的掌控能力，提高数据输入输出水平

当人们的认知能力受到限制时，首要的关注点是数据的准确性和精度。在大数据时代，人们需要面对各种各样的会计信息，绝对的精准已不再是首要目标，如何统筹规划、高效地输入、处理和输出会计信息成为关键，更多人开始追求会计数据的及时性和使用效率。

目前，税务发票、财政票据、铁路客票等各种原始凭证数据在各自领域已实现了数据标准化，财政部也在解决电子票据在企业和事业单位全流程实现接收、入账和归档的自动化和无纸化。会计数据的重要性和复杂性正逐步增强，而在传统的会计信息处理中，往往需要耗费大量的时间和人力处理庞大的数据，效率低下。如何从海量数据中挖掘有价值的信息，则又是一座难以逾越的高山。此外，传统会计分析和处理大量数据的能力相对薄弱，而数据量只会继续增加和扩大。这种情况下，传统会计已经难以满足企业对于会计信息精准性和时效性的要求。

传统会计在数据输入和处理能力方面存在不足，难以实现对会计数据的高效甄别、筛选、分类和汇总处理，亟须提高高质量的数据输入和高效率的数据处理能力。同时，传统会计面对庞大的数据量难以真正实现精准分析和制定相应的方案，高标准的会计数据输出水平也亟待提高。

二、严格规范个人行为，增强个人法律意识

社会主义市场经济的本质是法治经济。会计工作在市场经济活动中扮演着重要的角色，规范化和法治化是市场经济对会计工作的必要要求，也是会计人员必然要遵守的选择。

在当前的工作和生活中，一切行为都会产生数据，留下信息。一旦存在违法行为，必然会付出沉重的代价。因此，只有遵守会计相关法规，符合会计职业道德规范，严格规范自己的言行，才能在职业生涯中顺利前行。

会计人员使用电子计算机进行会计核算时，必须符合国家统一的会计制度规定，其软件生成的会计凭证、会计账簿、财务会计报告和其他会计资料也必须符合相应规定。未来还将有更多相关规范性法律文件出台和修订，深入了解并遵守相关工作规范，运用新技术的同时关注有关工作规范和数据标准，是更好使用新技术的重要保障。

三、拓展会计职能，优化传统会计流程

会计职能的主要任务是在统一的会计法律制度下，按照一定的程序与标准进行会计核算和监督，准确反映企业的经济活动与财务状况等，从而为会计信息使用者提供最需要的信息。然而，随着大数据技术的出现，企业财务会计职能发生了巨大改变。传统的会计职能逐

渐弱化，而内部管控、财务预测和经营决策等管理职能却逐步加强。因此，在未来的会计工作中，顺应时代的发展、拓展会计职能是十分必要的。

(一) 拓展预测职能

传统会计的管控局限性导致无法获得足够的会计信息，难以进行分析和预测。然而，在大数据的时代背景下，会计人员可以利用会计信息的广泛性、多元性、动态性等特点，进行整体的、实时的分析预测。具体来说，企业可以分析竞争对手，预测自身的突破点；对客户进行分析预测，掌握客户偏好；对自身生产经营进行分析，预测生产数据，以便更加及时、准确地对生产要素进行调整。

(二) 强化管理决策职能

在大数据时代背景下，企业更加注重会计数据的全面性、时效性和预测性等属性。通常要求从各种数据信息平台上获取相关的会计信息，并进行处理，从中提取出更为有用的价值性资源。利用大数据可以更加有效地利用企业经营活动的各项数据，数据的重要性在企业管理与决策层面显得尤为突出。有价值的数据可以为企业的发展提供科学指导，帮助企业管理层作出科学决策。

(三) 优化传统会计流程

在数据收集方面，会计人员不仅要为会计信息使用者提供会计信息，还应当对会计信息使用者的相关行为结果进行反馈。这些反馈同样是重要的会计数据信息，企业可以针对这些反馈对会计信息的内容和形式进行相应的调整。在数据分析方面，会计人员应该站在企业管理决策的角度而不是会计角度，从企业的根本利益出发，为会计信息的使用者提供相应的帮助，发挥会计的决策作用。

四、树立大数据意识，提高大数据应用水平

在现代企业管理中，大数据是必不可少的。对于会计人员来说，掌握大数据技能已经成为一项必要的条件。只有加强大数据意识和技能的培养，才能更好地适应大数据时代的挑战和机遇。因此，作为企业的会计人员，不仅需要注重自身的会计管理工作，还应该积极学习和了解大数据的相关知识和技能，以便更好地应对个人职业发展的需求和挑战。

在这个过程中，会计人员需要通过多种途径来获取最新的大数据知识和会计技能，包括通过电脑、媒体、互联网平台等途径，积极参加各种会计技能培训，以增加学习机会。此外，会计人员还需要培养合作互助意识，加强大数据在会计工作中的应用，通过团队协作、探究等方式，将大数据处理会计信息的能力最大化，从而促进大数据在会计信息管理中的应用。

五、加快由传统财务会计向管理会计转型

在大数据时代背景下，传统会计已经无法满足企业对信息管理的需求，向管理会计转型已成为必然趋势。具体来说，需要从以下四个方面进行转变。

(一) 服务属性向管理属性转变

传统的会计职能主要是为企业提供日常经营的相关数据信息，具有较强的服务属性。然而，在大数据时代，企业对数据的有效性提出了更高的要求。会计工作需要通过大数据平台收集不同企业的资源信息，提取更多有利于企业发展的价值型资源，从而实现针对性的管

理变革，体现出更多的管理属性。

（二）工作总结转变为全程监控

传统的经营方式是在特定的一项工作结束之后，对过去的工作情况进行总结，并汇集各项工作数据。然而，这种模式无法充分发挥数据信息的实时性指导作用，不利于企业经营状态的及时转变，甚至会造成经济损失。在大数据时代，会计人员所得到的信息将更加全面和时效，使得管理会计能够利用大数据信息平台来传达各项财务监控数据，有效地避免时效性弊端，为企业的持续经营提供有力的保障。

（三）传统统计转变为信息技术管理

传统的信息统计模式只是做了简单的整理工作，无法有效保证会计信息的准确性和时效性。企业计划的决策依据如果没有及时跟上当前企业经营状况的实际，将出现实践与计划相互错位的情形。通过大数据技术，企业可以有效地转变传统的统计处理方式，利用先进的云服务等技术实现信息的实时更新和共享，从而保障会计信息工作的有效性。

（四）财务报告审计转变为跟踪审计

在企业的审计环节中，一般是由各部门提供相应的财务报告，由财务部门的负责人统一对提交的数据进行审计，以防止不规范的资金行为对企业资金流动造成影响。然而，这种财务审计模式如果被有贪念的部门负责人所利用，采取不正当的手段挪用单位资金，则无法在财务报告中及时有效地体现出来。因此，在大数据背景下，采用跟踪式的审计形式则可以及时了解每笔资金的流动状态，并做好严格把控，对于企业资金的有效利用有很大帮助。

六、提高信息安全防范意识，加强对会计信息的审核

（一）重视会计信息安全管理制度和安全技术标准的遵守

会计信息作为企事业单位的重要数据资源，其安全可靠性至关重要。为此，会计人员要坚持积极防御和综合防范的方针，全面提高会计信息安全防护意识，并加强安全防范能力，重点保障会计信息的安全。同时，会计人员也要积极关注会计信息分级分类安全管理制度、安全技术标准和监控体系，强化对会计信息的审核，发展信息安全的有效保障和应急处理能力，以确保会计信息的安全性。

（二）提升会计信息审核水平

积极探索会计信息审核标准，并努力寻求更加先进的会计信息审核方法和技术，不断研究可行的会计信息审核路径，以预防境内外有关机构和个人通过违法违规和不当手段获取、传输会计信息，切实保障信息安全。在这个过程中，会计人员应加强对会计信息审核的质量控制和监督管理，持续提高审核水平和专业素质，以确保审核工作的精准性和有效性。

七、提升个人综合实力

随着大数据技术的发展，传统的财务会计工作正逐渐简单化，这就意味着会计人员需要具备更高的综合能力来适应经济社会的最新发展方向，否则将面临被淘汰的风险。会计人员只有不断学习和掌握经济学、管理学、市场营销、战略规划、大数据和云计算等方面的知识，注重提高自身的管理、分析和决策能力，成为复合型人才，才能提高对经济社会的价值贡献以及自身的价值追求。

在当前这个信息化和大数据时代,会计工作需要与大数据和信息化相结合,以提高工作的贡献和价值。会计人员需要不断拓展自己的视野,注重学习运筹学、人工智能等新兴领域的知识,提高自己的战略思维、管理能力和全局意识,提高自己的业务水平和综合能力,通过与会计工作、企业成本控制、投资决策、税收筹划和绩效管理等相结合,为企业内部管理服务,为企业提供建议和对策,从而提升企业的发展水平。

总之,会计人员应紧跟经济社会最新发展方向,不断学习和提高自身的综合能力,加强与大数据和信息化的结合,为自身能力提供有效支持和保障,这样才能更好地适应经济社会的需求和未来发展的趋势,保持在行业中的竞争优势,实现自身的职业发展。

总结案例

科学技术革新了传统的财税管理模式,亦催生出了全新的行业业态。自 2020 年《关于规范电子会计凭证报销入账归档的通知》发布,明确"电子会计凭证与纸质会计凭证具有同等法律效力,且以电子会计凭证打印件作为报销入账归档依据的,必须保留电子会计凭证"以来,电子会计档案发展进入加速期。横向上,全国范围内的电子会计档案试点工程在快速推进;纵向上,电子会计档案的应用矩阵在积极探索。新一轮的智数角力开启,企业是否需要拥抱由政策和业务变革驱动的电子会计档案?什么模式的数字化财务系统适配自己的公司?又如何分配与安排相应的会计人员呢?

分析提示

结合大数据对企业的作用和适配程度进行分析。

思政德育课堂

本章小结

大数据是一种便于会计人员开展工作的数据集合,正在成为重要的生产要素。在大数据背景下,会计人员也应顺应时代潮流作出改变。本章主要介绍大数据时代下的会计信息的特点、会计工作的改变、会计人员的发展方向。

思考题

1. 会计数字化转型是什么?
2. 大数据带给会计工作哪些变化?
3. 在大数据时代背景下,你会作出哪些改变?

巩固训练

一、单项选择题

1. 在传统的会计数据处理中，数据往往是基于过去的信息进行分析和处理的，导致数据的滞后性。而在大数据时代，数据的处理和分析能力得到了极大的提升，数据的更新速度也大大提高。这主要突出了会计数据（　　）的特点。

   A. 变得更加完整和准确

   B. 变得更加实时和适应性更强

   C. 变得更加多样化

   D. 获取、存储和处理方式完全改变

2. 会计职能的主要任务是在统一的会计法律制度下，按照一定的程序与标准进行会计核算和监督，准确反映企业的经济活动与财务状况等，从而为会计信息使用者提供最需要的信息。然而，随着大数据技术的出现，企业财务会计职能发生了很大的改变。下列各项中，需要拓展的会计职能是（　　）。

   A. 预测职能　　B. 服务职能　　C. 监督职能　　D. 核算职能

3. 大数据，已经渗透到当今每一个行业和业务职能领域，成为重要的生产因素。人们对于海量数据的挖掘和运用，预示着新一波生产率增长和消费者盈余浪潮的到来，而会计人员需要具备更高的综合能力，否则将面临（　　）。

   A. 违法的风险　　B. 被淘汰的风险

   C. 被调离岗位的风险　　D. 被开除的风险

4. 会计工作不需要结合（　　）来为企业提供决策和建议。

   A. 企业成本控制　　B. 投资决策　　C. 税收筹划　　D. 营销策略

5. 会计人员需要不断拓宽自己的视野，需要学习除（　　）领域的知识。

   A. 运筹学　　B. 人工智能　　C. 经济学　　D. 生物学

二、多项选择题

1. 会计人员需要学习（　　）领域的知识。

   A. 经济学　　B. 管理学　　C. 市场营销　　D. 大数据和云计算

2. 在大数据时代，（　　）的特点得到了充分的体现。

   A. 会计数据变得更加完整和准确

   B. 会计数据变得更加多样化

   C. 会计数据的获取、存储和处理方式完全改变

   D. 会计数据变得更加实时和适应性更强

3. 大数据是指容量大、类型多、存取速度快、应用价值高的数据集合，正在快速发展，用于采集、存储和关联分析数量巨大、来源分散、格式多样的数据，以发现新知识、创造新价值、提升新能力的新一代信息技术和服务业态，大数据的特征有（　　）。

   A. 海量的数据规模　　B. 快速的数据流转和动态的数据体系

   C. 多样的数据类型　　D. 巨大的数据价值

4. 在大数据时代背景下,传统会计已经无法满足企业对信息管理的需求,因此向管理会计转型已成为必然趋势,具体需要从(　　)方面进行转变。
A. 服务属性向管理属性转变
B. 工作总结转变为全程监控
C. 传统统计转变为信息技术管理
D. 财务报告审计转变为跟踪审计
5. 在大数据时代背景下,会计人员应该注重提高自身的(　　)。
A. 管理能力　　B. 核算能力　　C. 决策能力　　D. 监督能力

三、判断题

1. 大数据的概念最初是由国际数据公司提出的。(　　)
2. 中国拥有全球最大的互联网和移动互联网用户规模,具备丰富的数据资源和应用市场优势,大数据的关键技术研发正在实现突破性进展。(　　)
3. 坚持积极防御和综合防范的方针,全面提高会计信息安全防护意识,并加强安全防范能力,重点保障会计信息的安全。(　　)
4. 随着大数据时代的到来,会计人员的角色需求也发生了变化。(　　)
5. 大数据背景时代下,会计人员不需要提高个人对会计数据的掌控能力。(　　)